図解！

本気の製造業「原価計算」実務入門

付加価値と生産性を見える化してますか?

吉川武文［著］　王子経営研究会［編］

JN209890

2頁見開き
（片方図面）
読みやすい

日刊工業新聞社

新しい原価計算が、日本を復活させる

モノづくりの国・日本！　技術立国・日本！

しかし最近の日本のモノづくりには全く元気がありません。日本の技術力はいったいどうなってしまったのでしょう？　そもそも「技術力」って何だったのでしょうか？

これはとても大切なことのはずなのに案外ときちんとした答えがありません。日本は技術立国だと言われながら最も肝心なことが曖昧にされ、ほったらかしにされてきたのです。

現場で30年の模索をした体験から1つの答えを導き出すなら、技術力（エンジニアリング）とは性能とコストのバランスを取る力のことです。科学者は真理探究のために無限のコストをかけられますが、技術者（エンジニア）は常にコストを考えながら活動しなければなりません。性能とコストのバランスこそが技術の命です。それにもかかわらず日本の技術者は原価計算の知識を学ぶ機会を持ちませんでした。これでは世界と戦えるはずがありません。

では、原価計算について学ぼうと一念発起した技術者は何に取り組むべきなのか？　その答えは、従来は工業簿記や全部原価計算でした。でもそれは難解で苦痛に満ちた日々への入り口でもありました。

「役に立つはずの原価計算を学んで面白くないのはなぜなのか？」

私が30年間の悪戦苦闘を経て辿り着いた答えは

「今の原価計算は時代遅れ。だから面白くないし、経営の役にも立たない」

というものでした。では役に立つ原価計算とはいったいどんな姿であるべきなのか？

- ✔ 損益分岐点が見える原価計算！
- ✔ コストの内訳が見える原価計算！
- ✔ 付加価値が見える原価計算！
- ✔ ヒトの生産性が見える原価計算！

これは当たり前のことでしょうか？

いえ、驚くべきことに今までの原価計算では、**これらは全て見えません！**　これで日本のモノづくりを復活させられるはずはないのです。今、どうしても新しい原価計算が必要です。

技術者として、公認会計士として、工場経営者としての実践を踏まえ、ここに1つの新しい会計とそれを支える新しい原価計算を紹介します。これを直接原価計算の一種とみなすこともできるかもしれません。しかしその名称ゆえの致命的限界と混同を避けるため、私はこの新しい計算体系を「付加価値会計」と呼んでいます。

〈全ての始まり〉

この財務会計のP／Lを見て、
「会計って難しい…」と感じた方は正常な感覚の持ち主です。
難しいと感じなかった方は、ビジネスマン失格かもしれません。

売上高	388,463
売上原価	229.256
売上総利益	159,206
販売費および一般管理費	133,313
営業利益	25,893
営業外収益	
受取利息	443
受取配当金	1,631
為替差益	999
持ち分法による投資利益	73
受取賠償金	45
雑収入	963
営業外収益合計	4,157
営業外費用	
支払利息	2,101
雑損失	2,269
営業外費用合計	4,371
経常利益	25,679
特別利益	
固定資産売却益	108
投資有価証券売却益	16
特別利益合計	125
特別損失	
固定資産売却損	77
固定資産除去損	284
減損損失	283
投資有価証券評価損	7
事業構造改善費用	3,401
特別損失合計	4,053
税金等調整前当期純利益	21,750

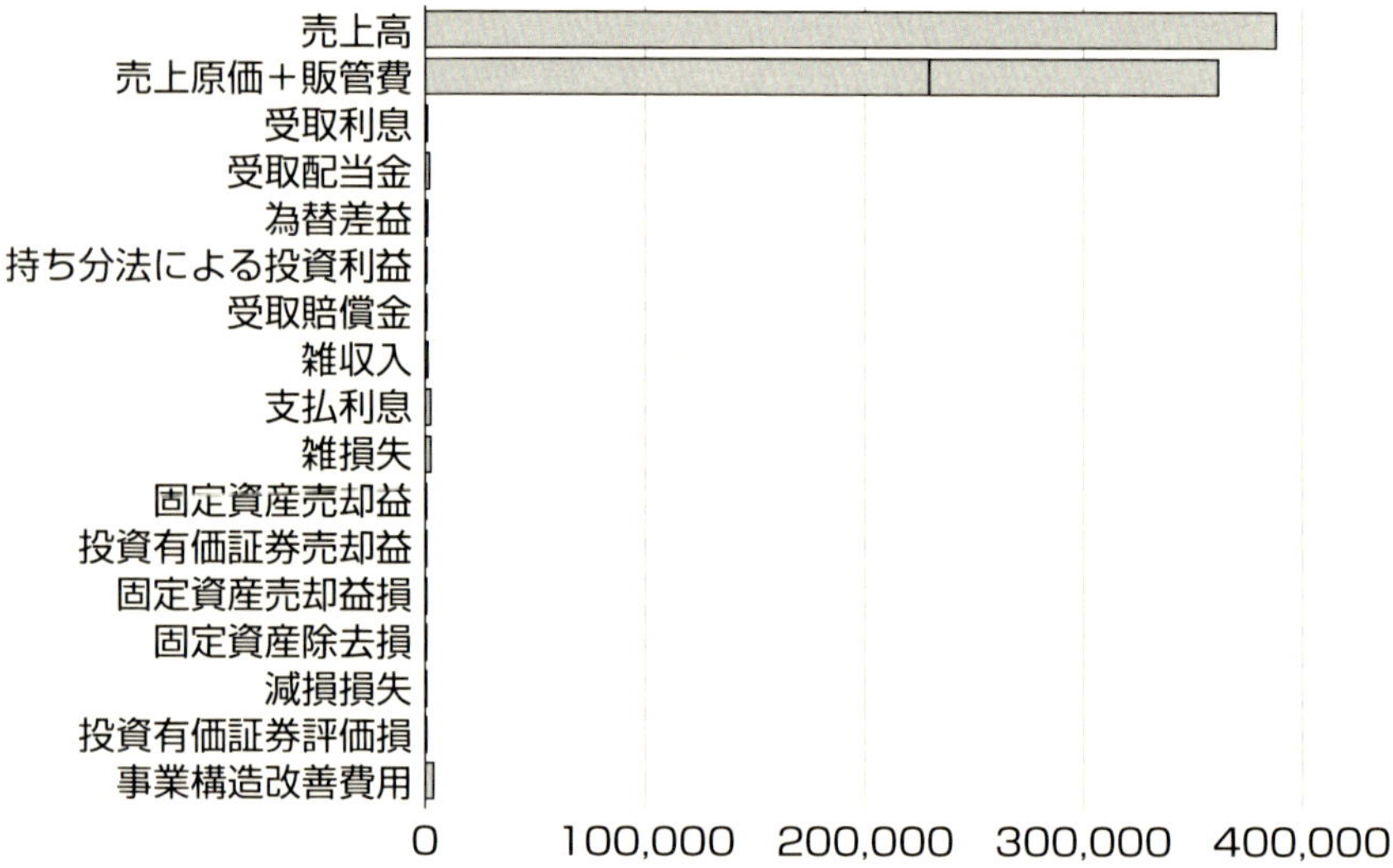

〈なぜビジネスマン失格か？〉

各項目の金額を比較するとこんな感じです。奇妙なほど詳細な項目がある一方で、肝心の売上原価や販売費および一般管理費（販管費）の内訳はわかりません。

実は売上原価と販管費の区分も曖昧で、利益操作の温床にされることもしばしばだったのです。

これらの問題は全て原価計算の誤りに起因しています。

結局、このＰ／Ｌから読み取れる情報は左記だけです。たったこれだけ…。

売上高	388,463
−いろいろな費用	366,713
＝税金等調整前当期純利益	21,750

Ｐ／Ｌを難しいと感じなかった人は、何も読み取ろうとしなかった人でしょう。会社の経営、大丈夫ですか？　え、気合があればなんとかなる？

確かに気合も大切ですが、ぜひ新しい原価計算に挑戦してみてください。世界の見え方が、きっと大きく変わります。

今までの原価計算

売上高
－売上原価　（変動費＋固定費）→ 期末在庫
＝粗利 ← 良く見せる
固定費は逃げ回る
－販売費および一般管理費　（変動費＋固定費）- - -→ 固定資産
＝営業利益
↕ 管理から漏れたコスト
－営業外費用　（変動費＋固定費）
＝経常利益

損益分岐点？　コストの内訳？　付加価値？　ヒトの生産性？

→ 何もわかりません！

付加価値会計

売上高	150		**かせぐ**
－材料費（コスト）	85		損益分岐点 $150\times\frac{34}{40}=127.5$
－変動労務費（コスト）	10		
－外注加工費（コスト）	5	→	コストの内訳
－外注物流費（コスト）	8		
－在庫金利（コスト）	2		
＝付加価値	40	→	付加価値　40
－ヒトの固定費	20	34	ヒトの生産性 $\frac{40}{20}=2$倍
－モノの固定費	10		
－カネの固定費	4		
＝残余利益	6		**わける**

損益分岐点？　コストの内訳？　付加価値？　ヒトの生産性？

→ 全てわかります！

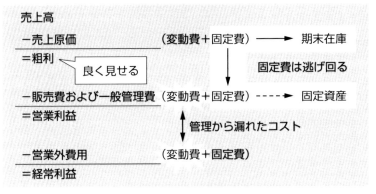

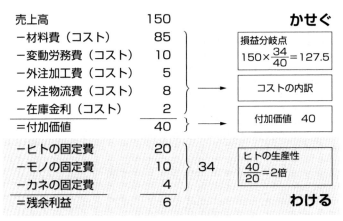

目次

まえがき…新しい原価計算が、日本を復活させる　i

Ⅰ．財務会計と管理会計

1　財務会計と管理会計の違いを知ろう
人に見せるための財務会計、自分で使うための管理会計　2

2　実際に良くするための会計は管理会計
良く見せること≠実際に良くすること　4

3　でも、管理会計＝直接原価計算というわけではない
直接原価計算は良い会計。でも致命的限界もある　6

4　直接原価計算をさらに進化させた原価計算とは？
変動費と固定費の分離を徹底したら、原価計算が変わった！　8

5　管理したい活動をそのまま原価計算にすればよい
サプライチェーンの形を会計にしたら、付加価値会計になった！　10

ウソのようなホントの話Ⅰ　なんと100年前の会計だった！

Ⅱ．原価計算の入口！　仕訳からB／SとP／Lを作る

6　まず仕訳という表現に慣れる
右側に原因を書き、左側に結果を書くのが作法　14

7　仕訳から貸借対照表を作る
貸借対照表の起源は王様への報告書だった　16

8　原価計算の仕組みを理解する
まずは材料費と変動労務費と外注加工費を集計　18

9　勘定連絡図を理解する
仕訳と仕訳のつながりを表現する方法　20

10 T字型の集計メモに慣れる
T字勘定は、資産や負債の増減を集計したメモ 22
11 仕訳から損益計算書を作る
貸借対照表の金額が増加した理由を損益計算で明らかにする 24
12 稼いだもうけを付加価値と呼ぶ
利益は出資者だけの目標、付加価値は会社全員の目標 26
13 外注物流費と在庫金利の支払いの仕訳
コストになるものは製造原価だけではない 28
14 複式簿記の構造を理解する
大航海時代の冒険家たちが編み出した事業成功の知恵 30
15 原価計算の目的を考える
損益計算書と貸借対照表を見慣れた形式で作る 32
16 管理すべき、もう一つのお金の流れの仕訳
新たなバリューチェーンの構築と事業資金の管理 36
17 稼いだもうけを分配する仕訳
ヒトの固定費へ、モノの固定費へ、カネの固定費へ 38
18 損益分岐点の分析をしてみる
会社の今を分析し未来を計画する。それには仕訳を変える 40
19 付加価値を見なければ、新しい経営は始まらない
「売上高−変動費＝付加価値」という関係を理解する 42
20 担当者が、製品コストの内訳を計算しないという悲劇
コストの内訳を見なければ、コストダウンは始まらない 44
21 本気なら、変動費の内訳をきちんと明示する
今日では、高度なITを活用することだってできる 46
22 コストの内訳が見えれば取り組むべき課題が見える
サプライチェーン全体の変動費把握が、復活の第一歩 48
ウソのようなホントの話Ⅱ　これじゃあ目をつぶって運転する車！

Ⅲ. 変動費だけで行う原価計算

23 変動費とは何かを考える
それは会社の外部から都度に調達され消費されるもの 52
24 変動費が固定費とは異なる決定的な理由とは？
管理目標の違い「なるべく使わない」vs「しっかり使う」 54
25 今まで直接費と変動費は混同されてきた！
直接費は変動費ではないし、間接費も固定費ではない 56
26 変動費はどこにあるかを考える
標準値を定めて目標管理するものこそが変動費 58

27 サプライチェーンから拾い上げた5つの変動費
材料費、変動労務費、外注加工費、外注物流費、在庫金利 60

28 「①材料費」の原価計算
先入先出法と平均法、引き取り運賃の処理など 62

29 間接材料費の原価計算
単純な配賦計算、2次配賦計算など 64

30 材料費と間接材料費の違いを考える
消費量を個別に測定しないなら、それは間接材料費 66

31 「②変動労務費」の原価計算
直接労務費≠変動労務費であることに注意する 68

32 変動労務費と固定労務費は入口から分離する
従来の仕訳では、変動労務費を分離できない 70

33 原価差異を把握しないものを、変動費とは呼ばない！
変動費の管理のポイントは、標準値と実際値の差異分析 72

34 原価差異の分析と対策
差異が見つかったら、直ちに原因を分析し、対策する 74

35 シングルプランによる原価差異の把握
原価要素別に詳細に差異を把握する方法 76

36 パーシャルプランによる原価差異の把握
仕掛品勘定で全体の原価差異を大雑把に把握する方法 78

37 「③外注加工費」の原価計算
あいまいだった経費を、きちんと再分類する 80

38 「④外注物流費」の原価計算
仕掛品や製品への振替仕訳を経ない変動費の処理 82

39 外注加工費・外注物流費の差異の管理
新たな勝負所を管理する 84

ウソのようなホントの話Ⅲ　悲劇！　コストの内訳を知らないコストダウン担当者

Ⅳ.「かせぐ」…日次で行う損益の計算

40 日次処理の仕訳
変動費は毎日集計・分析し、大きな損失を未然に回避する 88

41 「お金が寝ている」をどう表現すべきか？
在庫回転数ではなく、在庫金利を日次損益に組み込む 90

42 「⑤在庫金利」の原価計算
目標とする在庫回転数から、在庫金利を求める 92

43 在庫金利の差異管理
在庫金利差異を累積すれば、在庫管理の良否がわかる 94

44 毎日の管理から、月次・年次の管理へのつながり
回転数の管理が重要なら、在庫金利もしっかり管理する 98

45 在庫調達額の決定をどうするか?
目標とする在庫回転数から、調達目標額を算出する 100

46 日次処理で回すべきPDCAのおさらい
毎日管理しなければ、ロスは垂れ流しになる 102

ウソのようなホントの話Ⅳ　在庫は、本当に罪子なのか?

V.「わける」…月次で行う固定費の計算

47 日次処理～月次処理～年次決算までの流れ
固定費はコストから切り離し、資源としての生産性を管理する 106

48 月次処理の仕訳（その1）
都度行われる固定費の仕訳、月次損益の準備の仕訳 108

49 月次処理の仕訳（その2）
ここで月間の「かせぐ」の処理を確定する 110

50 月次処理の仕訳（その3）
「重要性の低い固定費」の処理と、生産性分析の準備をする 112

51 月次処理の仕訳（その4）…ヒトの固定費
ヒトの生産性を確かめ、手遅れになる前に手を打つ 114

52 月次処理の仕訳（その5）…モノの固定費
減価償却費を集計し、キャッシュフローの見通しを立てる 116

53 いわゆる減価償却をやめる
即時償却を前提に、来月の設備投資の可否を判断する 118

54 月次処理の仕訳（その6）…カネの固定費
カネの固定費まで考慮しなければ、損益計算は完結しない 120

55 在庫金利も資本コストも、営業外の費用じゃない!
他人資本と自己資本の接近、加重平均資本コスト（WACC）の話 122

56 WACC月割額の計算方法
前月末の貸借対照表から、資本コストの目安額を計算する 124

57 月次処理の仕訳（その7）
損益分岐点を計算し、安全余裕率を確認する 126

58 利益ゼロは損益分岐点ではない!
従来の損益分岐点は自己資本のコストを考慮していなかった 128

59 月割WACCの計上と戻し入れ
これで月次損益（わける）の処理が完了 130

60 管理すべき2つのお金の流れ
サプライチェーンとバリューチェーン、それは事業活動の両輪 132

ウソのようなホントの話Ⅴ　昔、経理にすごい人がいた？

Ⅵ．ヒトの生産性の計算

61 2つの管理指標でヒトの生産性を高める
労務費生産性と時間生産性　138

62 作った時間ではなく、手待ち時間の報告こそが命！
生産時間ではなく、手待ち時間の使い方が新たな生命線になる　140

63 手待ち、手待ち、手待ちを作ろう！
標準時間による管理は、カイゼン不正の温床になる　142

64 作業者の生産性評価（その1）
生産性を問うことで、作業者を正しい活動へと動機づける　144

65 作業者の生産性評価（その2）
手待ち時間こそが新しい価値創造のゆりかご　148

66 補助部門の生産性も、きちんと問う
付加価値会計が固定費の配賦をしない更なる理由　150

67 物流部門の生産性評価
原価計算上の行き場のなかった物流部門もしっかり管理する　152

68 「作る」から「創る」が生まれる
製造業・投資業から創造業への飛躍　154

69 技術立国を復活させるマネージメント
ライン部門とスタッフ部門、それぞれの評価　156

ウソのようなホントの話Ⅵ　技術立国の現実とは？

Ⅶ．付加価値会計Q&A

70 付加価値会計と直接原価計算の違いは何ですか？
付加価値会計では、直接費＝変動費という考え方をしません　160

71 なぜ、仕訳から変える必要があるのですか？
変動費と固定費は、後からでは分離できないからです　162

72 なぜ「付加価値会計」と呼ぶのですか？
その基本構造が、「売った価値－買った価値」だからです　164

73 付加価値と利益は違うものですか？　関係者全員の取り分が付加価値、株主の取り分が利益です　166
74 「儲ける」と「儲かる」の違いは何ですか？　合理的な手段でお客様の役に立てれば儲かる、それが原点です　168
75 なぜ日本の生産性はG7で最下位なのですか？　製造業が、自らの生産性を「見える化」してこなかったからです　170
76 直接原価計算でも損益分岐点分析はできますか？　直接費＝変動費ではないので、損益分岐点分析はできません　172
77 変動費と固定費はどうしたら見わけられますか？　最終的には、会社が何をどのように管理したいかで決めます　174
78 電気代は変動費ですか？　固定費ですか？　基本料を固定費・従量分を変動費とすることも想定されます　176
79 正社員の残業代は変動費ですか？　固定費ですか？　固定労務費の予算差異として管理することが想定されます　178
80 固定費を一体管理すると、現場が遊びませんか？　そういう指摘があることが、会社の致命的状況を暗示しています　180
81 ヒトはコストですか？　資源ですか？　ロボットの時代、資源たるヒトは「作る」から「創る」にシフトします　182
82 派遣社員はコストですか？　資源ですか？　会社がヒトをどのように育てていくのかで決めるべきことです　184
83 ボトルネック工程についてはどう考えるべきですか？　フル生産でなければ、ボトルネックの制約は問題になりません　186
84 外注／内製の判断はどうしますか？（その1）　まず繰越付加価値がどう変化するかを比較します　188
85 外注／内製の判断はどうしますか？（その2）　次に、生産性がどう変化するかを比較します　190
86 設備を使ったら固定費を配賦すべきではないですか？　ある新鋭工場を配賦が止めました。配賦が資源を無駄にします　192
87 配賦をせずに、売価はどう決めればよいのでしょう？　配賦では決められません。今日、売価は市場が決めるものです　194
88 固定費はどうやって回収すればよいのでしょう？　原価への算入ではなく、損益分岐点分析で回収を計画します　196
89 わざわざ在庫金利を計算する必要があるのですか？　在庫削減を目標に掲げるなら、効果金額を必ず把握すべきです　198
90 毎日が粉飾決算って、どういう意味ですか？　見かけを取り繕う行動が、現実逃避のマインドを作り出します　200
91 付加価値会計では操業度差異を考えないのですか？　操業度差異という発想が、無駄な生産や余剰在庫の原因です　202
92 なぜ、即時償却を推奨するのですか？　設備投資に慎重を期し、埋没原価を作らないためです　204
93 付加価値会計はキャッシュフローに似ていますか？　付加価値会計はキャッシュフローに接近しています　206
94 管理不能費は存在しないって、本当ですか？　固定費と変動費を混ぜなければ、管理不能費は発生しません　208

95 コストダウンって、どうやってやればよいのですか？
コストの内訳を調べ、目標を決め、実績との差を管理しましょう 210

96 原価差異って、出した方がよいですか？
出さなければ次の行動に移れません。なければゼロと書きます 212

97 PDCAって、やっぱり回さなければいけないですか？
Pとは目指す姿のことです。何かを目指すこと＝PDCAです 214

98 2つの原価計算で二重帳簿になってもよいのですか？
作成目的が違う以上、それは二重帳簿ではありません 216

99 技術者が原価計算を学ぶべき理由は何ですか？
計算なしでは、カイゼンもコストダウンも技術開発も成功しません 218

あとがき…厳しい時代を生き抜こう！ 223

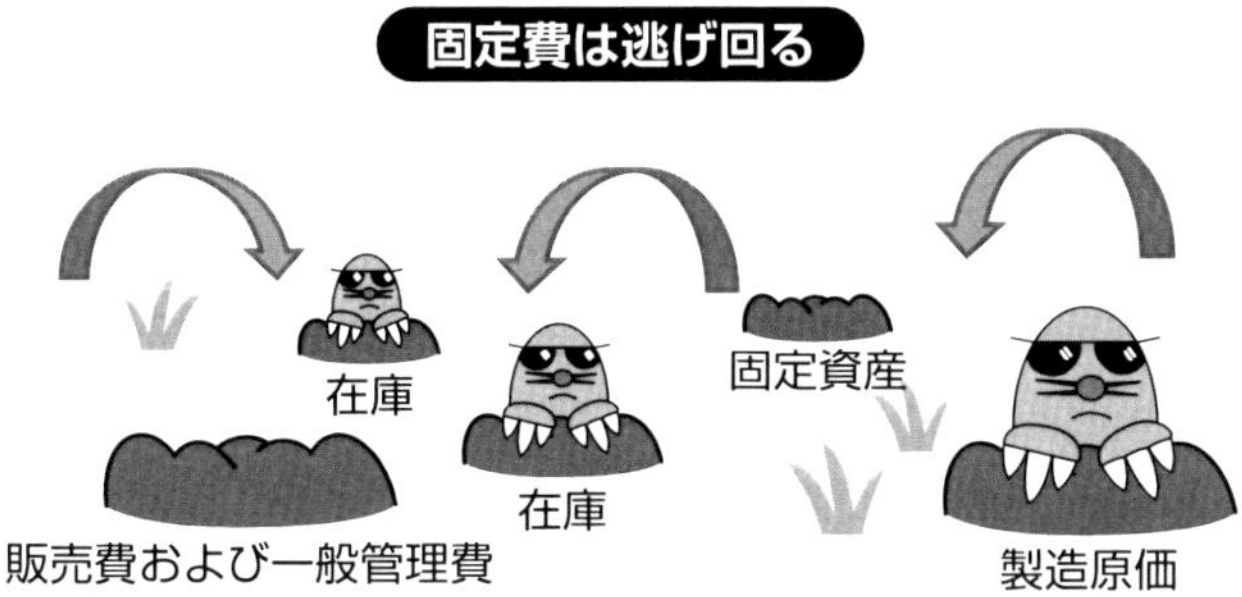

I

財務会計と管理会計

今を生き抜くため、会計リテラシーの必要性が叫ばれます。
多くの方が簿記に取り組むかもしれません。
しかし今までの簿記は面白くありませんでした。
なぜならそれは…
今を生き抜くために作られた会計ではないからです！

1 財務会計と管理会計の違いを知ろう

人に見せるための財務会計、自分で使うための管理会計

〈制度会計とは何か?〉

会計には大別して制度会計と管理会計があります。制度会計は法律で定められた決まりに則って行われる会計です。その骨格は約１００年も前にデザインされました。そのため今日のビジネス環境において適切な経営判断を行っていくためには、**多くの不都合が生じています**。しかし企業業績の公平な比較や公平な税金計算を行う必要があるため、勝手に変更することはできません。一般的な簿記や原価計算で「会計の決まり」として習うのもこの制度会計です。

〈財務会計とは何か?〉

制度会計のうち、企業業績の公平な比較のための会計が財務会計であり、公平な税金計算のための会計が税務会計です。本来、両者はほぼ同じものでしたが、財務会計が国際会計基準（ＩＦＡＲＳ）などの影響を受けて修正されていったため、税務会計との差を生じています。株取引の場面で登場する有価証券報告書は財務会計に則って作られていますから、財務会計は**外部の人に見ていただくための会計**であるとも言えます。

〈管理会計とは何か?〉

管理会計は適切な事業遂行のための会計です。おそらく１００年前には制度会計≒管理会計だったはずですが、その後の社会環境の大きな変化（①経済成長の鈍化、②製品の多様化・高度化・短命化、③「作る」という活動の重要性の相対的な低下など）によって多くの不都合が生じました。そこで一部の企業が任意に進化させてきたのが管理会計です。管理会計は**内部の関係者が自分で使うための会計**（経営上の課題を率直に把握し手当てしていくための会計）であるとも言えます。

財務会計と管理会計の違い

財務会計
- ✔人に見せるための会計
- ✔基本的な構造は100年前にデザインされた
- ✔法律で決まっているので勝手に進化させることはできない

管理会計
- ✔自分で使うための会計
- ✔制度会計の使い勝手を補うために作られた新しい会計
- ✔プライベートな会計なので自由に進化させてよい

目的が変われば、会計も変わる

制度会計
法律で規定された会計

→ **財務会計**
公平な業績比較のための会計

→ **税務会計**
公平な課税計算のための会計

管理会計
適切な事業遂行のため任意で行う会計

ポイントBOX
①財務会計は人に見せるための会計であり、勝手に進化させられない会計
②管理会計は自分で使うための会計であり、自由に進化させてよい会計

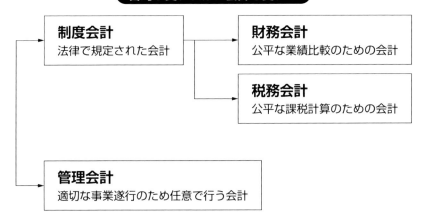

2 実際に良くするための会計は管理会計

良く見せること
≠実際に良くすること

〈良く見せる≠実際に良くする〉

財務会計は外部の関係者に業績を見ていただくための会計です。そのためどうしても良く見せようとして**「背伸び」をしてしまう傾向**を持つことになります。やむを得ない成り行きかもしれませんが、業績が悪ければ悪いほどその傾向は強まってしまいます。しかし業績を良く見せる努力と、実際に良くする努力は全く別のことなので注意をしなければなりません。厳しい現実から目を逸らし、背伸びをした会計（粉飾とまでは言わないまでも…）だけを使っていたのでは、抜本的な対策は遅れ、事業は衰退し、いつか経営は破綻してしまうでしょう。

〈実際に良くする＝良く見せる〉

そこで管理会計の登場です。管理会計は内部の関係者が経営上の課題を率直に把握するための会計です。そこには外部には見せられない**赤裸々な問題や低迷する生産性、著しい原価差異**などが表れてくるかもしれません。しかし、少なくとも内部的には現実を現実として受け止めて手当てしなければ業績は回復しません。管理会計は企業が任意に行うプライベートな会計ではありますが、実際に業績が良くなれば、財務会計上の指標（見かけ）も必ず良くなってくるのです。

〈実際に良くするための管理会計を学ぼう〉

多くの製造業関係者（特に技術者の方々）が会計を学ぼうと志したときに学ぶのは、簿記（工業簿記）や全部原価計算でしょう。しかしそれは外部の関係者に良く見ていただくための財務会計の決まりであって、業績を実際に良くするための管理会計の決まりではありません。技術者が学ぶべきは管理会計です。もちろん管理会計は任意に行われるプライベートな会計ですから本来は「決まり」はないのですが、財務会計との比較をしながら、1つの道標となる雛形を見ていくことにしましょう。

財務会計と管理会計の本質

財務会計　⇒　良く見せるための会計
（外部会計）

管理会計　⇒　実際に良くするための会計
（内部会計）

「良く見せる」vs「実際に良くする」

業績を良く見せること
≠　実際に業績を良くすること

実際に業績を良くすること
＝　良い業績を見せること

ポイントBOX
①良く見せようとすることは、実際を良くすることとは違う
②実際を良くするためには、現実をありのままに映し出す管理会計が必要

3 でも、管理会計＝直接原価計算というわけではない

直接原価計算は良い会計。でも致命的な限界もある

〈財務会計⇒全部原価計算であるということ〉

昨今、厳しい時代を生き抜くための会計リテラシーの重要性が叫ばれ、簿記を学ぶ方が増えました。しかし簿記は１００年も前にデザインされた財務会計の仕組みであり、全部原価計算に基づいています。実は、この全部原価計算が多くの致命的な問題を抱えているのです。それは例えばこんなことです。

✔ 固定費と変動費がしっかり分離されていない

管理目標が全く異なる固定費と変動費が分離されていないので適切な費用管理ができません。付加価値が見えず、損益分岐点の分析もできません。

✔ 工場内／外の活動が分断されている

今日では製品が多様化・高度化・短命化していることに加え、生産現場の自動化や標準化も進み、製品開発や生産技術などの活動と、製造部門の活動が一体化し**多くの場面で見分けがつかなくなりました**。それにも拘らず従来の会計が工場（売上原価）と非工場（販売費および一般管理費）を無理に分断していることが会計粉飾の温床になり、生産性の管理と改善も困難にしています。

〈管理会計⇒直接原価計算なのか？〉

これらの弊害を解消するには、固定費と変動費をしっかり分離しなければなりません。そこで７０年前にアメリカで提唱されたのが直接原価計算です。このときから財務会計と管理会計は別々の道を歩み始めました。しかし残念ながら、それが日本に導入されたとき、**変動費と直接費の混同**が起こります。これは両国の雇用環境の違いなどによるものです。そのため日本では、直接原価計算は必ずしも変動費原価計算としては定着しませんでした。さらには工場内の活動／工場外の活動の分断という問題も解決できていなかったのです。

財務会計の形…全部原価計算／いわゆる簿記の会計

全部限界計算で
計算したもの

売上高
－売上原価　…工場で発生する費用
＝粗利

－販売費および一般管理費　…工場以外で発生する費用
＝営業利益

－支払利息　…営業外で発生する在庫金利など
＝経常利益

従来の管理会計の形…直接原価計算

直接原価計算で
計算したもの

売上高
－製造直接費　…直接費⇒変動費
－製造以外の変動費　（重大な誤解）
＝変動利益

－製造間接費
－製造以外の固定費　…工場内 vs 工場外
＝営業利益　（活動の分断）

－支払利息　…在庫金利も含まれる
＝経常利益　（営業外でよいのか？）

ポイントBOX

①全部原価計算の問題は、変動費と固定費が分離されていないこと
②直接原価計算でさえ、変動費と固定費の分離は徹底されていない

4 直接原価計算をさらに進化させた原価計算とは？

変動費と固定費の分離を徹底したら、原価計算が変わった！

〈直接原価計算の限界〉

固定費と変動費をきちんと分離し、「変動費原価計算」を目指してスタートしたのが本来の直接原価計算のはずでした。しかしその名称ゆえに変動費と直接費、固定費と間接費は混同されることが多く、結果的に直接原価計算は変動費原価計算になりきれていません。

✔ 一般的な期待
直接費⇒変動費になる
間接費⇒固定費になる

✔ 実際の状況（例えば）
直接労務費…固定給の社員が担う直接作業の労務費の実態は固定費
間接材料費…製品との対応関係を記録していないだけで、実態は変動費

〈全部原価計算・直接原価計算のもう一つの問題〉

実は、全部原価計算・直接原価計算にはもっと重大な問題があります。それは在庫金利が営業外の費用になってしまっていることです。１００年前のゆったりした時代とは異なり、今日では**リードタイム短縮や在庫削減**が重要な経営課題です。なぜならそれは在庫金利の増減と密接に関わってくるからです。事業活動は時間との闘いなのです。しかし在庫金利を営業外費用にしてしまったのでは適切な在庫管理のためのＰＤＣＡを回せません。心理的にも重大な悪影響があり、「見えない在庫（売上債権）」の放置や、期末日だけの在庫削減（しかも往々にして売れ筋の在庫の削減！）などの悲劇を各地で引き起こしています。これでは合理的な経営はできません。これらの悲劇に幕を下ろし、適切な在庫管理のＰＤＣＡを回していくためには、会計の根本である「仕訳」に遡った原価計算の再構築が必要なのです。

従来の管理会計の形…直接原価計算

直接原価計算で
計算したもの

売上高
－製造直接費　…直接費⇒変動費
－製造以外の変動費　（重大な誤解）
＝変動利益

－製造間接費
－製造以外の固定費　…工場内 vs 工場外
＝営業利益　（活動の分断）

－支払利息　…在庫金利も含まれる
＝経常利益　（営業外でよいのか？）

新しい管理会計の形…付加価値会計

シンプルな原価計算

売上高
－事業全体のコスト　…在庫金利を含む全ての変動費
＝稼いだ付加価値

－ヒトへの分配
－モノへの分配　…一体管理される全ての固定費
－カネへの分配
＝未来への繰り越し

ポイントBOX

①変動費と固定費の分離を徹底するには、仕訳に遡る必要がある
②在庫金利の管理も日々のＰＤＣＡの中に組み込む必要がある

5 管理したい活動をそのまま原価計算にすればよい

サプライチェーンの形を会計にしたら、付加価値会計になった！

〈事業の実態に合わなくなった古い原価計算〉

会社の活動を工場内／外という視点で分断してしまっていたことが、従来の原価計算（全部原価計算・直接原価計算）の致命的な問題の1つでした。しかし今日では技術の高度化、自動化、標準化、頻繁な新製品の立ち上げや、納期短縮活動などのため、**会社全体の活動は有機的に一体化し**、工場内／外の活動は見分けがつかなくなりました。見分ける意義さえありません。むしろその分断が事業の実態を見えなくし、不適切な会計操作や粉飾の温床になってしまうことが多かったのです。

〈「かせぐ」の管理〉…サプライチェーン

管理したい事業活動をそのまま見える化し、原価計算したらどうなるかを考えてみましょう。会社は運転資金を銀行から借り入れ原材料を購入します。労務費を投入して仕掛品を経て製品を完成させ、これを売り上げて売上債権とし、売上債権を回収します。そして資金を返済し金利を払うという活動を行っています。この一連のモノの流れがサプライチェーンです。会社がサプライチェーンを順調に回して価値を稼ぎ出せているか否かを明らかにするのが、新しい原価計算の第一の目標です。

〈「わける」の管理〉…バリューチェーン

会社はサプライチェーンの回転で稼ぎ出した付加価値を、ヒト・モノ・カネに分配して経営資源を維持します。このとき、それぞれの資源（特にヒト）が価値を生み出している力（生産性）も問われることになります。生産性が十分でなければヒトを育て、設備を更新し、新たな製品やサービスを創り出すなど生産性を回復させるための行動を取らなければなりません。こうした活動（新たなバリューチェーンの構築）が順調か否かを明らかにするのが、新しい原価計算の第二の目標です。そして、これらの2つの目標を達成するための原価計算が、これから説明する付加価値会計と、それを支える原価計算なのです。

管理したいサプライチェーンの活動

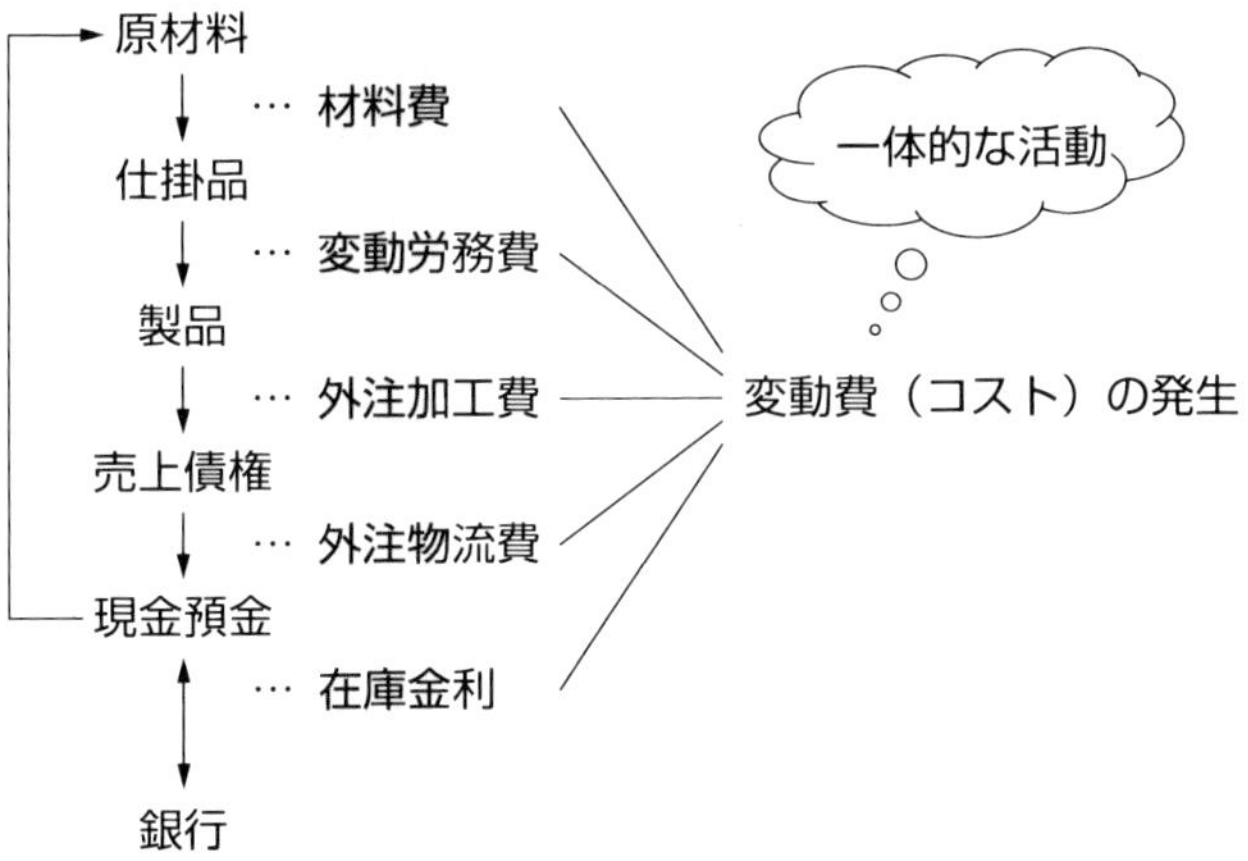

事業活動をそのまま形にする…付加価値会計

売上高	25億円	
－材料費	10億円	コスト
－変動労務費	2億円	コスト
－外注加工費	3億円	コスト
－外注物流費	1億円	コスト
－在庫金利	1億円	コスト
＝未分配付加価値	8億円	
－ヒトにかかわる固定費	2億円	経営資源
－モノにかかわる固定費	3億円	経営資源
－カネにかかわる固定費	1億円	経営資源
＝繰越付加価値	2億円	

かせぐ ↑ ↓ わける

目標はコストダウン ↕ ちがう！ 目標は生産性向上

ポイントBOX
①従来の原価計算は工場内／外の活動を分断してしまっていた
②本来一体的な活動を、一体的に管理するのが新しい原価計算

なんと、100 年前の原価計算だった！

聞いて驚かれた方も多いかもしれませんが、今日の原価計算（全部原価計算）の基本デザインは 100 年も前（20 世紀初頭）にできたものです。その頃の世界はいったいどんな状況だったのでしょうか？

全部原価計算がデザインされた頃の出来事

✔Ｔ型フォードの生産と販売　→ベルトコンベア式生産システムの発明
✔科学的管理法の提唱　→ストップウォッチ導入、標準時間、ノルマ設定の始まり
✔科学的管理法への拒否反応　→ブルーカラーとホワイトカラーの対立
✔激しい労使の衝突　→ロシア革命などの社会主義革命

それはブルーカラーとホワイトカラーの激しい対立の時代だったことがわかります。

「作る人と、管理する人」
「叩かれる人と、叩く人」
「工場の人と、それ以外の人」

こうした対立の時代にデザインされた全部原価計算が、ブルーカラーの活動（工場）とホワイトカラーの活動（非工場）を分断してしまったのもやむをえないことだったのかもしれません。しかし 21 世紀の今日では生産工程の多くが自動化・標準化され、ブルーカラーとホワイトカラーの業務の差は小さくなりました。多くの場面で両者は見わけがつきません。サプライチェーンやバリューチェーンの活動は会社全体で強固に一体化し、**全ての関係者が連携して価値を創り出す時代**になっています。そんな新しい時代を生き抜くために、100 年前の原価計算をそのまま使っていてよいはずはないのです。

Ⅱ

原価計算の入口！
仕訳からB/SとP/Lを作る

仕訳は難しいという方がいます。
仕訳を示した管理会計のテキストもほとんどありませんでした。
しかし仕訳に遡らなければ本当の原価計算は始まりません。
原価計算を通じ、仕訳がＢ／ＳやＰ／Ｌにどうつながっていくのか？
そして、どんな経営判断につながっていくべきなのかを概観しておきましょう

6 まず仕訳という表現方法に慣れる

右側に原因を書き、左側に結果を書くのが作法

〈仕訳ってなんだ？〉

仕訳は非常に便利な原価計算の作法です。実際に仕訳を使って原価計算や損益の計算に至るまでの流れを大まかに辿ってみることにしましょう。今日は４月２日です。会社は製品を作るための運転資金を必要としています。そこで銀行から短期借入で20億円を調達しました。このとき、会社は**こんなメモを作る**ことになるでしょう。

４月２日　現金預金20億円…これは銀行から短期借入金として借りたもの也

これを仕訳で書くと次のようになります。

	〈結果〉		〈原因〉	
４／２	（現金預金）	20億円	（短期借入金）	20億円

この書き方には１つのルールがあります。右側（この本の本文では上側）に原因となった事象を書き、左側（この本の本文では下側）にその結果を書くというルールです。その後４月５日に、会社は借り入れた現金のうちの10億円で材料を購入しました。これを同様の方法で書くと次のようになります。

	〈結果〉		〈原因〉	
４／５	（材　料）	10億円	（現金預金）	10億円

これが「仕訳（しわけ）」です。２つの仕訳を足し合わせそれぞれ共通の項目を相殺すると、４月５日の会社には現金預金10億円、材料10億円、短期借入金20億円があることがわかります。実は、これが最も簡単な貸借対照表（B／S）の形なのです。

B／S	（現金預金）	10億円	（短期借入金）	20億円
	（材　料）	10億円		

原因と結果を両建てで書く

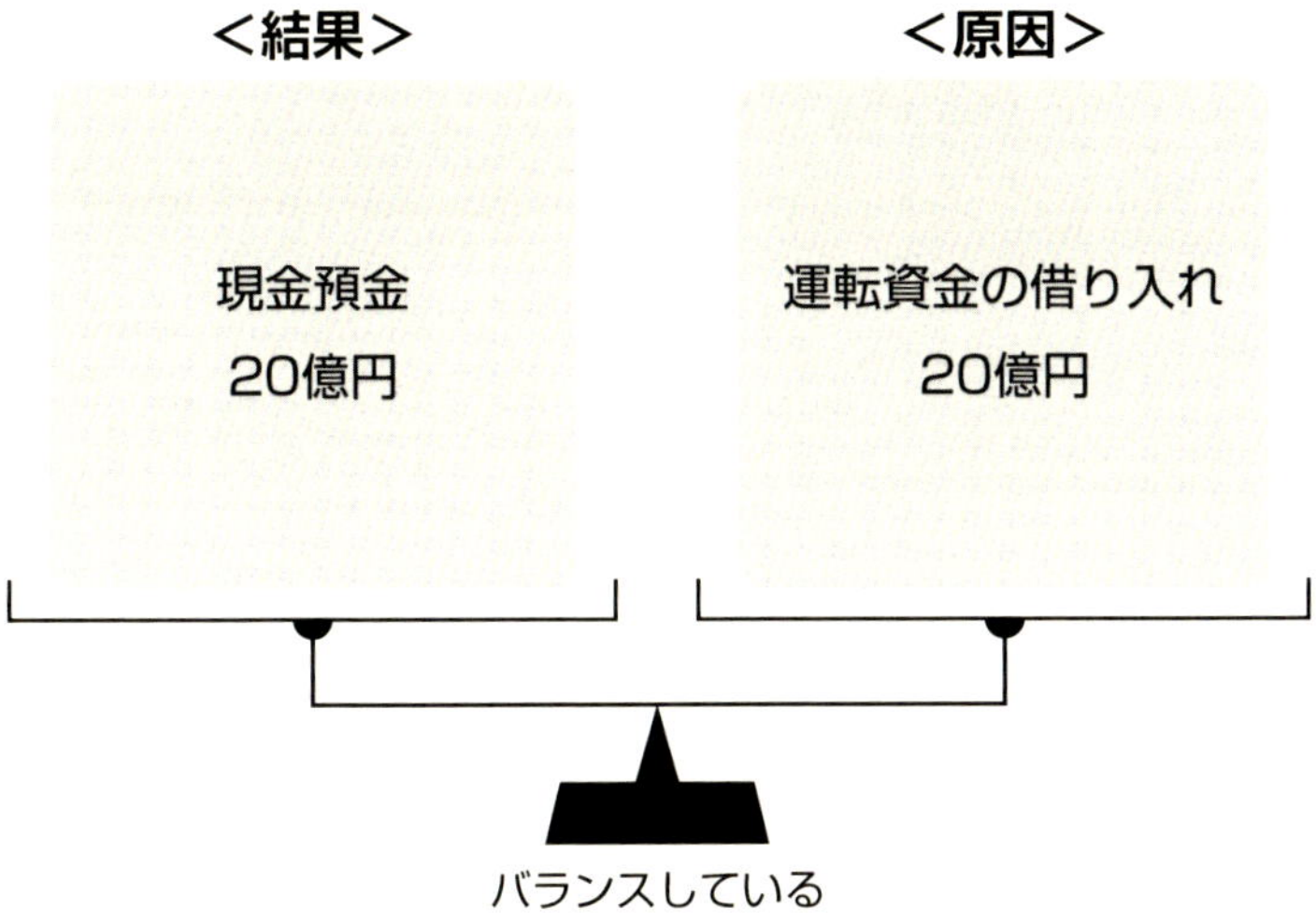

最も簡単な貸借対照表ができた

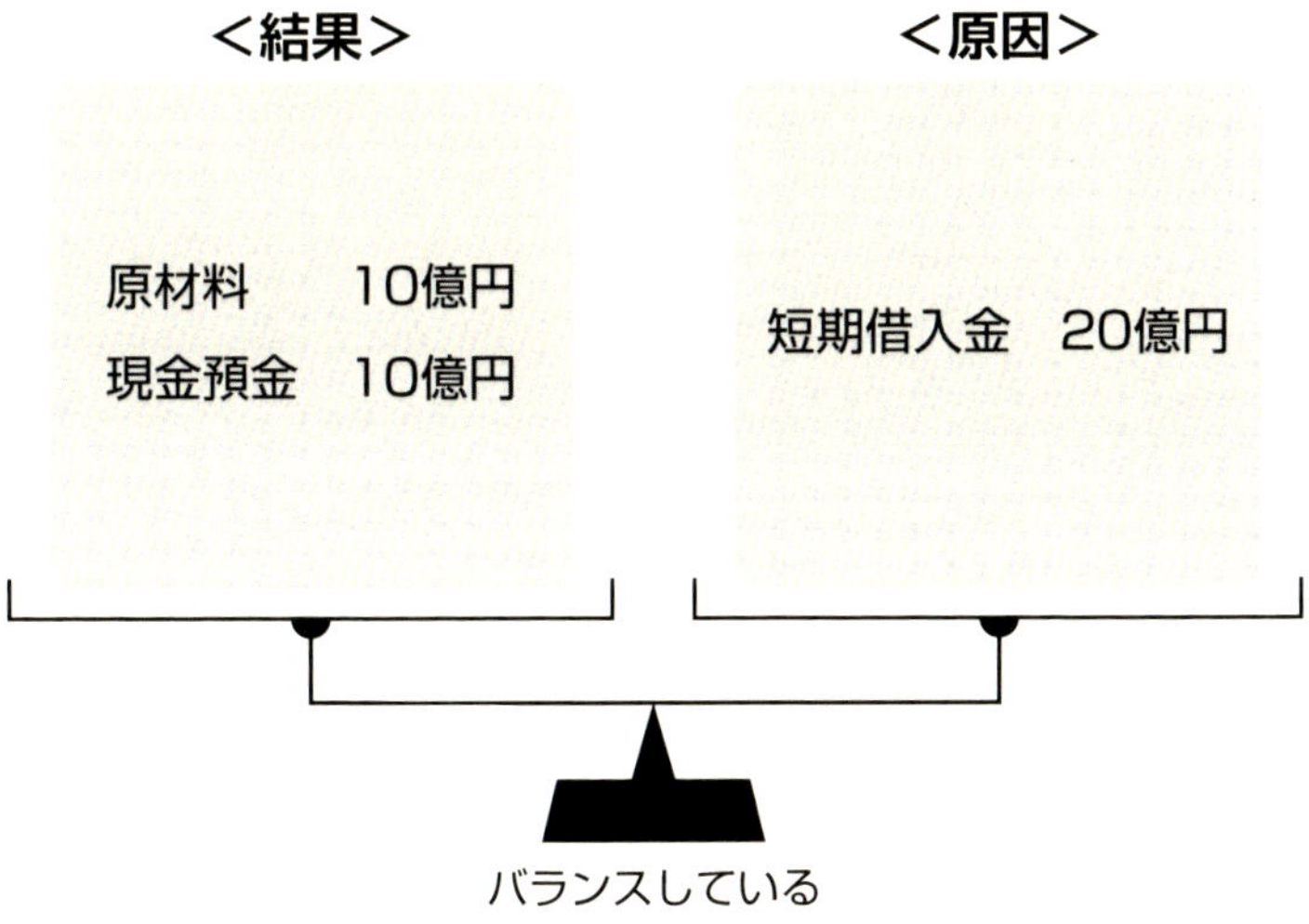

ポイントBOX	
	①仕訳は、原因と結果を両立てで書く ②仕訳を足し合わせると、自然に貸借対照表ができあがる

7 仕訳から貸借対照表を作る

貸借対照表の起源は王様への報告書だった

〈資金提供者の目線〉

第6話では仕訳を使って簡単な貸借対照表を作ってみました。実はこの貸借対照表こそが、今から５００年前の大航海時代に冒険家の航海の成功を支えたものだったのです。

冒険家は航海に出るための資金を王様や貴族から調達し、それを確実に増やして返済しなければなりませんでした（返済できなければ死罪も…）。そのため資金の調達と運用の状況を正確に記録し、報告する仕組みを必要としたのです。こうして作り出されたのが仕訳や貸借対照表だったのでした。その後、冒険家たちの知恵は会社経営の仕組み（**資金を調達し、確実に増やして返済する**）の中に引き継がれていくことになります。

通常、貸借対照表においては右側を「貸方」、左側を「借方」と呼び習わしています。これはかつての貸借対照表が、資金提供者である王様や貴族への成果報告書であったことの名残りなのです。

〈私が**借りて**運用している資産〉　⇒だから借方
〈王様が私に**貸して**下さった金額〉　⇒だから貸方

	〈借方〉		〈貸方〉	
月／日	（現金預金）	10億円	（短期借入金）	20億円
	（材料）	10億円		

しかし、この「貸方／借方」という呼び名は案外と覚えにくいので、この本の中では「資金の調達／資金の運用」という名称に読み替えてしまうことにしましょう。

	〈資金の運用〉		〈資金の調達〉	
月／日	（現金預金）	10億円	（短期借入金）	20億円
	（材料）	10億円		

貸借対照表は在庫の一覧表でもある

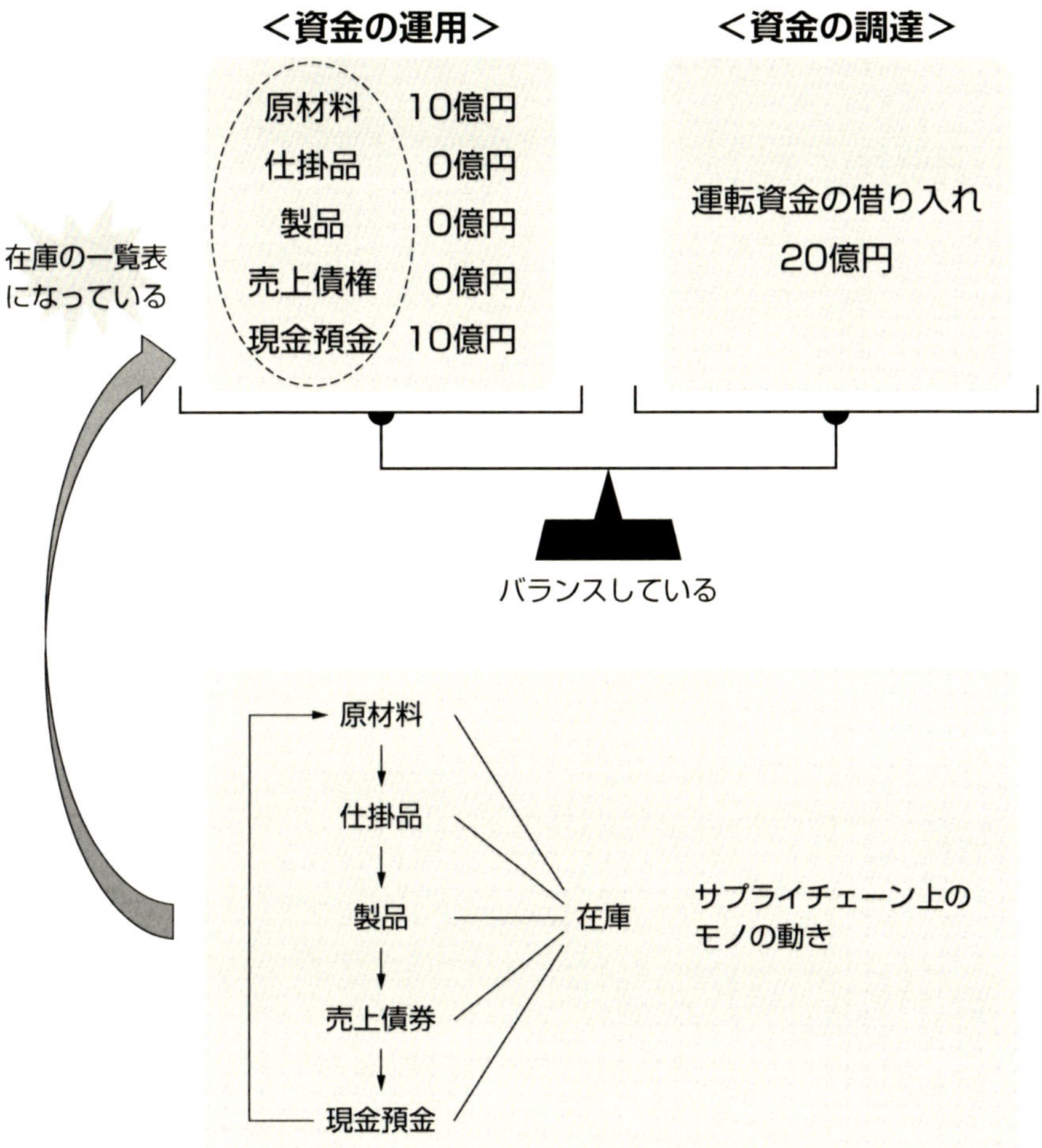

ポイントBOX

①貸借対照表の起源は、資金提供者への成果報告書
②貸借対照表の右側は資金の調達、左側は資金の運用状況を示している

8 原価計算の仕組みを理解する

まずは材料費と変動労務費と外注加工費を集計

〈仕訳は便利!〉

さらに事業活動を進めましょう。会社は4月8日に手許の全材料を工程に投入し製品αの製造を開始しました。この場合は材料が原因、仕掛品が結果になります。

4/8	(仕掛品)10億円	(材料)10億円

会社は4月9日に、作業者(全員が日雇いでした)に労務費2億円を現金で支払いました。この費用は全て製品αの製造にかかわるものでした。

4/9	(**変動労務費**)2億円	(現金預金)2億円
4/9	(仕掛品)2億円	(**変動労務費**)2億円

会社は4月10日に、外部業者に塗装を委託し代金3億円を現金で支払いました。この塗装代金は全て製品αの製造に関わるものでした。

4/10	(**外注加工費**)3億円	(現金預金)3億円
4/10	(仕掛品)3億円	(**外注加工費**)3億円

ここまで仕掛品(しかかりひん)という名前で集計されている原価は合計15億円(=10億円+2億円+3億円)です。製品αが完成したので、4月11日に会社は仕掛品15億円を倉庫に搬入しました。この15億円が**製品αの製造原価**なのです。

4/11	(製品)15億円	(仕掛品)15億円

仕掛品への費用の集計

仕掛品の集計メモ

4/8	材料の投入	10億円			
4/9	変動労務費の投入	2億円	4/11	製品へ	15億円
4/10	外注加工費の投入	3億円			

製品αの製造原価

仕掛品を製品に振り替えた後の貸借対照表

<資金の運用>		<資金の調達>
原材料	0億円	運転資金の借り入れ 20億円
仕掛品	0億円	
製品	15億円	
売上債券	0億円	
現金預金	5億円	

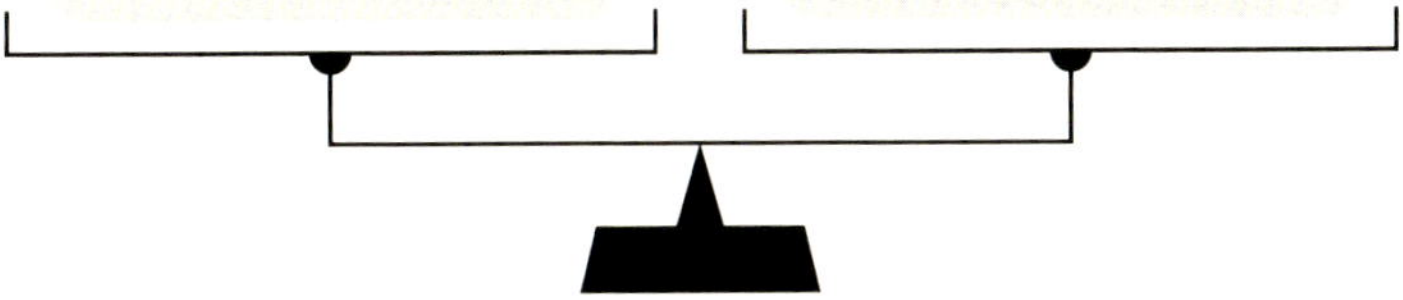

バランスしている

ポイントBOX	
	①仕掛品に費用を集計することで、製品原価を計算する
	②完成したら、仕掛品を製品に振り替える

9

勘定連絡図を理解する

仕訳と仕訳のつながりを表現する方法

〈勘定連絡図の作成〉

第8話の仕訳だけではモノやお金の流れの把握が難しかったかもしれません。**仕訳のつながりを図で表現した**ものが勘定連絡図です。ぜひこの表現にも慣れましょう。

材料の集計メモに関する仕訳

4/5　（材　料）10億円　（現金預金）10億円
4/8　（仕掛品）10億円　（材　料）10億円

変動労務費の集計メモに関する仕訳

4/9　（**変動労務費**）2億円　（現金預金）2億円
4/9　（仕掛品）2億円　（**変動労務費**）2億円

外注加工費の集計メモに関する仕訳

4/10　（**外注加工費**）3億円　（現金預金）3億円
4/10　（仕掛品）3億円　（**外注加工費**）3億円

仕掛品の集計メモに関する仕訳

4/8　（**仕掛品**）10億円　（材　料）10億円
4/9　（**仕掛品**）2億円　（**変動労務費**）2億円
4/10　（**仕掛品**）3億円　（**外注加工費**）3億円
4/11　（製　品）15億円　（仕掛品）15億円

製品の集計メモに関する仕訳

4/11　（製　品）15億円　（仕掛品）15億円

それぞれの集計メモの増減関係を矢印で結べば勘定連絡図ができあがります。

勘定連絡図（製造原価の計算まで）

材料の集計メモ

4/5	現金預金で購入	10億円	4/8	仕掛品へ	10億円

変動労務費の集計メモ

4/9	現金預金で支払い	2億円	4/9	仕掛品へ	2億円

外注加工費の集計メモ

4/10	現金預金で支払い	3億円	4/10	仕掛品へ	3億円

仕掛品の集計メモ

4/8	材料の投入	10億円			
4/9	変動労務費の投入	2億円	4/11	製品へ	15億円
4/10	外注加工費の投入	3億円			

製品の集計メモ

4/11	仕掛品からの入庫	15億円			

ポイントBOX

①仕訳に基づいて、それぞれの項目の集計メモを作る
②集計メモの増減関係を矢印で結べば勘定連絡図ができあがる

10 T字型の集計メモに慣れる

T字勘定は、資産や負債の増減を集計したメモ

〈T字型の集計メモ〉

第9話の勘定連絡図には、下記のようなスタイルの集計メモが出てきました。こうしたメモの書き方を「T字勘定」と呼びます。T字勘定は資産や負債のそれぞれの増減や残高を知るのにとても便利なものです。

資産（例えば材料や現金預金）を集計する場合、T字勘定の左側には増加に関する事象を集計します。右側には減少に関する事象を集計します。左右の合計を比べれば現在の残高がわかるのです。

負債（例えば短期借入金）の場合は**資産と表記が逆になります**。右側に増加に関する事象を集計し、左側に減少に関する事象を集計します。左右の合計を比べれば現在の残高がわかるのです。

変動労務費などの費用についても、新たな製造活動などでお金を支払わなければならない事象が発生した場合、会社の負債（未払費用）が増加するのでT字勘定の右側にその事象を集計します。

実際にお金を支払った場合は会社の負債が減少するので左側に集計します。左右の合計を比べれば現在の未払高がわかるのです。

逆に前払いをしているケースも想定されますが、前払いをすると会社の資産（前払費用）が増加するので、T字勘定の左側にその事象を集計することになります。

材料の集計メモ

4/5 現金預金で支払い 10億円	4/8 仕掛品へ 10億円
増加の事象	**減少の事象**

T字勘定の書き方（資産の場合）

現金預金の集計メモ

4/2	短期借入金から	20億円	4/5	材料へ	10億円
			4/9	変動労務費へ	2億円
			4/10	外注加工費へ	3億円
				残高	5億円

T字勘定の書き方（負債や費用の場合）

短期借入金の集計メモ

4/25	現金預金で返済	20億円	4/2	銀行から借り入れ	20億円
	残高	0億円			

減少の事象　　　増加の事象

変動労務費の集計メモ

4/9	現金預金で支払い	2億円	4/9	仕掛品へ	2億円
	未払高	0億円			

ポイントBOX

①資産の場合、T字勘定の左側に増加、右側に減少を集計する
②負債の場合、T字勘定の右側に増加、左側に減少を集計する

11 仕訳から損益計算書を作る

貸借対照表の金額が増加した理由を損益計算で明らかにする

〈もうけの計算〉

さて、会社が4月11日に完成させた製品α（製造原価は15億円でした）は、4月15日にめでたく25億円で売り上げられ、10億円のもうけを会社にもたらしました。売上代金は受取手形で回収され後日に現金化される予定です。この取引は次のように記録されることになります。なお、売上債権とは受取手形や売掛金のことです。

4/15	（売上債権）	25億円	（売上）	25億円
	（売上原価）	15億円	（製品）	15億円

ここで登場した売上と売上原価は、材料・仕掛品・製品・売上債権といった在庫や資産を示す項目ではありません。もうけを計算するために用いられる特別な項目です。これらの特別な項目を使って、もうけについては次のように仕訳されることになります。これが**仕訳を使った損益の計算方法**です。きっと大海原の冒険家たちも、こんな計算をしてほくそ笑んでいたことでしょう。

4/15	**（売上）**	25億円	**（売上原価）**	15億円
			（稼いだもうけ）	10億円

4月15日の仕訳を全て足し合わせると売上と売上原価は相殺されて消え、残りは次のようになります。

4/15	（売上債権）	25億円	（製品）	15億円
			（稼いだもうけ）	10億円

いつの間にか天秤の左右の皿が20億円から10億円増えて30億円になりました。この増加の原因を明らかにするために行ったのが、先程の損益計算だったのです。

損益にかかわる仕訳を抜き出すと⇒損益計算書になる

売上高	25億円
－売上原価	15億円
稼いだもうけ	10億円

製品を売って10億円もうけた時の状態が⇒貸借対照表

＜資金の運用＞		＜資金の調達＞
原材料	0億円	運転資金の借り入れ 20億円
仕掛品	0億円	
製品	0億円	
売上債権	25億円	稼いだもうけ 10億円
現金預金	5億円	

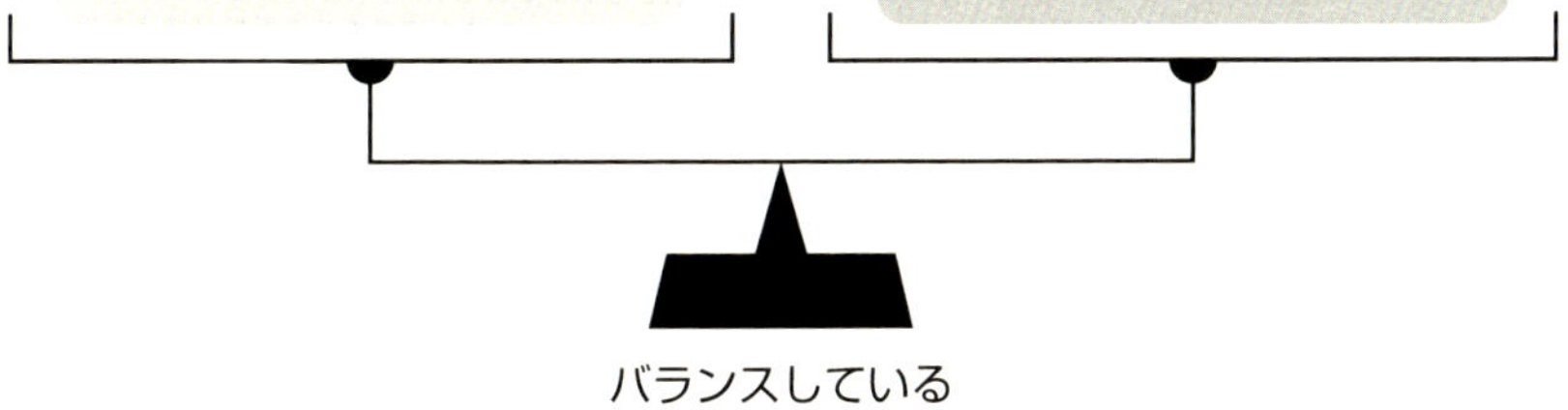

ポイントBOX
①貸借対照表の金額の増加の原因を説明するのが損益計算
②貸借対照表と損益計算をつないでいるのがもうけ

12 稼いだもうけを付加価値と呼ぶ

利益は出資者だけの目標、
付加価値は会社全員の目標

〈言葉遣いの変更〉

ところで、かつての貸借対照表や損益計算書は最終的には王様や貴族への成果報告書になるものでした。従って事業の成果である「利益」もまた王様や貴族のものだったのです。ですから「頑張って利益を稼ごう！」という冒険家の呼びかけは、これから運命を共にする船員たちの心には響きません。**彼らのモチベーションを引き出す**には「付加価値を稼ごう！」と呼びかけなければならないのです。なぜなら付加価値全体が増えなければ船員たちの取り分は増えないからです。

付加価値の最大化こそが全員の目標です。稼いだ付加価値から船員の給料やボーナスが支払われ、次の冒険のための新しい船が買われ、その残りが出資者である王様や貴族のもの（利益）になります。ですから仕訳の表現も変えてしまいましょう。「稼いだもうけ」は「未分配付加価値」と表記します。船員への支払い、新しい船の代金、王様や貴族への支払を済ました後の付加価値は「繰越付加価値」です。

今までの仕訳

4/15	（売　上）	25億円	（売上原価）	15億円
			（稼いだもうけ）	10億円

新しい仕訳

4/15	（売　上）	25億円	（売上原価）	15億円
			（未分配付加価値）	10億円

〈補足〉

「未分配付加価値」に似た言葉として「変動利益」や「貢献利益」などもあります。しかし付加価値→全員の目標、利益→出資者の目標という関係を明確にするため、この本では「○○利益」という表現を使わず「付加価値」で統一しています。

損益に関わる仕訳を抜き出すと⇒損益計算書になる

売上高	25億円
－売上原価	15億円
~~稼いだもうけ~~	10億円

これからは「未分配付加価値」と呼ぶ

製品を売って10億円もうけたときの状態が⇒貸借対照表

＜資金の運用＞

原材料	0億円
仕掛品	0億円
製品	0億円
売上債権	25億円
現金預金	5億円

＜資金の調達＞

運転資金の借り入れ	20億円
未分配付加価値	10億円

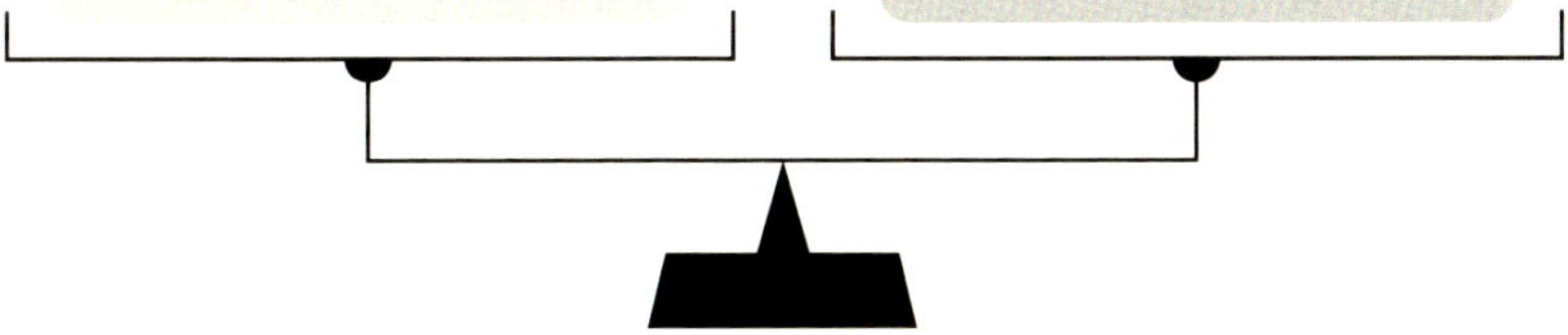

バランスしている

ポイントBOX
①稼いだもうけを「未分配付加価値」と呼ぶ
②未分配付加価値から固定費を引いたものが「繰越付加価値」

13 外注物流費と在庫金利の支払いの仕訳

コストになるものは製造原価だけではない

〈製造原価以外のコストの扱い〉

伝統的な簿記や原価計算ではあまり注目されてこなかったことですが、サプライチェーン上には製造原価以外にも幾つかの重要な変動費（コスト）が存在します。その1つが外注物流費です。実は、会社は4月15日に製品αを売り上げたとき、製品を客先に届けるため外部業者に物流費1億円を現金預金で支払っていました。

4／15　（外注物流費）1億円　（現金預金）1億円

その後、4月24日に会社は受取手形を現金で回収しました。

4／24　（現金預金）25億円　（売上債権）25億円

翌4月25日に会社は短期借入金20億円を銀行に返済しました。その際、利息として1億円を支払いました。これが外注物流費と並んで重要な変動費（コスト）である在庫金利です。これで4月2日の運転資金の借り入れで始まったサプライチェーンの活動を一巡することができました。

4／25　（短期借入金）20億円　（現金預金）21億円
　　　（在庫金利）1億円

ここで改めて確認していただきたいのは、製造原価以外にも変動費（コスト）になるものがあったということです。外注物流費や在庫金利は、従来の全部原価計算や直接原価計算では積極的に把握されていませんでした。これらを適切に把握するためには、入口である仕訳のやり方を変える必要があります。

4月15日に、外注物流費を支払った状態

＜資金の運用＞

原材料	0億円
仕掛品	0億円
製品	0億円
売上債権	25億円
現金預金	4億円

＜資金の調達＞

運転資金の借り入れ
20億円

未分配付加価値
9億円

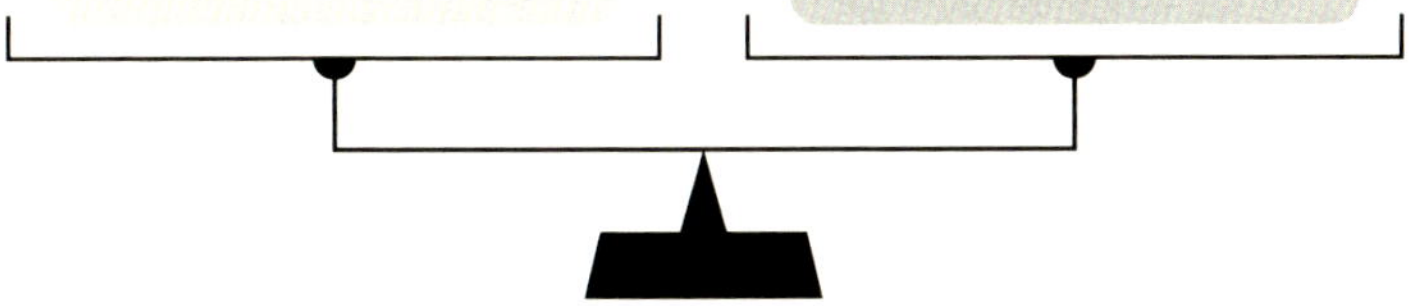

バランスしている

4月25日に、短期借入金を返済した状態

＜資金の運用＞

原材料	0億円
仕掛品	0億円
製品	0億円
売上債権	0億円
現金預金	8億円

＜資金の調達＞

運転資金の借り入れ
0億円

未分配付加価値
8億円

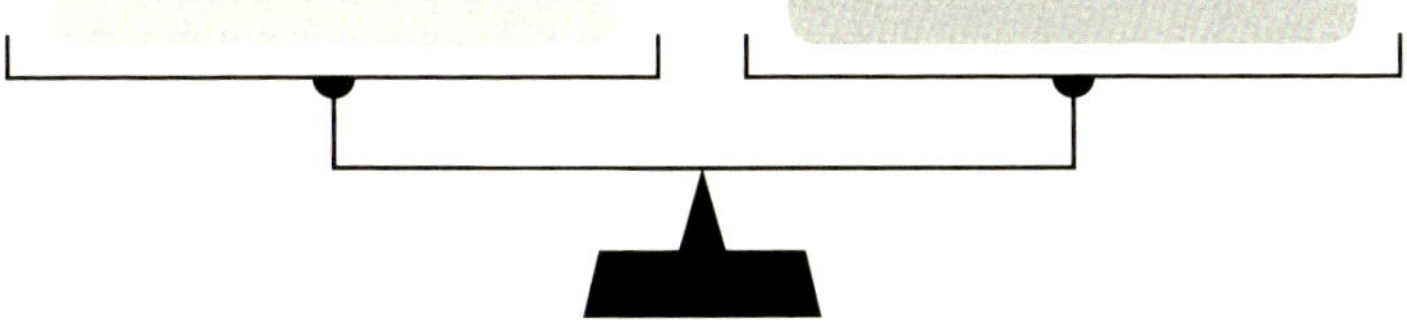

バランスしている

ポイントBOX

①変動費（コスト）になるものは製造原価だけではない
②製造外の変動費としては、外注物流費と在庫金利が代表的

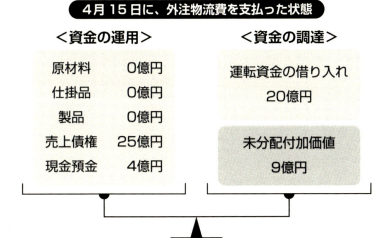

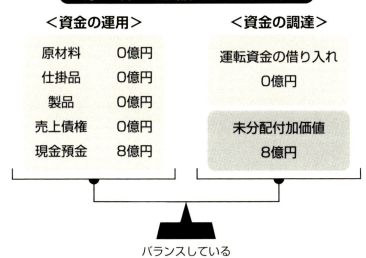

14 複式簿記の構造を理解する

大航海時代の冒険家たちが編み出した事業成功の知恵

〈貸借対照表と損益計算をつなぐもの〉

ここまでの仕訳を並べてみると、資産や負債に関わる項目と、売上や費用（コスト）に関わる項目があったことが改めてわかります。全ての仕訳を足し合わせ、それぞれを相殺して残るものを見てみると、現金預金8億円と未分配付加価値8億円が残りました。これが会社の1か月の活動が稼ぎ出した付加価値です。

ここで**未分配付加価値の増減に関する集計メモ**を作ってみましょう。すると8億円の付加価値がどのように稼ぎ出されたのかを明らかにできます。これも損益計算書の1つの形です。

未分配付加価値の増減に関する集計メモ

売上原価	15億円	売上	25億円
外注物流費	1億円		
在庫金利	1億円		
未分配付加価値	8億円		

残った未分配付加価値は、最終的には繰越付加価値に振り替えておきましょう。

4/30 **（未分配付加価値）** 8億円 （繰越付加価値） 8億円

全ての仕訳を集計・相殺すれば、貸借対照表も整います。

4月末の貸借対照表（最終）

B/S （現金預金） 8億円 （繰越付加価値） 8億円

このように仕訳を積み重ねていくと、会社の現状を示す貸借対照表が自然にできあがり、その活動の内訳が付加価値の集計メモ（損益計算）で明らかにされるというのが、大航海時代の冒険家達が編み出した事業成功の知恵だったのです。仕訳の力、恐るべし！

全ての仕訳の集約と相殺

4/2	（ 現金預金 ）	20億円	（ 短期借入金 ）	20億円
4/5	（ 材料 ）	10億円	（ 現金預金 ）	10億円
4/8	（ 仕掛品 ）	10億円	（ 材料 ）	10億円
4/9	（ **変動労務費** ）	2億円	（ 現金預金 ）	2億円
4/9	（ 仕掛品 ）	2億円	（ **変動労務費** ）	2億円
4/10	（ **外注加工費** ）	3億円	（ 現金預金 ）	3億円
4/10	（ 仕掛品 ）	3億円	（ **外注加工費** ）	3億円
4/11	（ 製品 ）	15億円	（ 仕掛品 ）	15億円
4/15	（ 売上債権 ）	25億円	（ **売上** ）	25億円
	（ **売上原価** ）	15億円	（ 製品 ）	15億円
4/15	（ **売上** ）	25億円	（ **売上原価** ）	15億円
			（**未分配付加価値**）	10億円
4/15	（ **外注物流費** ）	1億円	（ 現金預金 ）	1億円
4/15	（**未分配付加価値**）	1億円	（ **外注物流費** ）	1億円
4/24	（ 現金預金 ）	25億円	（ 売上債権 ）	25億円
4/25	（ 短期借入金 ）	20億円	（ 現金預金 ）	21億円
	（ **在庫金利** ）	1億円	（ ）	
4/25	（**未分配付加価値**）	1億円	（ **在庫金利** ）	1億円

相殺すると残るもの

4/30	（ 現金預金 ）	8億円	（**未分配付加価値**）	8億円

最終的には繰越付加価値へ振り替えておく

4/30	（**未分配付加価値**）	8億円	（繰越付加価値）	8億円

ポイントBOX

①仕訳を積み上げれば、貸借対照表ができあがる
②付加価値を生じた活動の内訳を明らかにするために損益の計算を行う

15

原価計算の目的を考える

損益計算書と貸借対照表を見慣れた形式で作る

〈B/SとP/Lの作成〉

第14話では、仕訳に基づき、次のような損益計算書と貸借対照表を作りました。

4月の損益計算書

(売上原価)	15億円	(売上)	25億円
(外注物流費)	1億円		
(在庫金利)	1億円		
(未分配付加価値)	8億円		

4月の貸借対照表

B/S	(現金預金) 8億円	(繰越付加価値) 8億円	

戸惑いを感じた方もいるかもしれませんので、見慣れた形式に書き換えておきましょう。これで仕訳の積み重ねが損益計算書や貸借対照表になっていくということを改めて確かめることができました。

✔ 損益計算書…Profit and Loss Statement (P/L)
会社の一定期間の事業成績を示すもの

✔ 貸借対照表…Balance Sheet (B/S)
会社のある時点での財政状態を示すもの

これらの資料の作成が仕訳や原価計算の目的だったのです。そしてこれらの資料は経営上の意思決定や事業成果の報告という目的のために作成されるものですから、その**目的に適った内容でなければ意味がない**のは当然です。ただ作ればよいというものではありません。

できあがった損益計算書（P/L）

売上高	25億円
－売上原価	15億円
－外注物流費	1億円
－在庫金利	1億円
＝未分配付加価値	8億円

できあがった貸借対照表（B/S）

＜資金の運用＞		＜資金の調達＞	
流動資産		流動負債	
原材料	0億円	短期借入金	0億円
仕掛品	0億円		
製品	0億円	純資産	
売上債権	0億円	繰越付加価値	8億円
現金預金	8億円		
合計	8億円		

ポイントBOX

①**原価計算の目的は、損益計算書（P/L）や貸借対照表（B/S）を作ること**

②**これらは経営上の意思決定という目的に適ったものでなければならない**

付加価値の増減の集計メモ→損益計算書（P/L）になる

損益			
売上原価	15億円	売上	25億円
外注物流費	1億円		
在庫金利	1億円		
未分配付加価値	8億円		

見慣れた形に書き換える

P/L
（活動の内訳）

売上高	25億円
－売上原価	15億円
－外注物流費	1億円
－在庫金利	1億円
＝未分配付加価値	8億円

B/S
（会社の現状）

＜資金の運用＞		＜資金の調達＞	
流動資産		流動負債	
原材料	0億円	短期借入金	0億円
仕掛品	0億円		
製品	0億円		
売上債権	0億円	純資産	
現金預金	8億円	繰越付加価値	8億円
合計	8億円		

冒険家たちが編み出した事業成功の知恵（仕訳）

4/2	(現金預金)	20億円	(短期借入金)	20億円
4/5	(材料)	10億円	(現金預金)	10億円
4/8	(仕掛品)	10億円	(材料)	10億円
4/9	(**変動労務費**)	2億円	(現金預金)	2億円
4/9	(仕掛品)	2億円	(**変動労務費**)	2億円
4/10	(**外注加工費**)	3億円	(現金預金)	3億円
4/10	(仕掛品)	3億円	(**外注加工費**)	3億円
4/11	(製品)	15億円	(仕掛品)	15億円
4/15	(売上債権)	25億円	(**売上**)	25億円
	(**売上原価**)	15億円	(製品)	15億円
4/15	(**売上**)	25億円	(**売上原価**)	15億円
			(**未分配付加価値**)	10億円
4/15	(**外注物流費**)	1億円	(現金預金)	1億円
4/15	(**未分配付加価値**)	1億円	(**外注物流費**)	1億円
4/24	(現金預金)	25億円	(売上債権)	25億円
4/25	(短期借入金)	20億円	(現金預金)	21億円
	(**在庫金利**)	1億円	(　　　)	
4/25	(**未分配付加価値**)	1億円	(**在庫金利**)	1億円
4/30	(**未分配付加価値**)	8億円	(繰越付加価値)	8億円

仕訳を相殺すると残るもの→貸借対照表（B/S）になる

(現金預金)	8億円	(繰越付加価値)	8億円

16

管理すべき、もう一つのお金の流れの仕訳

新たなバリューチェーンの構築と事業資金の管理

〈事業資金の調達と固定資産の取得の仕訳〉

会社の活動にはバリューチェーンの構築に関するものもあります。実は会社は4月の取引に先立ち、2月1日に事業資金を調達していました。その内訳は銀行からの長期借入金30億円と株主からの新規払込（資本金）40億円です。会社はこれらの資金を新工場（土地、建物、生産機械）の購入に充てて事業の準備を始めました

2/1	（土　　地）	30億円	（長期借入金）	30億円
	（建　　物）	20億円	（資　本　金）	40億円
	（機械装置）	20億円		

土地、建物、機械装置は固定資産になります。これに対し運転資金で調達された販売目的の資産（在庫）は流動資産になります。同様に、固定資産を調達するための長期借入金は固定負債ですが、在庫を調達するための短期借入金は流動負債となります。稼いだもうけ（繰越付加価値）は株主の持ち物であり、株主からの払込金（資本金）と併せて純資産を構成します。これで貸借対照表の形が整いました。

〈他人資本と自己資本の接近〉

流動負債と固定負債を合わせて「他人資本」と呼ぶことがあります。これに対して純資産は自己資本です。

純資産を「自己資本」と呼ぶのは、株式会社が株主の所有物であるという法的形式によるものです。しかしながら、近年の**所有と経営の分離の進展**によって経営に積極関与しない株主が増えたことなどから、他人資本と自己資本の境界は曖昧になりました。

運転資金から在庫金利が発生したように、事業資金からも金利のようなものが発生しますが、これを資本コスト（WACC／ワック）と呼びます。自己資本（内部留保である繰越付加価値も！）といえどもタダではないので注意しましょう。

事業資金の借り入れと運用についても記載した B/S

＜資金の運用＞

流動資産	
原材料	0億円
仕掛品	0億円
製品	0億円
売上債権	0億円
現金預金	28億円
合計	28億円
固定資産	
土地	30億円
建物	20億円
機械装置	20億円
合計	70億円

合計　98億円

＜資金の調達＞

流動負債	
短期借入金	20億円
固定負債	
長期借入金	30億円
純資産	
資本金	40億円
繰越付加価値	8億円
合計	48億円

合計　98億円

バランスしている

＜参考＞

流動負債（他人資本）→ 在庫金利を負担するお金
固定負債（他人資本）→ 資本コストを負担するお金
純資産　（自己資本）→ 資本コストを負担するお金

ポイントBOX

①運転資金の流れの他に、事業資金の流れがある
②自己資本といえども資本コスト（WACC）は発生する。タダではないので注意！

17 稼いだもうけを分配する仕訳

ヒトの固定費へ、モノの固定費へ、カネの固定費へ

〈ヒトに関わる固定費の仕訳〉

仕訳には毎日管理する変動費に関わるものの他に、月次や年次で管理する固定費に関わるものもあります。特に重要なのは**ヒト・モノ・カネの固定費**でしょう。ヒトの固定費の代表は正社員に支払う労務費です。会社は4月30日に未分配付加価値の中から固定労務費2億円を支払いました。

4/30	（固定労務費）	2億円	（現金預金）	2億円
	（未分配付加価値）	2億円	（固定労務費）	2億円

〈モノに関わる固定費の仕訳〉

モノに関わる固定費の代表は固定資産の減価償却費です。会社は4月30日に建物の減価償却費1億円、機械装置の減価償却費2億円を計上しました。

4/30	（減価償却費）	1億円	（建物）	1億円
	（減価償却費）	2億円	（機械装置）	2億円
	（未分配付加価値）	3億円	（減価償却費）	3億円

〈カネに関わる固定費の仕訳〉

会社は4月30日に事業資金の資本コスト（WACC）の月割額1億円を仮計上します。会社はこの仮計上額を後日の年次決算で実際の支払額に修正します。残った未分配付加価値は次の事業に備えて繰越付加価値に振り替えておきましょう。

4/30	（WACC月割額）	1億円	（WACC仮計上額）	1億円
	（未分配付加価値）	1億円	（WACC月割額）	1億円

固定費の支払いまで示したP/L

売上高	25億円
－売上原価	15億円
－外注物流費	1億円
－在庫金利	1億円
＝未分配付加価値	8億円
－固定労務費	2億円
－減価償却費	3億円
－WACC月割額	1億円
＝繰越付加価値	2億円

固定費の支払い後のB/S

＜資金の運用＞		＜資金の調達＞	
流動資産		流動負債	
原材料	0億円	短期借入金	20億円
仕掛品	0億円		
製品	0億円	固定負債	
売上債権	0億円	長期借入金	30億円
現金預金	26億円	WACC仮計上額	1億円
合計	26億円	合計	31億円
固定資産		純資産	
土地	30億円	資本金	40億円
建物	19億円	繰越付加価値	2億円
機械装置	18億円	合計	42億円
合計	67億円		

ポイントBOX

①変動費の仕訳（毎日）と固定費の仕訳（都度）はタイミングが違う
② WACCに関わる仕訳の詳細は、後ほど詳細に検討する

18 損益分岐点の分析をしてみる

会社の今を分析し未来を計画する。それには仕訳を変える

〈損益分岐点の計算方法〉

損益計算を踏まえた経営計画の一法として損益分岐点分析があります。どの程度の売上が達成されれば全ての固定費を賄って黒字にできるかを分析するものです。

今回の事例では会社は25億円の売上で8億円の付加価値を稼いでいますから、会社の固定費6億円（＝2億円＋3億円＋1億円）を賄うために最低限必要な売上は18・75億円以上だったということになります。

これを損益分岐点と呼びます。

$$25億円 \times \frac{6億円}{8億円} = 18.75億円$$

売上高が損益分岐点である18・75億円になったときに予想される損益は以下の通りです。損益分岐点は残った付加価値がちょうどゼロになる点でもあります。

また、現在の売上高は25億円ですから、現状から25％（＝（25億円−18・75億円）÷25億円）売上高が減少してもなんとか固定費を賄えるはずです。この25％を安全余裕率と呼びます。

こうした分析は**概念としてはよく知られていますが**、実際に実施するためには変動費と固定費を仕訳の段階からしっかり分離しておかなければなりません。

	〈現状〉		〈損益分岐点〉
売上高	25億円	→	18.75億円
−全ての変動費	17億円	→	12.75億円
＝稼いだ付加価値	8億円		6　億円
−全ての固定費	6億円	→	6　億円
＝残った付加価値	2億円		0　億円

売上高 vs 稼いだもうけ…かせぐ

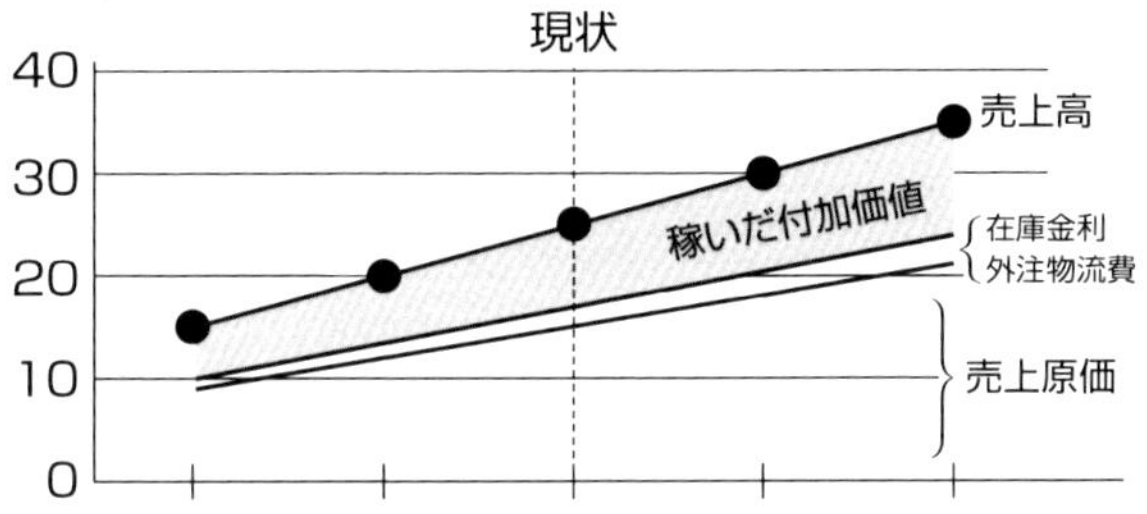

売上高	15億円	20億円	25億円	30億円	35億円
−売上原価	9億円	12億円	15億円	18億円	21億円
−外注物流費	0.6億円	0.8億円	1億円	1.2億円	1.4億円
−在庫金利	0.6億円	0.8億円	1億円	1.2億円	1.4億円
＝稼いだ付加価値	4.8億円	6.4億円	8億円	9.6億円	11.2億円

稼いだもうけ vs 固定費…わける

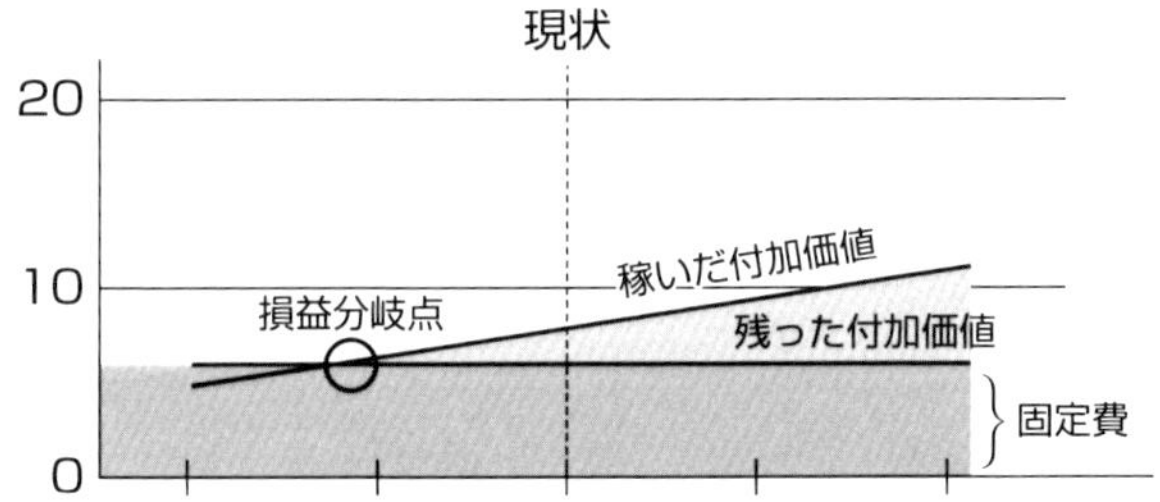

稼いだ付加価値	4.8億円	6.4億円	8億円	9.6億円	11.2億円
−固定労務費	2億円	2億円	2億円	2億円	2億円
−減価償却費	3億円	3億円	3億円	3億円	3億円
−WACC月割額	1億円	1億円	1億円	1億円	1億円
＝残った付加価値	−1.2億円	0.4億円	2億円	3.6億円	5.2億円

ポイント BOX

①損益分岐点分析は、良く知られた経営計画の手法
②実際に行うためには変動費と固定費を仕訳段階から分離する必要がある

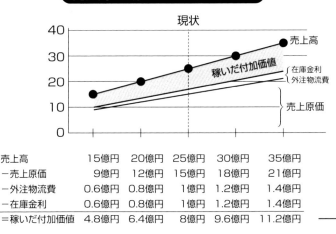

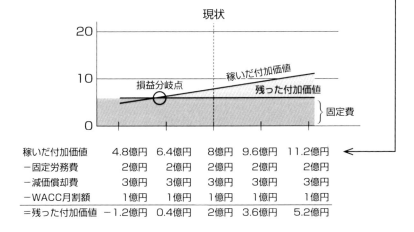

19 付加価値を見なければ、新しい経営は始まらない

「売上高－変動費＝付加価値」という関係を理解する

変動費は、会社が売上の都度に外部から調達し消費するコストです。会社が外部から購入した財貨の価値と、会社が売り上げた財貨の価値の差が「付加価値」ですから、管理会計上は売上高－変動費＝付加価値とみなせるでしょう。この付加価値が見えなければ会社の経営（**資金を調達し、確実に増やして返済する**）は始まりません！　生産性も向上させられません！　付加価値を明らかにすることから新しい日本のモノづくりが始まるのです。

〈P／Lから分析すべきことの例〉

付加価値の視点

- ✔ 稼いだ付加価値はいくらだったか？
- ✔ 付加価値÷売上高の比率が向上しているか？
- ✔ 製品の単価は上がったか？　下がったか？
- ✔ 会社の製品やサービスが時代遅れになっていないか？

コストの視点

- ✔ 原価の構成比はどうか？ 何がコストを圧迫しているか？
- ✔ 原価差異の状況はどうか？ 異常な差異がなかったか？
- ✔ 材料費の割合は増えたのか？ 減ったのか？
- ✔ 変動労務費の割合はどのくらいだったか？
- ✔ 物流費の管理や在庫戦略は妥当だったか？

生産性の視点

- ✔ 経営資源としてのヒトは成長できていたか？
- ✔ ヒトの生産性（付加価値÷労務費）がカイゼンしたか？

損益分岐点の視点

- ✔ 残った付加価値は黒字だったか赤字だったか？
- ✔ ヒト（従業員）に対する経営責任を果たせたか？
- ✔ モノ（設備）に対する投資は無理のない水準だったか？
- ✔ カネ（株主）に対する経営責任を果たせたか？
- ✔ 今後の見通しはどうか？　安全余裕率はどのくらいか？

会社の活動

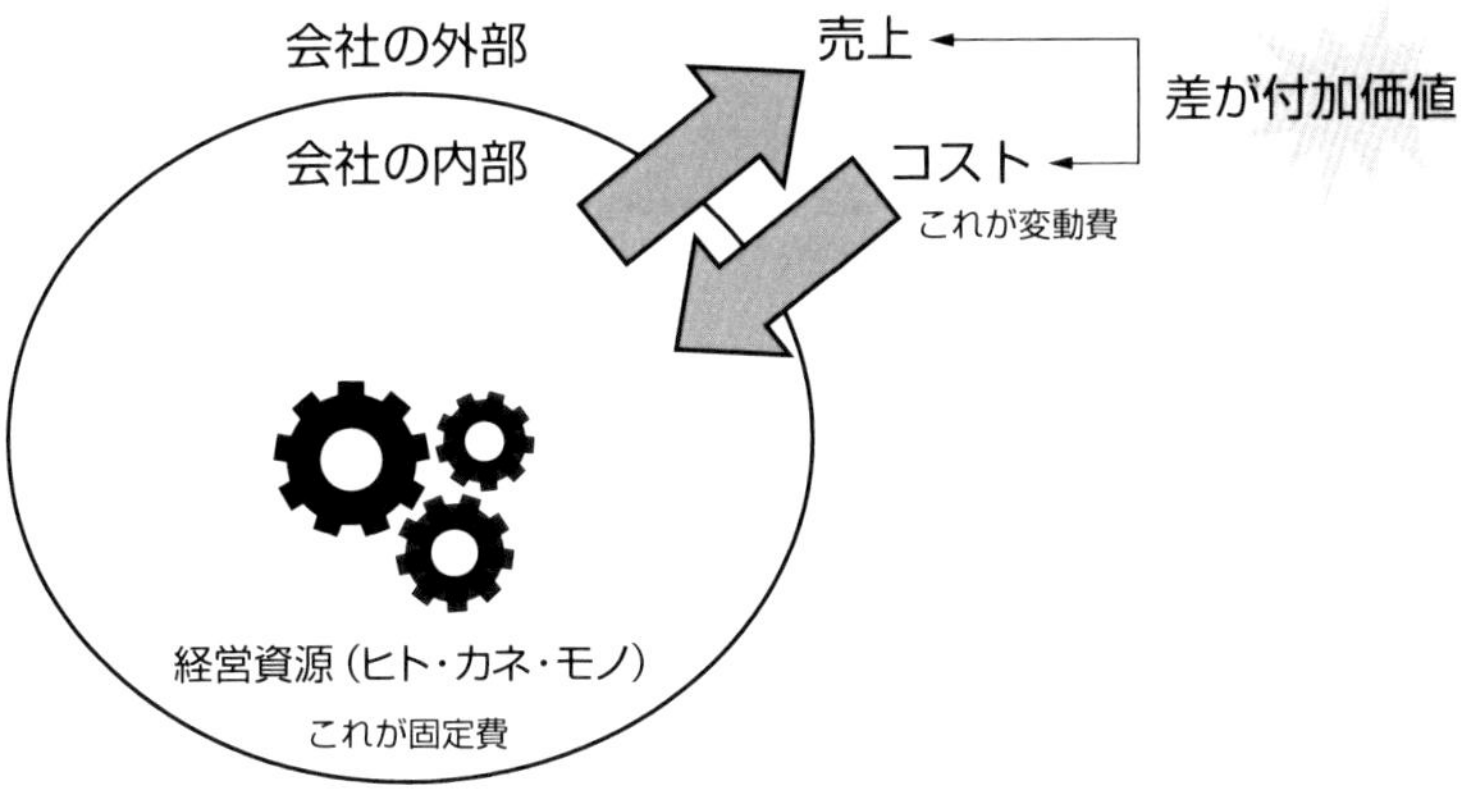

P/Lから分析すべきこと

売上高	付加価値の視点
－全ての変動費	コストの視点
＝稼いだ付加価値	
－全ての固定費	生産性の視点
＝残った付加価値	損益分岐点の視点

ポイントBOX
①付加価値を明らかにすることから、全ての経営管理が始まる
②付加価値を明らかにしなければ、生産性も向上させられない

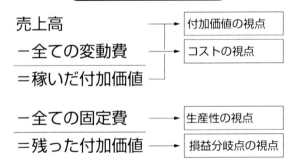

20 担当者が、製品コストの内訳を計算しないという悲劇

コストの内訳を見なければ、コストダウンは始まらない

製造業が原価の変化に鈍感なのは、原価計算がその内訳をしっかり示さなかったからです。原価計算を有効な経営ツールとするためには原価の内訳をしっかり見える化する必要があります。

4/30	（原価／材料費）	10億円	（売上）	25億円
	（原価／変動労務費）	2億円		
	（原価／外注加工費）	3億円		
	（外注物流費）	1億円		
	（在庫金利）	1億円		
	（未分配付加価値）	8億円		

〈一般的な仕訳の問題点〉

今まで損益計算までの大まかな流れを見てきましたが、従来の原価計算が今日の厳しい経営環境を生き抜くための有効なツールになり得ていない原因の1つは売上原価の内訳が示されていないことです。

4/30	（売上原価）	15億円	（売上）	25億円
	（外注物流費）	1億円		
	（在庫金利）	1億円		
	（未分配付加価値）	8億円		

売上原価（≒製造原価）は概ね材料費、労務費、経費で構成されますが、昨今の技術進歩や自動化、標準化の進展で労務費の比率が下がり材料費の比率が突出するケースが増えました。それにも拘らず日本の製造業は労務費の比率が高かった頃の**「カイゼン一点張り」のセオリー**から未だに卒業できていません。カイゼンは今後も大切なものですが、これからはそれだけでは戦えません。

損益までの勘定連絡図（原価の内訳を示さない）

仕掛品

4/1	月初の有高	0億円	4/11	製品へ	15億円
4/8	材料の投入	10億円			
4/9	変動労務費の投入	2億円			
4/10	外注加工費の投入	3億円	4/30	月末の有高	0億円

製品

4/1	月初の有高	0億円	4/15	売上原価	15億円
4/11	仕掛品	15億円			
			4/30	月末の有高	0億円

売上原価

4/15	製品	15億円	4/30	損益へ	15億円

外注物流費

4/15	現金預金で支払い		4/30	損益へ	1億円

在庫金利

4/25	現金預金で支払い		4/30	損益へ	1億円

損益

4/30	売上原価	15億円	4/30	売上高	25億円
	外注物流費	1億円			
	在庫金利	1億円			
	未分配付加価値	8億円			

ポイントBOX

①従来の原価計算は、原価の内訳をしっかり示していなかった
②原価の内訳を示さないことが、日本のモノづくりの進化を止めている

21 本気なら、変動費の内訳をきちんと明示する

今日では、高度なＩＴを活用することだってできる

〈内訳を示すためには仕訳を変えなければならない〉

損益計算においては売上原価の内訳をしっかり示さなければなりません。そのためには仕訳を、内訳をきちんと示す形式に切り替える必要があります。

結果的に処理はやや煩雑になりますが、経営で**必要とするデータが提供できなければ**原価計算の意味がありません。今日では、高度なＩＴの力を活用することもできるのです。

〈内訳を示さない仕訳の例〉

完成した仕掛品を製品に振り替える仕訳

4／11（製品）15億円　（仕掛品）15億円

製品を売上原価に振り替える仕訳

4／15（**売上原価**）15億円　（製品）15億円

〈内訳を示す仕訳の例〉

完成した仕掛品を製品に振り替える仕訳

4／11（製品／材料費）10億円　（仕掛品／材料費）10億円

4／11（製品／変動労務費）2億円　（仕掛品／変動労務費）2億円

4／11（製品／外注加工費）3億円　（仕掛品／外注加工費）3億円

製品を売上原価に振り替える仕訳

4／15（**原価／材料費**）10億円　（製品／材料費）10億円

4／15（**原価／変動労務費**）2億円　（製品／変動労務費）2億円

4／15（**原価／外注加工費**）3億円　（製品／外注加工費）3億円

損益までの勘定連絡図（原価の内訳を示す）

仕掛品

4/1	月初の有高	0億円	4/11	製品へ（材料費）	10億円
4/8	材料の投入	10億円		製品へ（変動労務費）	2億円
4/9	変動労務費の投入	2億円		製品へ（外注加工費）	3億円
4/10	外注加工費の投入	3億円	4/30	月末の有高	0億円

製品

4/1	月初の有高	0億円	4/15	売上原価（材料費）	10億円
4/11	仕掛品（材料費）	10億円		売上原価（変動労務費）	2億円
	仕掛品（変動労務費）	2億円		売上原価（外注加工費）	3億円
	仕掛品（外注加工費）	3億円	4/30	月末の有高	0億円

売上原価

4/15	製品（材料費）	10億円	4/30	損益へ（材料費）	10億円
	製品（変動労務費）	2億円		損益へ（変動労務費）	2億円
	製品（外注加工費）	3億円		損益へ（外注加工費）	3億円

外注物流費

4/15	現金預金で支払い		4/30	損益へ	1億円

在庫金利

4/25	現金預金で支払い		4/30	損益へ	1億円

損益

4/30	原価（材料費）	10億円	4/30	売上高	25億円
	原価（変動労務費）	2億円			
	原価（外注加工費）	3億円			
	外注物流費	1億円			
	在庫金利	1億円			
	未分配付加価値	8億円			

ポイントBOX

①原価の内訳を示すためには、仕訳の仕方を変えなければならない
②仕訳が多少煩雑になっても、ITを使えば簡単に処理はできる

22

コストの内訳が見えれば取り組むべき課題が見える

サプライチェーン全体の変動費把握が、復活の第一歩

〈なぜ、不毛な精神論がはびこるのか?〉

「コストハーフ」というスローガンがあります。1回コストハーフを達成すれば売上原価は50%になり、2回達成すれば25%になるというのは数学的な事実ではありますが、コストの内訳を見ない精神論は関係者の本気を破壊します。日本のモノづくりに不毛な精神論がはびこってきた背景には、従来の原価計算が原価の内訳をきちんと「見える化」してこなかったという現実があります。

材料費・変動労務費・外注加工費・外注物流費・在庫金利のそれぞれについて実施されるべきコストダウンは全く異なった活動となるはずですし、達成を見込む成果も一律に50%であるはずはありません。本当に本気でコストダウンに取り組むなら、「コストハーフの必達!」といった粗雑な目標設定ではなく、**費用別の丁寧な目標設定が必要**です。また結果の測定も個別に行わなければなりません(第95話)。

〈優先順位を考えて取り組む〉

厳しさを増すばかりの経営環境にも拘らず、多くの現場で30年前と変わらない古いカイゼン一辺倒のモノづくりが行われています。しかしながら技術の進歩や自動化、標準化などによって現場のカイゼンで解決できる問題は少なくなりました。これからは自社製品の原価の内訳を明らかにし、取り組むべき課題の優先順位を考えながら、価値創造に向かって新しい全社的な活動を組み立てていかなければなりません。

会社において最も重要な経営資源はヒトです。ヒトは目標設定と成果の測定・評価を通じて成長していきますが、これらは原価計算や会計に基づいて行われます。古い原価計算や会計を使っているとヒトは保守的になり、事業は活力を失います。新しい時代の新しい必然に答える新しい原価計算が、今緊急に必要とされているのです。

原価の内訳を示さない原価計算

売上高	25億円
－売上原価	15億円
－その他の変動費	2億円
＝未分配付加価値	8億円

※どこに課題があるのかが見えてこない

本来あるべき原価計算

売上高	25億円
－材料費	10億円
－変動労務費	2億円
－外注加工費	3億円
－外注物流費	1億円
－在庫金利	1億円
＝未分配付加価値	8億円

※どこに課題があるのかが見えてくる

ポイントBOX

①コストの内訳を示さなければ、目標設定も成果測定もできない
②コストの内訳を示さなければ、モノづくりは30年前のカイゼンを卒業できない

これじゃあ目をつぶって運転する車！

「財務諸表が読めない」「会計って難しい」

そんな話をよく聞きます。しかしそれは使う側の努力不足ではなく、会計側の不備が原因だったのかもしれません。例えば下記は実際の損益計算書の例ですが、事業活動の状況を示す大切な項目（売上高、売上原価、売上総利益、販売費および一般管理費、営業利益）の内訳が全く示されていません。その一方で、営業外収益などの難解な項目ばかりが奇妙なほど詳細に示されていてアンバランスです（売上原価 229,256 円 vs 投資有価証券評価損 7 円など）。また**「販売費および一般管理費」**という名前の費用は、実質的に製造外の全ての費用を示すものですが、あまりにも粗雑でごみ箱的な扱いと言うべきでしょう。これではまるで目をつぶって車を運転するが如し…この損益計算書でどんな経営的判断が下せるでしょうか？

	売上高	**388,463**
内訳がわからない	売上原価	229.256
	売上総利益	**159,206**
操作の余地も多い	販売費および一般管理費	133,313
	営業利益	**25,893**
	営業外収益	
	受取利息	**443**
	受取配当金	1,631
金額的には無意味	**為替差益**	**999**
	持ち分法による投資利益	73
	受取賠償金	**45**
	雑収入	963
	営業外収益合計	**4,157**
	営業外費用	
	支払利息	**2,101**
金額的には無意味	雑損失	2,269
	営業外費用合計	**4,371**
	経常利益	25,679
	特別利益	
	固定資産売却益	108
	投資有価証券売却益	**16**
	特別利益合計	125
	特別損失	
金額的には無意味	固定資産売却損	77
	固定資産除去損	**284**
	減損損失	283
	投資有価証券評価損	**7**
	事業構造改善費用	3,401
	特別損失合計	**4,053**
	税金等調整前当期純利益	21,750

Ⅲ

変動費だけで行う原価計算

固定費と変動費は共に「費用」ではありますが、
本質的に全く別のものあり、管理の目的も方法も違います。
固定費は経営資源であり、しっかり使うべきものです。
変動費はコストであり、なるべく節約すべきものです。
両者をしっかり区分しなければ適切な管理はできません。

23

変動費とは何かを考える

それは会社の外部から都度に調達され消費されるもの

〈変動費と固定費〉

第5話では全てのコストを拾い上げるためにサプライチェーンを辿ってみました。変動費と固定費という言葉も何度か出てきました。今後の混乱を避けるため、一度、これらを整理しておきましょう。単純に捉えれば、サプライチェーンをどんどん回し、生産販売数を増やせば増やすほど発生する費用が「変動費」です。即ち変動費とは、売上高の増減に比例して増減する費用だと言えます。これに対してサプライチェーンを回しても回さなくても発生する費用のことを「固定費」と呼びます。

〈変動費こそがコストだ!〉

ところで、なぜ変動費は生産販売数の増減に比例して増減するのでしょうか？　それは変動費が、売上を実現しようとする都度、**会社の外部から調達され消費される**ものだからです。正にこれこそがコストダウン活動が対象にし、常に節減に努めるべきコストなのです。即ち、変動費＝コストです。

〈固定費は資源だ!〉

では固定費とは何なのか？　固定費は発生額があらかじめ決まっているものですから、コストダウン活動の対象となるべきコストではありません。固定費は会社の内部に在って会社の活動を回している経営資源（ヒト・モノ・カネ）であり、**会社という存在そのもの**だからです。固定費をやみくもに切り捨てれば会社は競争力を失ってしまうでしょう。

しかしその一方で、固定費は常に生産性を問われるべき存在でもあります。その管理には「育てる」という視点が必要になります。それはいわゆるダイエットが、引き締まった健康な体型を目指すものであり、決して体重ゼロを目指すものではないのと同じなのです。

コストと資源では管理の目標が全く異なるということを、まずはしっかり肝に銘じておきましょう。

変動費とは何か？

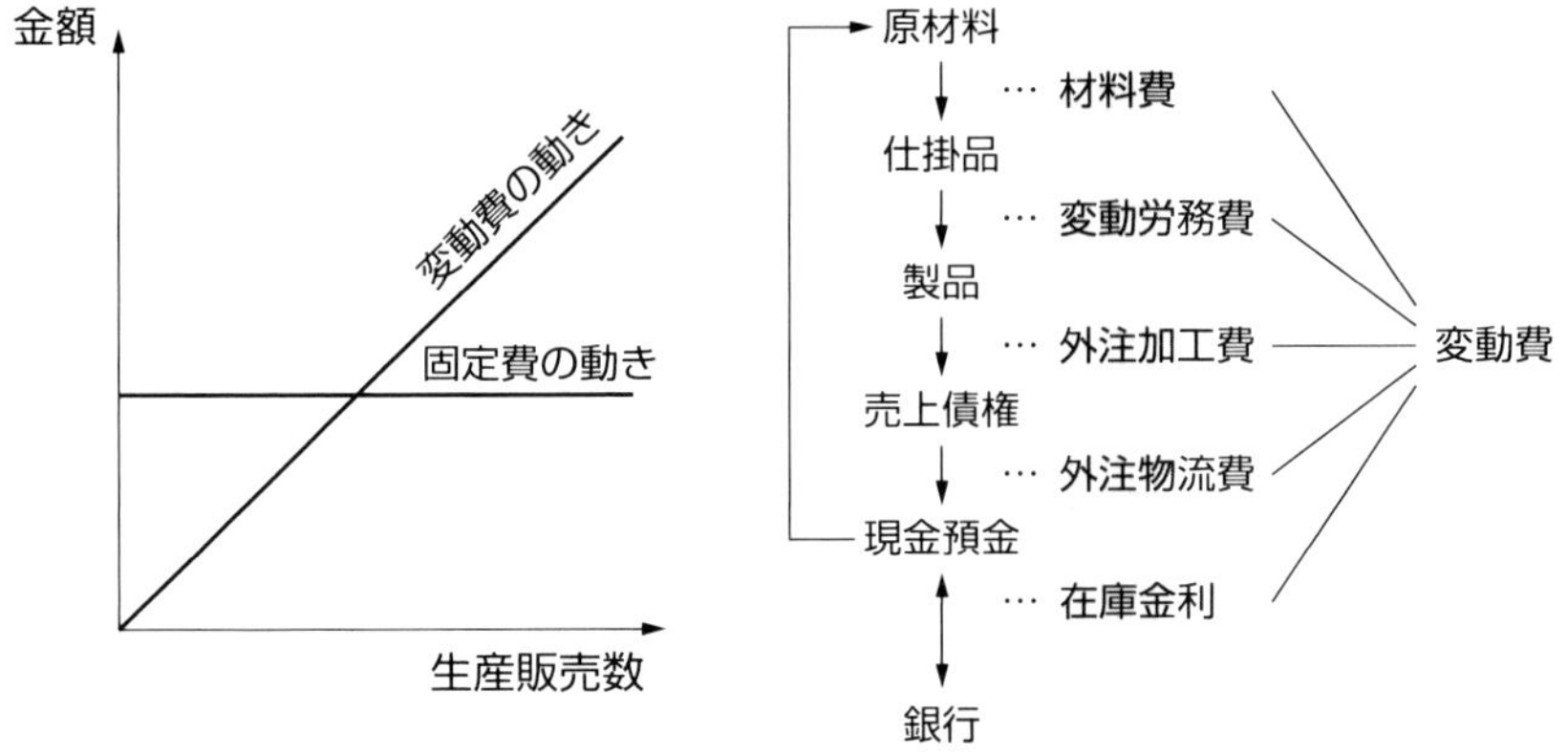

会社の活動

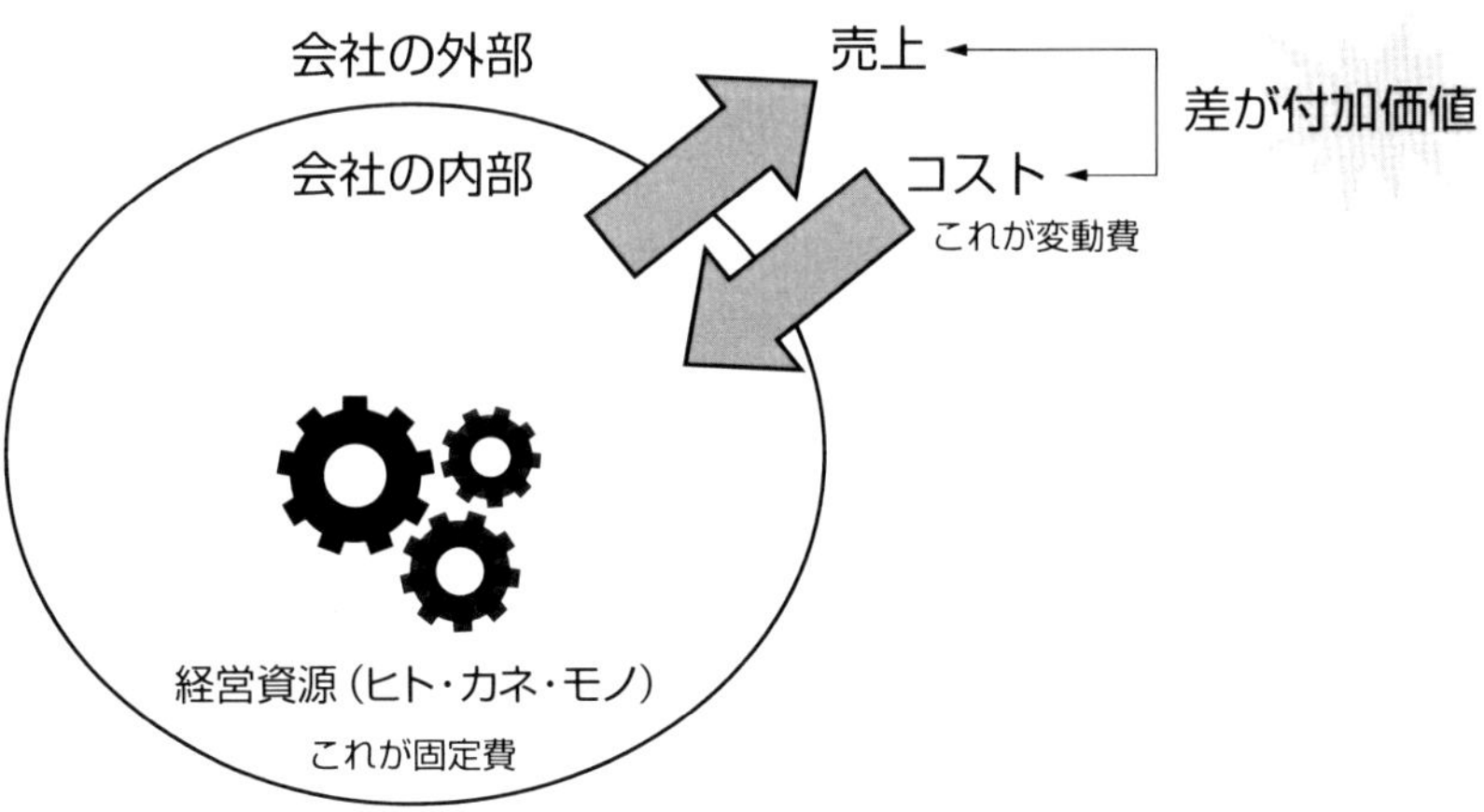

ポイントBOX

①変動費の本質は、節減に努めるべき「コスト」
②固定費の本質は、生産性を問いながら育てていくべき「資源」

24 変動費が固定費とは異なる決定的な理由とは？

管理目標の違い「なるべく使わない」vs「しっかり使う」

〈変動費管理のポイントは毎日の差異管理〉

変動費と固定費の本質から来る管理目標の違いを確認しておきましょう。まず変動費は、売上を実現しようとする都度に外部から調達され消費されるコストでした。調達と消費の意思決定をするのは事業活動の最前線にいる担当者です。

「今日は製品を2トン作るから、添加剤は100kg投入しよう」

このとき、担当者は添加剤の使用許可を経営トップに求めたりはしません。その代わり**消費がでたらめにならないよう必ず**標準使用量が定められているはずです。

「製品1トンあたりの添加剤の使用量は50kgとする」

従って、変動費の管理のポイントは、実際の使用量と標準使用量を比較することです。もし仮に異常な差異が見つかれば、原因を明らかにし（作業ミス、機械の故障、原材料の異常など）、すぐに是正しなければなりません。

「なぜ今日は、製品1トンあたりの添加剤の使用量が6kg多かったのだろう？」

この比較はなるべく頻繁に行います。遅くとも1日1回が目標です。そうしなければ差異の原因はわからなくなり、異常な消費で原材料を無駄にし続けてしまうからです。

〈固定費管理のポイントは生産性を問うこと〉

他方、固定費は変動費とは異なり、調達の意思決定をするのは経営トップです。金額が決まるのは期初以前ですから、月次等で予算の執行状況を確認すれば足り、毎日の異常値チェックまでは必要ありません。その一方で、常に生産性を問い、**その資源を維持すべきか／手放すかの判断**をすることになります。

固定費の管理目標はしっかり使い切ることです（生産性向上）。これに対し変動費の管理目標は標準値を遵守した上で、なるべく使わないこと（コストダウン）です。両者を混ぜると適切な管理ができなくなるので注意しましょう。

変動費の管理目標…なるべく使わない

コスト

調達者	担当者
調達のタイミング	必要な都度
管理の方法	毎日の差異管理（標準vs実際）
管理の目標	標準値の遵守 コストダウン（なるべく使わないこと）
管理責任者	担当者

固定費の管理目標…しっかり使い切る

資源

調達者	経営トップ
調達のタイミング	期初以前
管理の方法	毎月の予算管理と生産性のモニタリング
管理の目標	生産性の向上（しっかり使い切ること） ヒトを育て、資源の質を高めること
管理責任者	経営トップ

ポイントBOX

①変動費には必ず標準値を定め、毎日の差異管理を行う
②変動費と固定費では管理目標が全く異なるので、混ぜてはいけない

25

今まで直接費と変動費は混同されてきた！

直接費は変動費ではないし、間接費も固定費ではない

〈直接費＝変動費ではない！〉

従来の一般的な区分によれば、製造原価は①材料費、②労務費、③経費でできています。ここで言う経費とは「材料費でも労務費でもない費用」のことで、実態は様々なものの混合物です。さらに材料費と労務費と経費のそれぞれは、直接費と間接費に区分されます。直接費とは生産される製品との対応関係が直接的で明確な費用であり、間接費とは対応関係が不明確な費用です。さらに間接費にも2種類あり、A重要性が低いため製品との対応関係を記録していない費用（便宜的固定費）と、B対応関係がそもそも存在しない費用（真の固定費）があります。しばしば混同されるところですが、直接費／間接費という区分と、先の変動費／固定費という区分は全く視点の違う区分であり、**必ずしも対応関係はありません**。

〈2つの原価計算〉

１００年前に基本構造ができあがった財務会計は伝統的な「全部原価計算」で原価計算を行います。これは製造原価を直接費と間接費の全てで計算するものです。しかし間接費を原価に算入することに弊害が多かったため「直接原価計算」と呼ばれる方法が提唱されました。70年前のことです。この時点で財務会計（全部原価計算）と管理会計（直接原価計算）がわかれました。しかし直接原価計算と言えども変動費と固定費をきちんと分離するものではなかった点には注意が必要です。

100年前にできた　全部原価計算 ⇒
原価を「直接費＋間接費」で計算

70年前にできた　直接原価計算 ⇒
原価を「直接費」だけで計算

必ずしも変動費ではない

一般的な直接費／間接費の区分例

物理的な変動費

物理的な固定費

材料費	直接材料費		主要材料費	重要な変動費（①）
			購入部品費	重要な変動費（①）
	間接材料費		補助材料費	A
			工具消耗品費	A
			消耗工具器具備品	A
労務費	直接労務費		直接作業費（正社員）	重要な固定費（ヒト）
			直接作業費（日雇、アルバイト）	重要な変動費（②）
	間接労務費		間接作業費（正社員）	重要な固定費（ヒト）
			間接作業費（日雇、アルバイト）	重要な変動費（②）
			給料	重要な固定費（ヒト）
			従業員賞与手当	重要な固定費（ヒト）
			退職給付費用	重要な固定費（ヒト）
			法定福利費	重要な固定費（ヒト）
経費	直接経費	支払経費	外注加工費	重要な変動費（③）
	間接経費	支払経費	外注物流費	重要な変動費（④）
			旅費交通費	B
		月割経費	減価償却費	重要な固定費（モノ）
			賃借料	重要な固定費（モノ）
			保険料	重要な固定費（モノ）
		測定経費	水道光熱費	A
		発生経費	材料棚卸減耗費	B
			修繕費	B

A	重要性が低いため対応関係を記録していない変動費（軽微な変動費）
B	対応関係がそもそも存在しない固定費（軽微な固定費）

ポイント BOX

①生産する製品との対応関係が明確な費用が直接費
②直接費＝変動費であるとは限らない

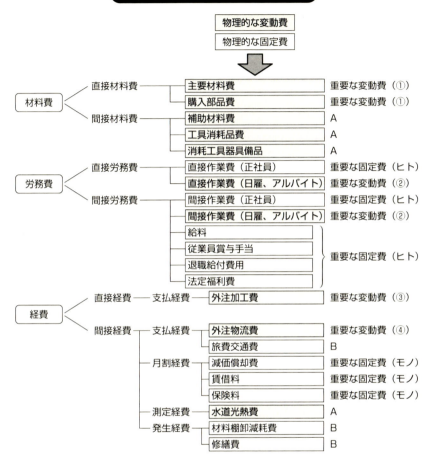

26 変動費はどこにあるかを考える

標準値を定めて目標管理するものこそが変動費

〈重要な変動費→5大変動費〉

改めて、従来の直接費／間接費という区分に囚われずに変動費と固定費を分類し直してみましょう。第5話ではサプライチェーンを辿り代表的な5つの変動費を抽出しました（①材料費、②変動労務費、③外注加工費、④外注物流費、⑤在庫金利）。これらは重要なコストとして前もって**標準値を定め、実際の使用量を測定し、両者の差異管理**を行わなければならない管理会計上の変動費です。

※5大変動費はあくまでも例示であり、会社のビジネスモデルによって変わります。

〈重要性の低い変動費→便宜的な固定費〉

従来は固定費扱いされることが多かった間接材料費の物理的本質は変動費でしょう。しかし管理上の重要性が低いためやや簡便な取り扱い（第29話／配賦）をします。重要性の有無は、管理の効果と管理に要するコストのバランスで判断します。

〈重要な固定費→3大固定費〉

固定費として特に重要度が高いものには、①ヒトにかかわる固定費、②モノにかかわる固定費、③カネにかかわる固定費があります。これらは経営資源として生産性の管理を行います。また、昨今の事業活動の高度化に伴って、**社内の活動を製造／非製造に切り分ける弊害**が大きくなり、実務的にも切り分けが困難になってきました。ですから会社全体の活動を担う固定費は、製造／非製造を問わず一体的に管理する必要があります。

〈重要性の低い固定費→少額固定費〉

会社の方針や事業内容によっては、生産性の管理を積極的には行わない軽微な固定費（重要性の低い少額固定費）が存在するケースがあるというのも現実でしょう。

5大変動費（コスト）と3大固定費（経営資源）

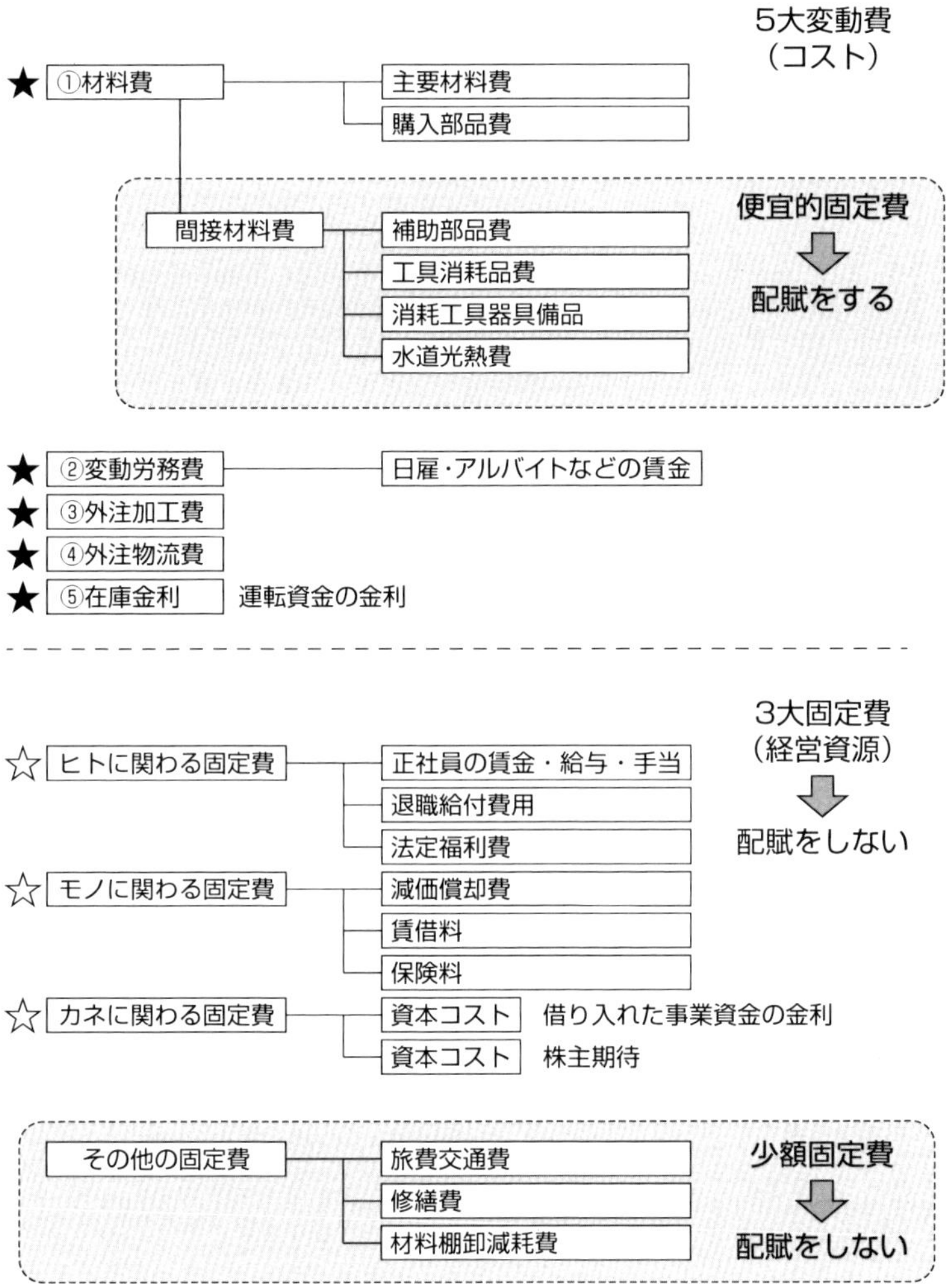

ポイントBOX

①変動費…標準値を定めて差異管理をする費用
②固定費…生産性を管理する費用

27 サプライチェーンから拾い上げた5つの変動費

材料費、変動労務費、外注加工費、外注物流費、在庫金利

〈5大変動費の確認〉

ここで、一般的な製造業のサプライチェーンを想定して拾い上げた5つの重要な変動費（管理会計上の変動費）について概観しておきましょう。

①材料費

これが金額的には最も重要な変動費でしょう。「直接材料費」は従来通り売上原価に直接組み込みます。一方「間接材料費」は製品との対応関係を直接には把握しない材料費ですから、配賦によって売上原価に間接的に組み込みます。

②変動労務費

従来の「直接労務費／間接労務費」という区分は変動費／固定費という区分とは必ずしも対応しません。ですから入口である仕訳に遡って変動労務費と固定労務費を区分し直す必要があります。一般に固定給の正社員の労務費は**全体として固定労務費**、アルバイトや日雇いの労務費は**全体として変動労務費**となるでしょう。

③外注加工費、④外注物流費

従来はゴミ箱的に扱われてきた「経費」も再分類しておかなければなりません。工場経費の代表的なものが外注加工費、工場外経費の代表的なものが外注物流費です。水道光熱費は間接材料費に位置づけを変更し、配賦で売上原価に組み込みます。

⑤在庫金利

従来は営業外費用とされていましたが、実態は在庫回転数を介して売上高と連動し増減する変動費です。在庫金利は他の変動費とトレードオフの関係にあるケースが多いので、全ての変動費を一体的に管理することにより、適切な在庫戦略を見出していきましょう。

従来の売上原価の構成要素

		物理的な本質		従来の扱い
材料費	直接材料費	… 変動費		変動費
	間接材料費	… 変動費	←×→	固定費
労務費	直接労務費	… 混合	←×→	変動費
	間接労務費	… 混合	←×→	固定費
その他（これが経費）	直接経費	… 変動費		変動費
	間接経費	… 混合	←×→	固定費

再構成された売上原価

原材料
↓ … 材料費　第28話（→ 間接材料費　第29話）
仕掛品
↓ … 変動労務費　第31話
製品
↓ … 外注加工費　第37話
売上債権
↓ … 外注物流費　第38話
現金預金（→ 原材料へ戻る）
↕ … 在庫金利　第42話
銀行

ポイントBOX

①従来の直接費・間接費という区分は、変動費・固定費とは対応しない
②物理的な変動費の中から特に重要な管理上の５つの変動費を拾い上げた

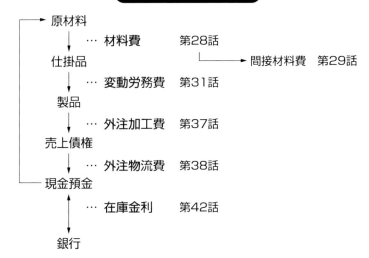

28

「①材料費」の原価計算

先入先出法と平均法、引き取り運賃の処理など

〈材料の単価の計算〉

変動費は標準原価を定めて実際との差異を管理するものです。材料費が最も代表的ですが、同一の材料でありながら実際の取得単価（実際単価）が日々変化して標準単価とずれてしまうことも日常茶飯事です。そんな場合には、先入先出法や平均法によって単価の計算を行い、併せて**価格差異の分析を行います**（第33話）。

前月（5月31日）にジャストインタイム購入した材料1個は、A社に支払った材料代金が１００円（＝１００円×1個）、同時に支払った引き取り運賃が２００円でした。

5／31（材　料）　３００円　（現金預金）　３００円

6月1日に計画購入した材料（10個）は、A社に支払った材料代金が１０００円（＝１００円×10個）、同時に支払った引き取り運賃が２００円でした。

6／1（材　料）１２００円　（現金預金）１２００円

6月2日に材料3個を製造工程に払い出し、仕掛品としました。

6／2（仕掛品）　?円　（材　料）　?円

さて、ここで払い出された材料が何円だったかですが、先入先出法を採用している場合はもともと倉庫にあった前月分の材料が優先的に払い出されたと考えて５４０円になります。平均法を採用している場合は前月分と今月分を区別せず、全体の平均値を求めて４０９円になります。

これらの計算方法は、材料の性質や管理上の必要性によって使い分けます。一般に平均法は流体、先入れ先出し法はそれ以外に適します。

先入先出法による払い出し

材料の集計メモ

5/31	現金預金	@100×1個	300円	6/2	仕掛品	@300円×1個	300円
	現金預金	200円				@120円×2個	240円
							540円
6/1	現金預金	@100円×10個	1200円				
	現金預金	200円					
				6/2	残高	@120円×8個	960円

＜単価の計算＞
300円÷ 1個＝@300円（ 1個）
1200円÷10個＝@120円（10個）

平均法による払い出し

材料の集計メモ

5/31	現金預金	@100×1個	300円	6/2	仕掛品	@136.4円×3個	409円
	現金預金	200円					
6/1	現金預金	@100円×10個	1200円				
	現金預金	200円					
			1500円				
				6/2	残高	@136.4円×8個	1091円

＜単価の計算＞
1500円÷11個＝@136.4円（11個）

ポイントBOX

①古い在庫から順に払い出されたと仮定し払出額を求めるのが先入先出法
②在庫全体の平均単価を計算した上で払出額を求めるのが平均法

29 間接材料費の原価計算

単純な配賦計算、2次配賦計算など

〈重要度が低いと判断された間接材料の管理〉

補助材料費、工具消耗品費、消耗工具器具備品など「間接材料費」と呼ばれる一群の費用があります（第26話）。これらの間接材料費は一般に金額的な重要性に乏しく、発生額を個別に測定する意義がないことから、一括して固定費として扱われ、配賦という計算手続きによって原価計算に組み込まれてきました。しかしその本質はサプライチェーンを**回せば回すほど発生額が増える変動費**だと考えられます。これらに水道光熱費を加えたものをここでは便宜的固定費と呼びましょう。

〈便宜的固定費の配賦計算〉

例えば製品A部門と製品B部門から成り立つ工場で１１０万円の水道光熱費が発生し、両部門への配賦の目安となる電力消費量がそれぞれ同じ（１００ＭＷｈ）だった場合、各部門への配賦額は各55万円となります。この金額はそれぞれの製品（製品A、製品B）の製造原価に加算されることになります。

水道光熱費を仕掛品に振り替える仕訳

月／日（製造間接費）１１０万円（水道光熱費）１１０万円
月／日（仕掛品A／配賦）55万円（製造間接費）１１０万円
（仕掛品B／配賦）55万円

水道光熱費を消費している部門が①製品A部門と②製品B部門、③修繕部門（補助部門の1つ）の3つである場合、その発生額１１０万円はまず3部門へ配賦されます。次に、修繕部門に配賦された水道光熱費が改めて修繕作業時間などを目安に製造A部門と製造B部門に再配賦されます。このように2段階で行う配賦を2次配賦と呼びます。

改めて注意しなければならないことは、こうした配賦計算が可能なのは、**これらが本来は変動費だから**だということです。

便宜的固定費の配賦

		製造部門		工場全体
摘要	合計	製品A部門	製品B部門	水道光熱費
売上高	6000			
部門費（固定）	2700	1500	1200	
部門費（変動）	1010	500	400	110
配賦				
水道光熱費		55	55	
製造部門費（変動）	1010	555	455	

補助部門費配賦基準

	合計	製品A部門	製品B部門
電力消費量/MWh	200	100	100

便宜的固定費の2次配賦

		製造部門		補助部門		
摘要	合計	製品A部門	製品B部門	水道光熱費	修繕部門	事務部門
売上高	6000					
部門費（固定）	3250	1500	1200	220	210	120
部門費（変動）	1010	500	400	110	—	—
第1次配賦						
水道光熱費		50	50	—	10	—
修繕部門費		—	—	—	—	—
事務部門費		—	—	—	—	—
第2次配賦					10	
水道光熱費		0	0			
修繕部門費		5.2	4.8			
製造部門費（変動）	1010	555.2	454.8			

補助部門費配賦基準

	合計	製品A部門	製品B部門	動力部門	修繕部門
電力消費量/MWh	220	100	100		20
修繕作業時間/h	60	26	24	10	

ポイントBOX

①間接材料費や水道光熱費は配賦で原価に組み込まれる
②複雑な配賦計算をすると会社の活動の実態が見えなくなるので注意する

30 材料費と間接材料費の違いを考える

消費量を個別に測定しないなら、それは間接材料費

〈材料費として処理するということ〉

　例えば現場で使う軍手代は、軽微な費用とみなされて固定費扱いされるケースが多い費用です。しかしその物理的な本質はおそらく変動費でしょう。仮にこの軍手代を管理上の変動費として扱うなら、それぞれの製品に対する軍手の標準使用枚数をあらかじめ定めた上で、**実際の使用枚数を詳細に記録し**、両者に差があった場合には迅速なフィードバックを行って適切なＰＤＣＡを回していかなければなりません。

　ある工場では単価@10円の軍手を使用しています。製品Ａ、製品Ｂ、製品Ｃの生産工程における標準使用量は、全て製品1台あたり1枚の予定でした。しかし実際に生産活動を行った結果、製品Ａの生産工程では3枚超過、製品Ｂの生産工程は2枚節約、製品Ｃの生産工程では差異なしとなりました。製品Ａの差異分析を行ったところ、生産手順の誤り（不要な作業）が発見されたので直ちに是正しました。製品Ｂの差異分析では、効果的なコストダウン（使用枚数の削減）のヒントが見いだされたため、明日から製品Ａや製品Ｃにも展開してみることになりました。

〈間接材料費として処理するということ〉

　軍手の使用枚数を工場全体で一括して記録し軍手代を間接材料費として扱う場合、原価差異も工場全体で包括的に把握され、**個別の製品との対応は把握されません。**製品毎に有利な原価差異と不利な原価差異が混在して発生していた場合、それぞれが打ち消しあって問題の所在がわからなくなってしまうこともあるでしょう。

〈固定費として処理するということ〉

　軍手代を軽微で重要性の低い少額固定費として扱う場合には、全体の原価差異すら把握しません。発生した額をそのまま費用として損益に反映させるだけです。

材料費としての処理…差異が個別に認識される

軍手代（材料費として処理）

前日残高	210円	製品A仕掛品	180円
現金購入	600円	差異	30円
		製品B仕掛品	120円
		差異	−20円
		製品C仕掛品	150円
		差異	0円
		本日残高	350円

間接材料費としての処理…差異が包括的に認識される

軍手代（間接材料として処理）

前日残高	210円	製造間接費	460円
現金購入	600円	本日残高	350円

製造間接費

間接材料	460円	製品Aへ配賦	360円
間接労務費	225円	製品Bへ配賦	240円
間接経費	225円	製品Cへ配賦	300円
		差異	10円

固定費としての処理…差異が出ない

軍手代（重要性の低い固定費として処理）

現金購入	600円	損益	600円

ポイントBOX

①費用の取り扱いは、管理の効果とコストのバランスで決める
②材料費→間接材料費→固定費と進むにつれて差異の管理は手薄になる

31 「②変動労務費」の原価計算

直接労務費≠変動労務費であることに注意する

〈直接労務費と変動労務費の混同〉

一般的に労務費は直接労務費と間接労務費に区分され、直接労務費は変動費、間接労務費は固定費として扱われてきました。しかしながら直接労務費と間接労務費は**全体で一体的に発生するもの**ですから、こうした取り扱いは適切ではありません。仮に固定給の正社員を前提にすれば、労務費は全体としての固定費ですから、労務費全体を一体的に管理して生産性の向上を図らなければなりません。

〈従来の管理〉

直接作業時間　5時間50分	→	厳重に管理
間接作業時間　2時間10分	→	管理されない

〈あるべき管理〉

就業時間　8時間00分	→	一日全体の生産性を問う

例えばある正社員の1日当たりの就業時間が8時間、直接作業が5時間50分、間接作業が2時間10分だった場合、カイゼンで直接作業時間が50分減ったとしても、間接作業時間（あるいは手待ち時間）が50分増えてしまえば意味がありません。こうした単純な関係が直接作業と間接作業を別々に管理していると見えてきません。また近年では、生産工程が大幅に自動化・機械化されたことによって生産設備の操作、保守、取り替えといった作業が生産活動と渾然一体となり、直接作業と間接作業を区分することが実質的に困難になりました。直接労務費だけを抽出して個別の製品に配賦計算する意義も薄れています。むしろ**一人の作業者が全体として**どれだけの生産（作る）や価値創造（創る）に寄与し得たのかを問わなければなりません。

〈真の変動労務費とは?〉

もしアルバイトや日雇作業者を使っているなら、それは本当の変動労務費でしょう。生産量が増えれば増え、生産量が減れば減るものだからです。

ある正社員の1日の活動（直接作業＋間接作業）

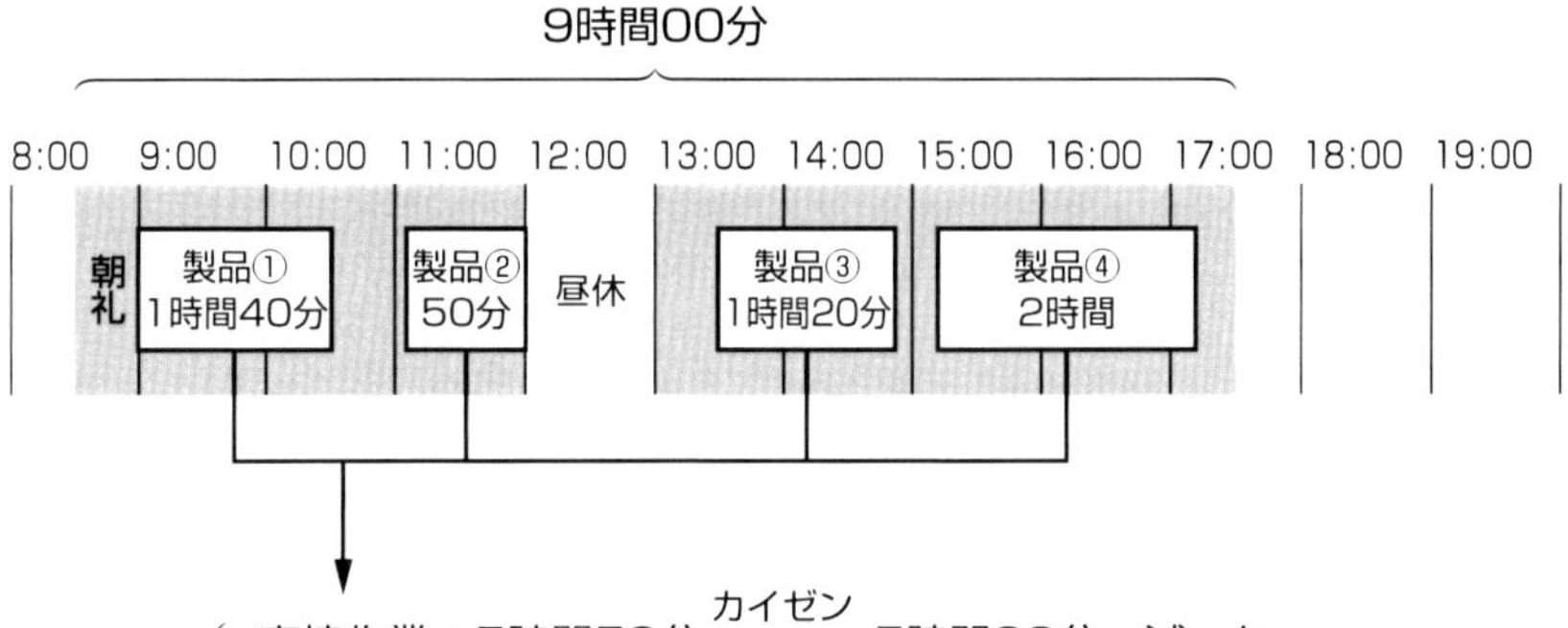

就業時間	直接作業	：5時間50分	カイゼン →	5時間00分	減った
	間接作業	：2時間10分	→	3時間00分	増えた
	昼休	：1時間00分		1時間00分	
	勤務時間	：9時間00分	→	9時間00分	変わらない

直接費≠変動費だということ

＜従来の期待＞

直接部門（ライン） ➡ 直接作業（直接労務費） ➡ 変動費になる
間接作業（間接労務費） ➡ 固定費になる

間接部門（スタッフ） ➡ 間接作業（間接労務費） ➡ 固定費になる

＜実際の状況＞

日雇、アルバイト ➡ 直接作業＋間接作業 ➡ 変動費になる

正社員 ➡ 直接作業＋間接作業 ➡ 固定費になる

ポイントBOX

①従来は、直接労務費＝変動労務費であると期待されることが多かった
②しかし実際には両者は全く異なる概念であり、直接労務費≠変動労務費

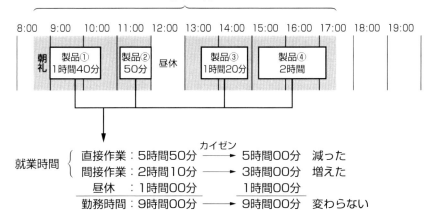

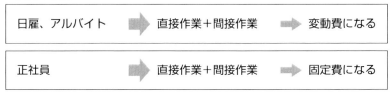

32 変動労務費と固定労務費は入口から分離する

従来の仕訳では、変動労務費を分離できない

〈従来の仕訳の致命的な問題〉

従来は直接労務費⇓変動労務費であるという前提で仕訳が行われてきました。しかし第31話で検討したように、両者には明確な対応関係がありません。ですから入口から仕訳の仕方を変えなければ、変動費と固定費の分離はできないのです。

☆従来の仕訳（全部原価計算の場合）…全てが仕掛品を経て最終的には製品原価へ

月／日	（**賃　金**）	2000円	（現金預金）	2000円
月／日	（仕　掛　品）	1500円	（**賃　金**）	2000円
	（**製造間接費**）	500円		
月／日	（仕　掛　品）	500円	（**製造間接費**）	500円

☆従来の仕訳（直接原価計算の場合）…直接作業費だけが製品原価へ、間接作業費は製造固定費へ

月／日	（**賃　金**）	2000円	（現金預金）	2000円
月／日	（仕　掛　品）	1500円	（**賃　金**）	2000円
	（**製造間接費**）	500円		
月／日	（**製造固定費**）	500円	（**製造間接費**）	500円

☆あるべき仕訳の例（付加価値会計）…変動労務費だけが製品原価へ、固定労務費は未分配付加価値から直接マイナス

月／日	（**変動労務費**）	800円	（現金預金）	2000円
	（**固定労務費**）	1200円		
月／日	（仕掛品／変動労務費）	800円	（**変動労務費**）	800円
月／日	（**未分配付加価値**）	1200円	（**固定労務費**）	1200円

詳細は、日次管理、月次管理の場面で改めて検討することにしましょう。

従来の仕訳では、変動費と固定費を分離できない

全部原価計算の場合

賃金

現金預金	2000	直接労務費	1500	→ 製品原価へ
		間接労務費	500	→ 製品原価へ

管理目標は？

直接原価計算の場合

賃金

現金預金	2000	直接労務費	1500	→ 製品原価へ
		間接労務費	500	→ 製造固定費へ

管理目標は？

付加価値会計では変動費と固定費を仕訳から分離する

変動労務費（日雇、アルバイト）

現金預金	800	直接作業費	750	
		補助作業費	50	
			800	→ 製品原価を経て変動費の管理へ

目標は コストダウン

固定労働費（正社員）

現金預金	1200	直接労務費	750	
		間接労務費	450	
			1200	→ 固定費の管理へ

目標は 生産性向上

ポイントBOX

①直接労務費と間接労務費の分離であれば、従来の仕訳でも可能だった

②変動労務費と固定労務費の分離をするなら、仕訳のやり方も変えなければならない

33 原価差異を把握しないものを、変動費とは呼ばない！

変動費の管理のポイントは、標準値と実際値の差異分析

〈変動費の差異管理〉

一般に固定費は予算等によって管理目標とすべき金額があらかじめ定められていますが、変動費では定められていません。代わりに定められているのは標準単価や標準使用量のはずです。従って変動費の管理のポイントは、標準単価や標準消費量と実際単価や実際消費量の**差異をモニタリングすることです**（第26話／5大変動費）。

〈材料費の差異の把握〉

ある製品を1単位作るための材料の標準単価@120円、標準消費量20kgに対して、実際単価@130円、実際消費量22kgだった場合、材料費の差異は460円の不利差異となります。この差異は、価格差異（220円）と数量差異（240円）に分解されます。それぞれ**に責任を負う部門が異なるからです**（調達部門と製造部門）。

〈変動労務費の差異〉

ある製品を1単位作るための変動労務費の標準賃率@800円、標準時間4時間に対して、実際賃率@820円、実際時間5時間だった場合、変動労務費の差異は900円の不利差異となります。この差異も材料費と同様に賃率差異（100円）と時間差異（800円）に分解され、それぞれの**責任部門にフィードバックされます。**

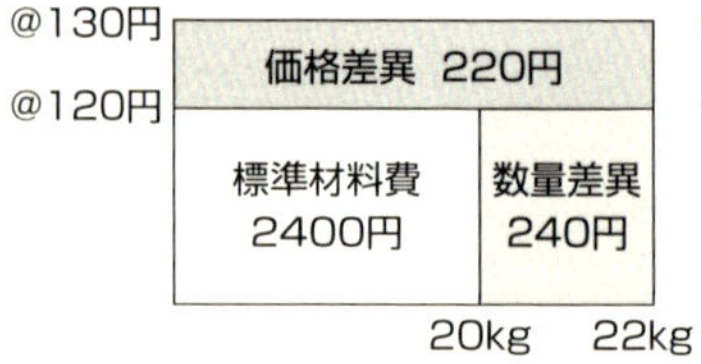

差異の把握（材料費の場合）

標準材料費＝標準単価×標準消費量
＝@120円×20キロ
＝2400円

実際材料費＝実際単価×実際消費量
＝@130円×22キロ
＝2860円

材料費差異
▲460円

差異の把握（変動労務費の場合）

標準変動労務費＝標準賃率×標準時間
＝@800円×4時間
＝3200円

実際変動労務費＝実際賃率×実際時間
＝@820円×5時間
＝4100円

変動労務費差異
▲900円

ポイントBOX
①差異分析は、毎日やらなければ原因がわからなくなる
②差異の原因を分析し対策しなければ、ロスは垂れ流しになる

34 原価差異の分析と対策

差異が見つかったら、直ちに原因を分析し、対策する

〈差異は、数量の差異と単価の差異にわけるのが基本〉

第33話で検討したように、各原価要素の差異はできるかぎり数量の差異と単価の差異にわけなければなりません。それぞれの差異に責任を負う部門や、実施すべき対策が異なってくるからです。一般的に数量に関する差異に対しては消費部門が責任を負い、単価に関する差異に対しては調達部門が責任を負います。

〈売上高も差異分析を実施する〉

できれば売上高についても同じような差異分析をしてみましょう。売上高は売上数量の達成／未達成や全体の売上額の達成／未達成に目が向きがちですが、売価が目標を下回っていなかったかどうかの分析も励行することにより、会社が提供する**製品やサービスの価値**や競争力が失われていないかどうかをチェックできるからです。

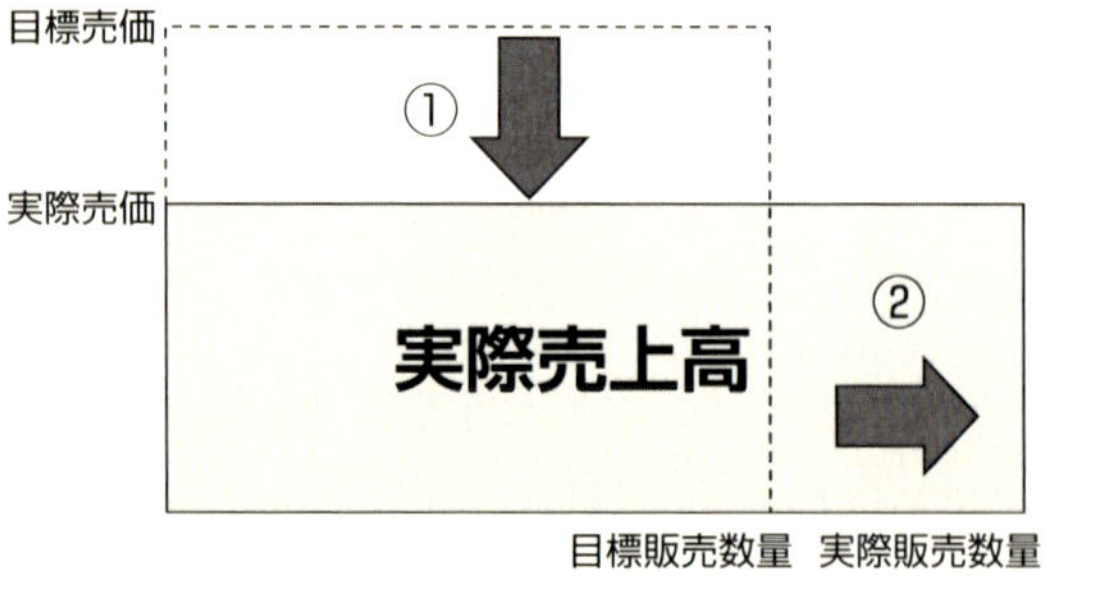

①売価差異＝(実際売価－目標売価)×実際販売数量

②数量差異＝(実際販売数量－目標販売数量)×目標売価

材料費の差異分析の例

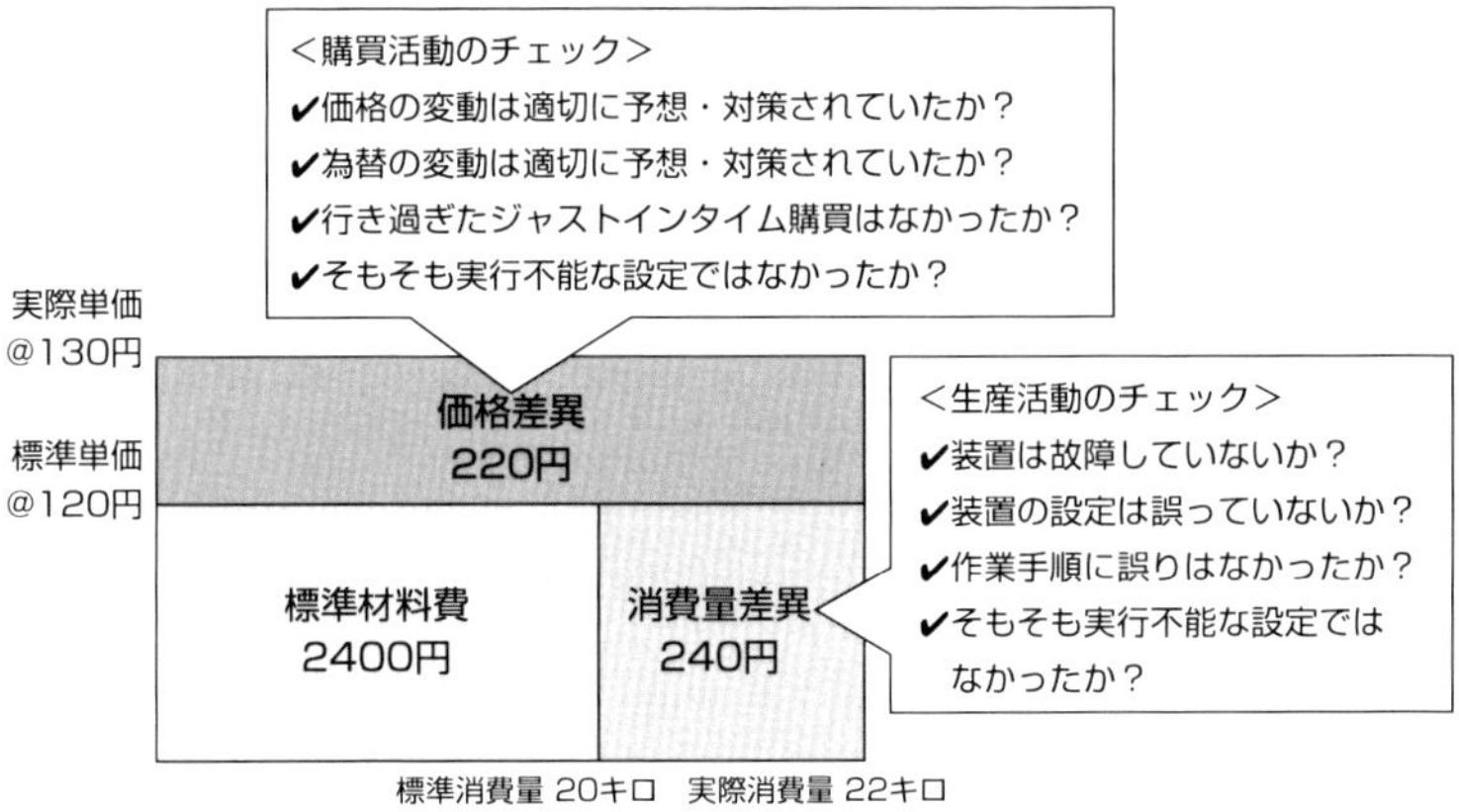
＜購買活動のチェック＞
✔価格の変動は適切に予想・対策されていたか？
✔為替の変動は適切に予想・対策されていたか？
✔行き過ぎたジャストインタイム購買はなかったか？
✔そもそも実行不能な設定ではなかったか？
実際単価
@130円
標準単価
@120円
価格差異
220円
標準材料費
2400円
消費量差異
240円
＜生産活動のチェック＞
✔装置は故障していないか？
✔装置の設定は誤っていないか？
✔作業手順に誤りはなかったか？
✔そもそも実行不能な設定ではなかったか？
標準消費量 20キロ
実際消費量 22キロ

変動労務費の差異分析の例

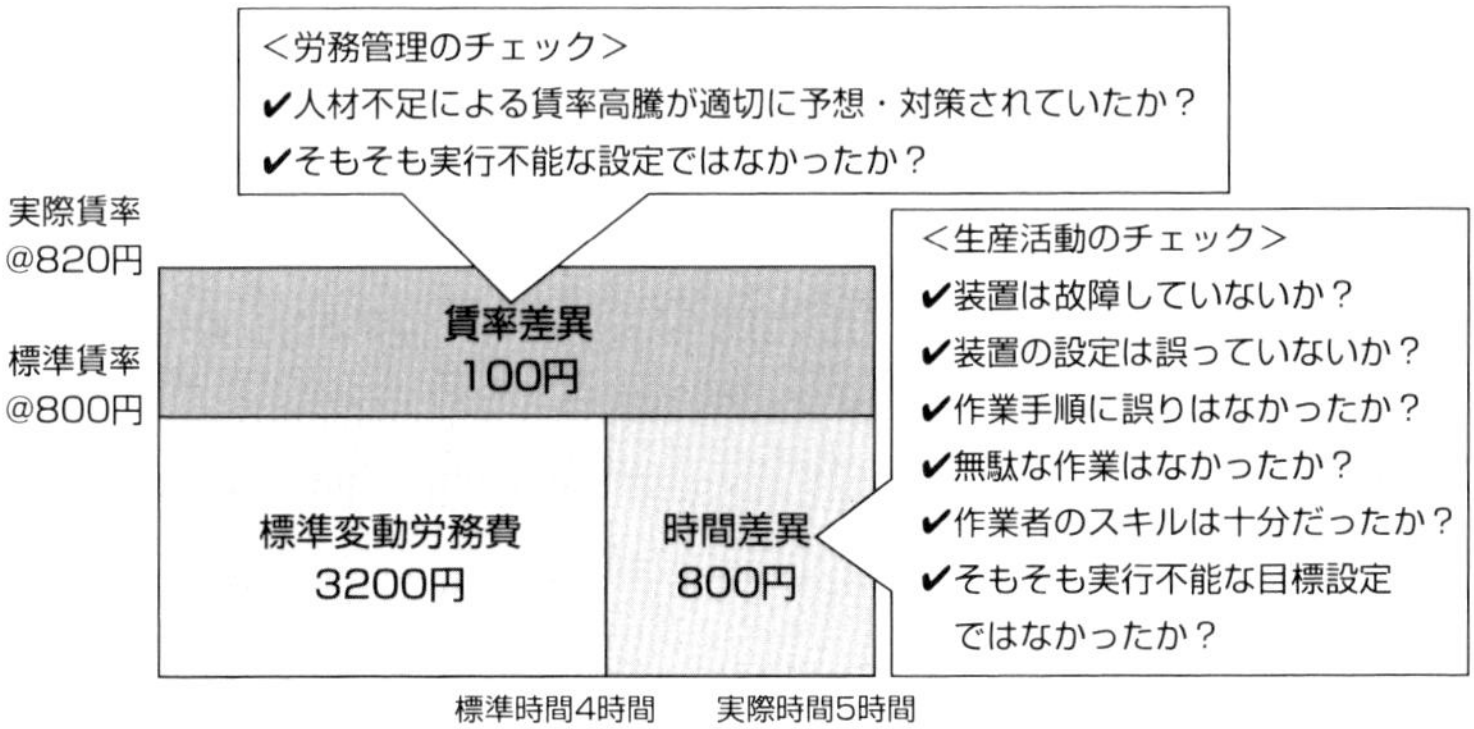
＜労務管理のチェック＞
✔人材不足による賃率高騰が適切に予想・対策されていたか？
✔そもそも実行不能な設定ではなかったか？
実際賃率
@820円
標準賃率
@800円
賃率差異
100円
標準変動労務費
3200円
時間差異
800円
＜生産活動のチェック＞
✔装置は故障していないか？
✔装置の設定は誤っていないか？
✔作業手順に誤りはなかったか？
✔無駄な作業はなかったか？
✔作業者のスキルは十分だったか？
✔そもそも実行不能な目標設定ではなかったか？
標準時間4時間
実際時間5時間

ポイントBOX

①差異分析は、数量の差異と単価の差異に区分するのが基本
②売上高についても同様の差異分析をすれば、有用な情報が得られる

35 シングルプランによる原価差異の把握

原価要素別に詳細に差異を把握する方法

〈原価差異と仕訳〉

ここまで原価差異がどのような場面で発生するかを見てきましたが、仕訳ではどのように原価差異が表れてくるかを見ておきましょう。シングルプランと呼ばれる仕訳方法では、仕掛品を標準原価で記入します。そのため原価差異は、各原価要素が仕掛品に振り替えられる段階で**個別に把握される**ことになります。

材料を仕掛品に振り替える仕訳

6／2（仕掛品／材料費）2400円
（材料数量差異）240円
（材料価格差異）220円
（材料）2860円

変動労務費を仕掛品に振り替える仕訳

6／2（仕掛品／変動労務費）3200円
（労務時間差異）800円
（労務賃率差異）100円
（変動労務費）4100円

仕掛品を製品に振り替える仕訳

6／2（製品／材料費）2400円
（製品／変動労務費）3200円
（仕掛品／材料費）2400円
（仕掛品／変動労務費）2400円

製品を売上原価に振り替える仕訳

6／2 **（原価／材料費）**2400円
（原価／変動労務費）3200円
（製品／材料費）2400円
（製品／変動労務費）3200円

〈補足〉

損益計算の仕訳については第36話を参照ください。

シングルプランによる原価差異の把握

材料

5/31	現金預金	@120×10kg	1200円	6/2	仕掛品	@120×20kg	2400円
6/1	現金預金	@135×20kg	2700円		材料数量差異	@120× 2kg	240円
	平均	@130×30kg			材料価格差異	@ 10×22kg	220円
				6/2	残高	@130× 8kg	1040円

変動労務費

6/2	現金預金	@820×5h	4100円	6/2	仕掛品	@800×4h	3200円
					労務費時間差異	@800×1h	800円
					労務費賃率差異	@ 20×5h	100円

仕掛品

6/2	材料	@120×20kg	2400円	6/2	製品（材料費）	2400円
6/2	変動労務費	@800×4h	3200円		製品（変動労務費）	3200円
				6/2	残高	0円

標準原価

製品

6/2	仕掛品（材料費）	2400円	6/3	損益へ（材料費）	2400円
	仕掛品（変動労務費）	3200円		損益へ（変動労務費）	3200円

シングルプランによる損益の計算

売上高		7000円
－材料費	(@120×20kg)	2400円
－材料費価格差異	(@120× 2kg)	240円
－材料費数量差異	(@ 10×22kg)	220円
－変動労務費	(@800× 4h)	3200円
－労務費賃率差異	(@800× 1h)	800円
－労務費時間差異	(@ 20× 5h)	100円
未分配付加価値		40円

ポイントBOX

①シングルプランでは、仕掛品を標準原価で記入する
②シングルプランでは、原価差異が原価要素ごとに把握される

36 パーシャルプランによる原価差異の把握

仕掛品勘定で全体の原価差異を大雑把に把握する方法

〈シングルプランによる把握〉

シングルプランでは、それぞれの原価差異を原価要素別に**個別に把握します**。そのため原価差異の発生状況が詳細に明らかとなり、原価管理上の問題の所在や対策を検討しやすくなります。

損益の仕訳…シングルプランの場合

6／3	（売　上　高）	7000円	（原価／材料費）	2400円
			（材料数量差異）	240円
			（材料価格差異）	220円
			（原価／変動労務費）	3200円
			（労務時間差異）	800円
			（労務賃率差異）	100円
			（未分配付加価値）	40円

〈パーシャルプランによる把握〉

パーシャルプランと呼ばれる仕訳方法では、仕掛品を実際原価で記入します。そのため原価差異は、仕掛品を製品に振り替える段階で**包括的に把握される**ことになります。シングルプランに比べて簡便な方法ですが、原価管理上の問題の分析や対策の検討は限定的なものとなってしまいます。

損益の仕訳…パーシャルプランの場合

6／3	（売　上　高）	7000円	（原価／材料費）	2400円
			（原価／変動労務費）	3200円
			（原　価　差　異）	1360円
			（未分配付加価値）	40円

パーシャルプランによる原価差異の把握

材料

5/31	現金預金	@120×10kg	1200円	6/2	仕掛品	@130×22kg	2860円
6/1	現金預金	@135×20kg	2700円				
	平均	@130×30kg					
				6/2	残高	@130× 8kg	1040円

変動労務費

6/2	現金預金	@820×5h	4100円	6/2	仕掛品	@820×5h	4100円

仕掛品

6/2	材料	@130×22kg	2860円	6/2	製品（材料費　@120×20kg）	2400円
6/2	変動労務費	@820×5h	4100円		製品（変動労務費@800×　4h）	3200円
					原価差異	1360円
				6/2	残高	0円

実際原価

製品

6/2	仕掛品（材料費）	2400円	6/3	損益へ（材料費）	2400円
	仕掛品（変動労務費）	3200円		損益へ（変動労務費）	3200円

パーシャルプランによる損益の計算

売上高		7000円
－材料費	（@120×20kg）	2400円
－変動労務費	（@800×　4h）	3200円
－原価差異		1360円
未分配付加価値		40円

ポイントBOX

①パーシャルプランでは、仕掛品を実際原価で記入する
②パーシャルプランでは、原価差異が包括的に把握される

37

「③外注加工費」の原価計算

あいまいだった経費を、きちんと再分類する

〈原価計算の3要素と4つの経費〉

一般に製造原価は、材料費、労務費、経費の3要素から成り立つとされてきました。ここでいう経費とは「材料費でも労務費でもないもの」という意味で使われており、**様々な性質の費用が入り混じっています**。当然、変動費と固定費の分離はできていません。雑多な費用の混合物である経費は、支払経費／測定経費／発生経費／月割経費に分類されることがありますが、このうち支払経費／測定経費／発生経費には変動費的な項目が多く、月割経費には固定費的な項目が多いと考えられます。

変動費としての性質を有する経費のうち、特に重要なものが支払経費の外注加工費と外注物流費です。このうち外注加工費の仕訳については以下の通りです。

外注加工費が発生したときの仕訳と、仕掛品への振り替えの仕訳

6／10（**外注加工費**）＊＊万円　（現金預金）＊＊万円

6／10（仕掛品／外注加工費）＊＊万円　（**外注加工費**）＊＊万円

製品への振り替えの仕訳と、原価への振り替えの仕訳

6／12（製品／外注加工費）＊＊万円　（仕掛品／外注加工費）＊＊万円

6／18（**原価／外注加工費**）＊＊万円　（製品／外注加工費）＊＊万円

測定経費や発生経費の中で変動費的な性格の費用は、間接材料費として扱い配賦をすべきケースが多いでしょう。残った固定費的な費用は、重要性の低い固定費として処理します（第50話）。月割経費については、減価償却費（モノの固定費）が特に重要です。その処理については、第V章の月次～年次損益の場面で改めて検討することにしましょう。

原価計算の３要素（材料費・労務費・経費）

			変動費		固定費
製造原価	材料費	直接材料費	○		―
		間接材料費	○		―
	労務費	直接労務費	○	←混在→	○
		間接労務費	○	←混在→	○
	経費	直接経費	○		―
		間接経費	○	←混在→	○
販売費および一般管理費		間接費	○	←混在→	○
営業外費用		支払利息	○	←混在→	○

４つの経費（支払経費、測定経費、発生経費、月割経費）

			変動費	固定費
直接経費	支払経費	外注加工費	○	―
間接経費	支払経費	外注物流費	○	―
		旅費交通費	―	○
	測定経費	水道光熱費	○	―
	発生経費	梱包材費	○	―
		材料棚卸減耗費	―	○
		修繕費	―	○
	月割経費	減価償却費	―	○
		賃借料	―	○
		保険料	―	○

ポイントBOX

①支払経費・測定経費・発生経費は変動費としての性質を有するものが多い
②月割経費は固定費としての性質を有するものが多い

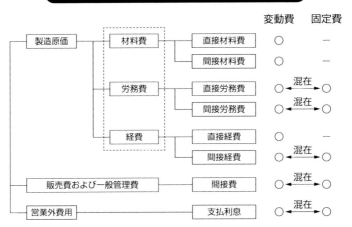

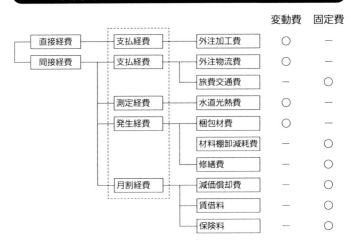

38 「④外注物流費」の原価計算

仕掛品や製品への振替仕訳を経ない変動費の処理

〈変動費として発生する外注物流費〉

近年、新たな勝負どころとして重要度を増しつつある外注物流費についても検討しておきましょう。外注物流費は工場外で発生する変動なので、仕掛品や製品への振り替えを経ずその全額を費用が発生した日の損益に直接振り替えます。

発生時の仕訳

6／18	（外注物流費）	＊＊＊万円	（現金預金）	＊＊＊万円

日次の損益に直接振り替える仕訳

6／18	（売上）	＊＊＊万円	（＊＊＊費）	＊＊＊万円
			（＊＊＊費）	＊＊＊万円
			（外注物流費）	＊＊＊万円
			（未分配付加価値）	＊＊＊万円

外注物流費を特定の製品と対応させる必要がある場合、一旦は物流部門の費用として集約した後で配賦によって損益に振り替えることもできます。配賦の基準は売上高や販売個数、体積や重量などになるでしょう。併せて社内で梱包材料費や変動労務費が多額に発生している場合は、その処理も同様です。即ちその全額が発生日の損益に直接振り替えられるケースと、物流部門の費用として集約された後に、配賦を経て損益に振り替えられるケースが想定されます。

〈固定労務費の場合〉

物流部門の労務費が社内の固定費として発生するケースも想定されます。その場合には、製造部門と同様に生産性の管理を行わなければなりません（第Ⅵ章参照）。

外注加工費と外注物流費の流れ

外注加工費

6/10	現金預金で支払い	***円	6/10 仕掛品へ	***円
			外注加工費差異	***円 → 損益へ

仕掛品

6/10	外注加工費	***円	6/10 製品へ	***円

製品

6/12	仕掛品／外注加工費	***円	6/18 原価／外注加工費へ	***円

売上原価

6/18	製品／外注加工費	***円	6/18 損益へ	***円

外注物流費

6/18	現金預金で支払い	***円	6/18 損益へ	***円
			外注物流費差異	***円 → 損益へ

損益

6/18	外注加工費	***円	6/18 売上高	***円
6/18	外注加工費差異	***円		
6/18	外注物流費	***円		
6/18	外注物流費差異	***円		
6/18	未分配付加価値	***円		

ポイントBOX

①物流費も、製造部門の費用と同様に差異管理や生産性の管理を行う

②物流費の管理目標としては、売上高や販売個数に対する割合などがある

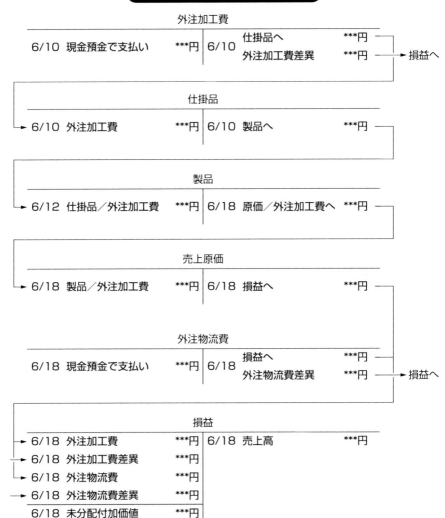

39 外注加工費・外注物流費の差異の管理

新たな勝負所を管理する

〈外注費の目標管理〉

様々な外注費も、変動費である以上は標準値を定めた差異管理をしなければなりません。標準値としては売上高に対する割合や単価などが想定されます。重要な差異が発生した場合は、原因を分析し対策します。主な対策は下記の通りです。

✔業務内容について協議する、内製化する、または、業者を変更する

✔製品やサービスの設計、提供形態などを見直す

差異分析に際しては、トレードオフになってしまう事項とのバランスを検討しなければなりません。発生した差異は仕訳を通じて損益に反映させます。

外注加工費の発生時の仕訳

6/10（外　注　加　工　費）＊＊＊万円　（現　金　預　金）＊＊＊万円

仕掛品への振替仕訳（不利差異の発生）

6/10（仕掛品/外注加工費）＊＊＊万円
（外注加工費差異）＊＊＊万円　（外　注　加　工　費）＊＊＊万円

外注物流費の仕訳（不利差異の発生）

6/18（外　注　物　流　費）＊＊＊万円
（外注物流費差異）＊＊＊万円　（現　金　預　金）＊＊＊万円

差異を損益に振り替える仕訳

6/18（未分配付加価値）＊＊＊万円　（外注加工費差異）＊＊＊万円
（外注物流費差異）＊＊＊万円

〈補足〉

損益計算の仕訳については第40話も参照ください。

外注加工費の差異管理

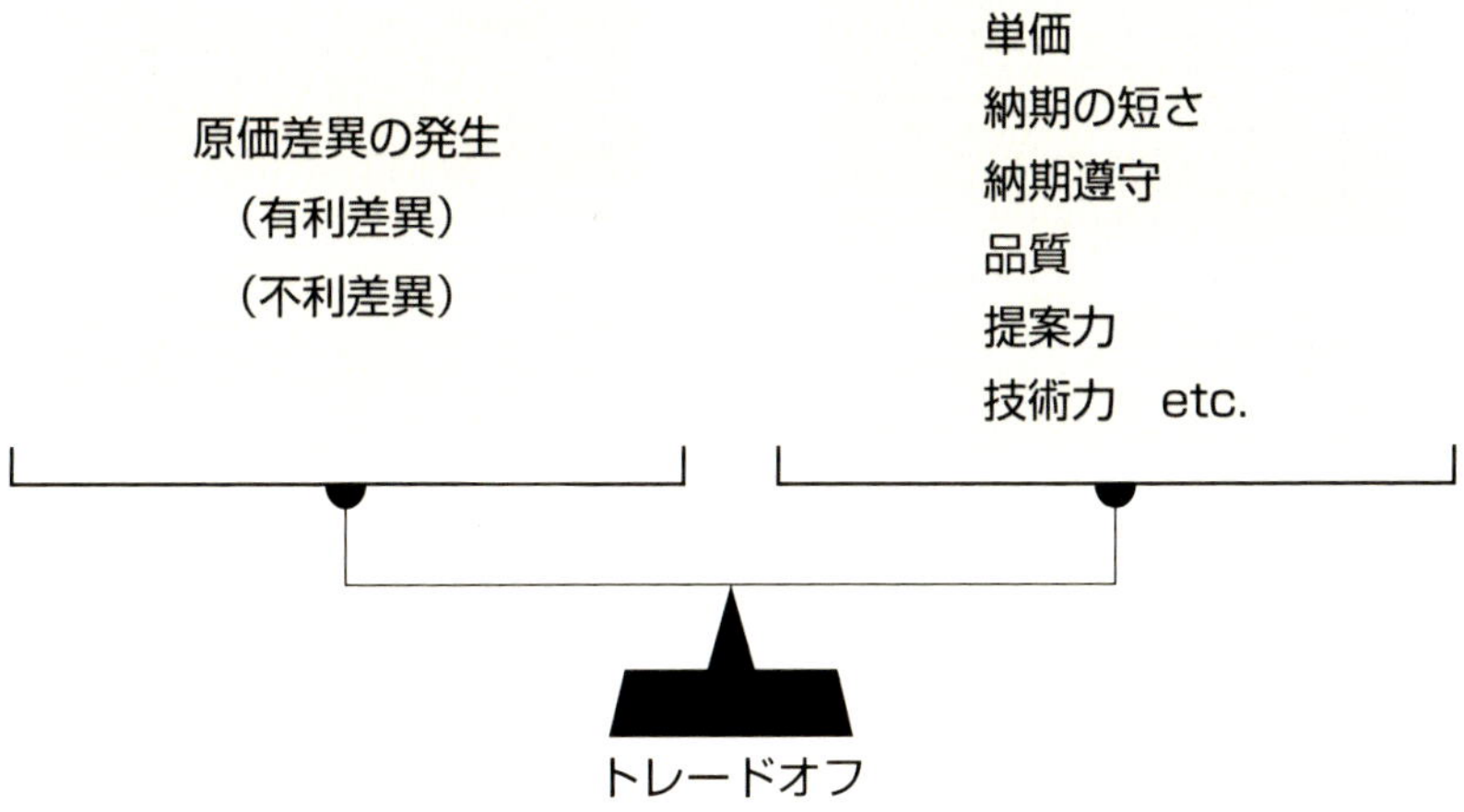

外注物流費の差異管理

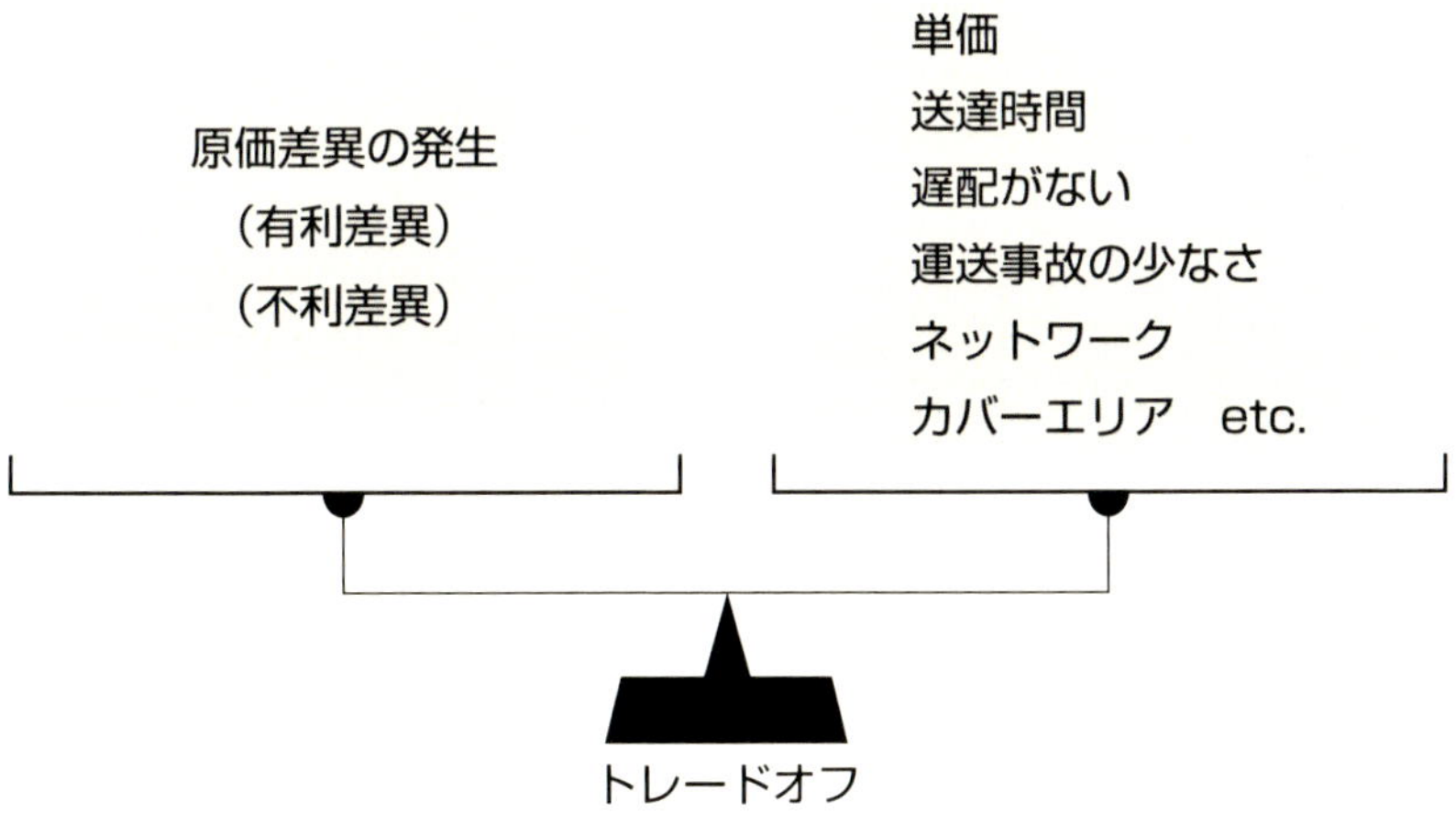

ポイントBOX

①外注費についても標準値を設定し差異管理を行う
②差異対策をする場合、トレードオフになる事項とのバランスに注意する

―― 悲劇！　コストの内訳を知らないコストダウン担当者 ――

長年、日本のモノづくりを支えてきたカイゼンは、作業者が自主的に行う品質や生産性の向上、安全確保のための活動でした。日本のモノづくり成功の記憶として今もノスタルジーを持って語られるカイゼンですが、本来は自主的な活動であったはずのカイゼンが、最初から経営計画に織り込まれているといった矛盾も多く見られるようになっています。これは作業者に対するタダ働きの要求であり、コンプライアンス違反です。そんなカイゼンでは従業員（ヒト）の共感を得て力を引き出すことはできません。死にかけているカイゼンを復活させるためには、固定給の社員の手待ちを一定範囲で容認し、その手待ち時間を創造的な活動に振り向けていくほかにありません。そして、その目標は単なる利益ではなく付加価値の最大化なのです。

カイゼンの更に深刻な問題は、**そもそも効果が期待できなくなっていること**です（第 95 話）。会計的な視点に立てば、カイゼンとは労務費を削減するための活動だと言えます。しかしカイゼンが効果を発揮していた数十年前と現在とではコストの内訳が大きく変わり、勝負どころが全く変わってしまいました。しかし原価計算を嫌って精神論に傾きがちな日本のモノづくりの関係者は、その事実に気がつくことがありません。

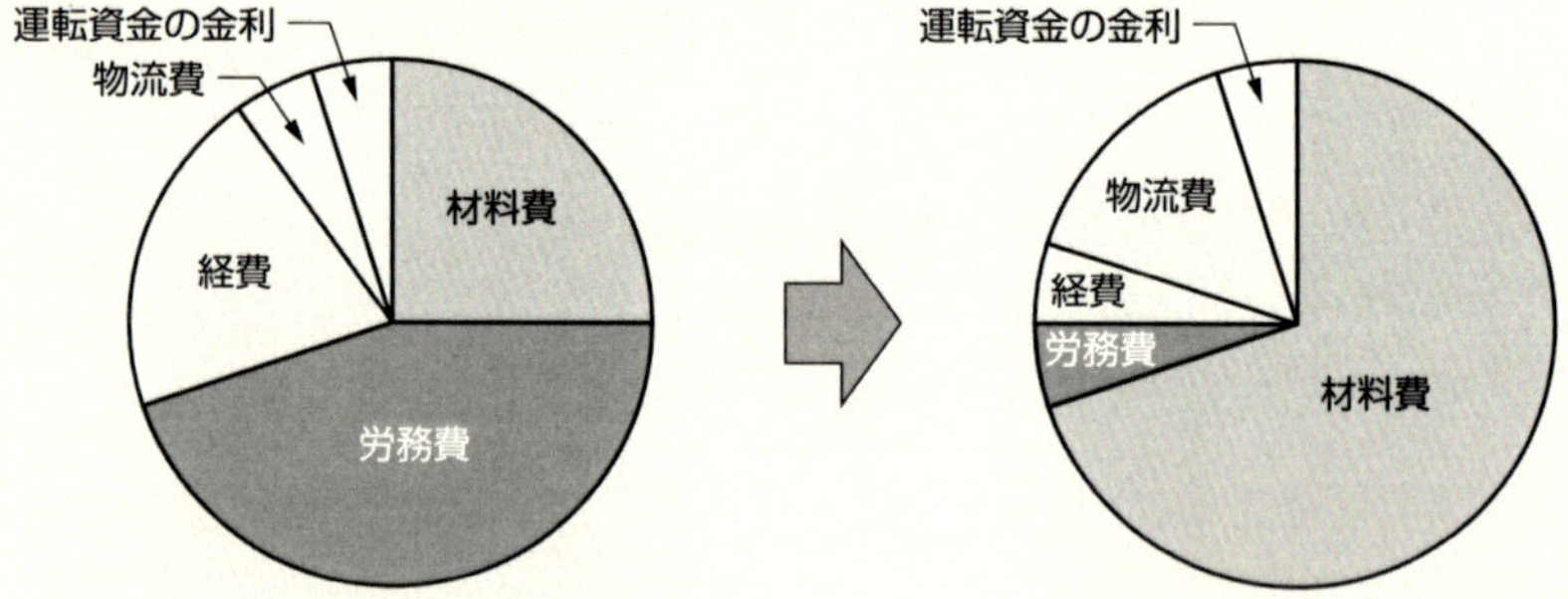

昔は作業のムダ取りが重要だった　　　　今は合理的な調達や配送が重要

「頑張っても、頑張っても、楽にならない」
「何をやっても利益が出ない…」

カイゼンやコストダウンの担当者の多くが、自社製品のコストの内訳さえ把握せず、いつまでも数十年前と同じ活動を続けて悲鳴を上げているという現状は、**日本のモノづくりの悲劇です**。担当者が新しい勝負所に気づき、豊かな大地に向かって力強く走り出せるようにするためには、新しい原価計算がどうしても必要なのです。

Ⅳ

「かせぐ」…日次で行う損益の計算

変動費には、目標とすべき標準を必ず定めなければなりません。
実績との差異を確かめ、異常あれば原因を分析して対策します。
それは毎日やらなければなりません。
毎日やらなければ原因はわからなくなり、ロスは垂れ流され、
対策は手遅れになるからです。

40 日次処理の仕訳

変動費は毎日集計・分析し、大きな損失を未然に回避する

〈変動費の集計と分析は毎日やる！〉

従来の原価計算は専ら年次や四半期次の決算日に行われるものでした。それは決算日にならなければ固定費の数値が確定せず、固定費の配賦計算ができなかったからです。しかし変動費と固定費は、管理責任も管理目標も管理のタイミングも全く異なるものですから（第24話）、適切な経営管理のためには両者を混ぜてはいけません。両者を混ぜなければ**毎日の原価計算が実行可能**となり、経営上の課題（例えば大きな原価差異の発生）へ迅速に手当てすることもできます。

ある営業日の損益計算の例…シングルプラン

月／日	（売上高）＊＊＊万円	
		（原価／材料費）＊＊＊万円
		（材料価格差異）＊＊＊万円
		（材料数量差異）＊＊＊万円
		（原価／変動労務費）＊＊＊万円
		（労務賃率差異）＊＊＊万円
		（労務時間差異）＊＊＊万円
		（原価／外注加工費）＊＊＊万円
		（外注加工費差異）＊＊＊万円
		（外注物流費）＊＊＊万円
		（外注物流費差異）＊＊＊万円
		（在庫金利）＊＊＊万円
		（在庫金利差異）＊＊＊万円
		（未分配付加価値）＊＊＊万円

※右記の損益計算で発生している原価差異は、下側（通常の仕訳では横書きなので右側）にあるので全て不利な差異。

管理したい毎日の活動

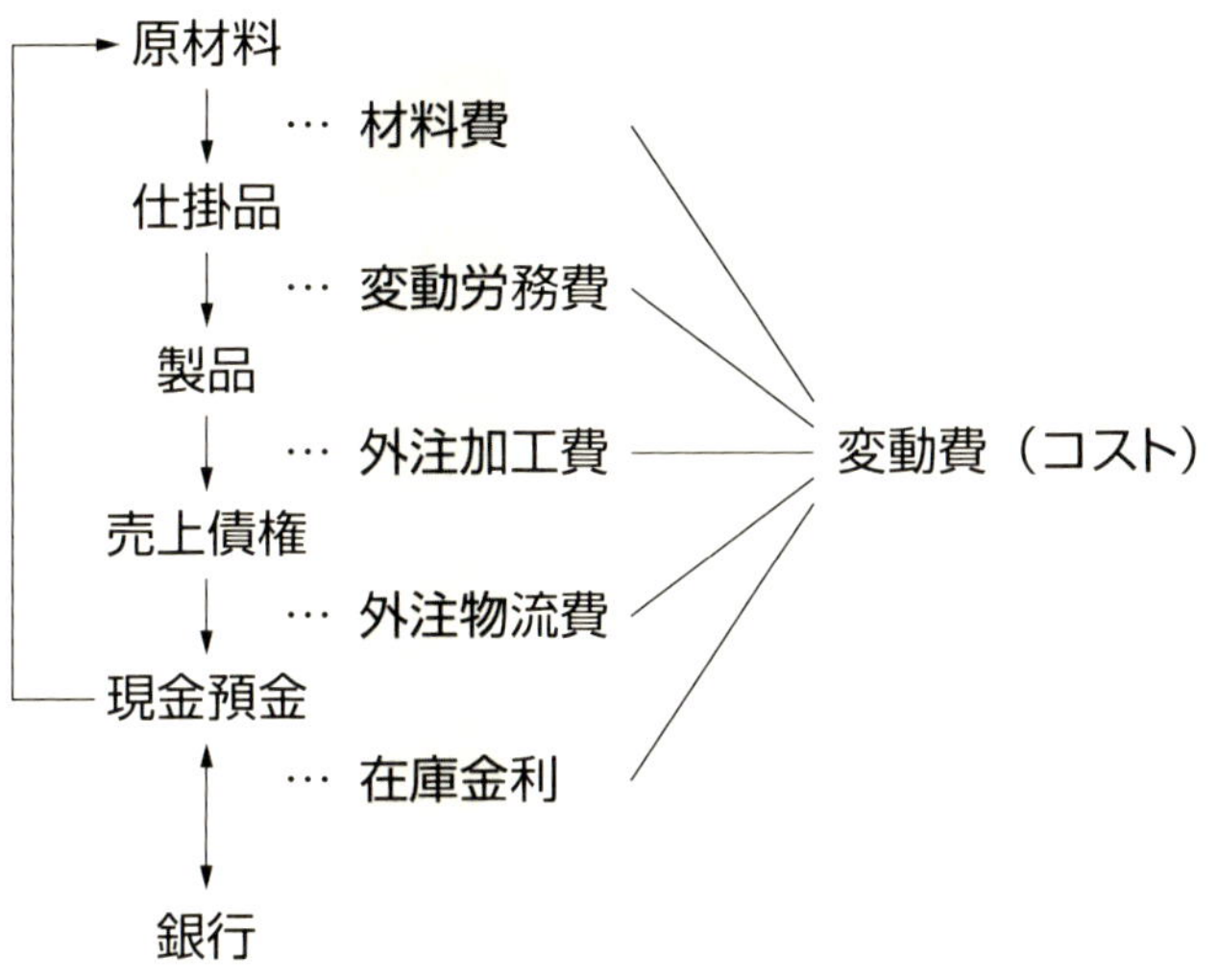

日次の損益計算

売上高

－材料費
－変動労務費
－外注加工費
} 製造活動の変動費

－外注物流費
－在庫金利
} 製造活動以外の変動費

＝未分配付加価値

ポイントBOX	
	①変動費の集計と分析は毎日やるのが原則 ②固定費と変動費がしっかり分離されていれば、原価計算は毎日できる

41

「お金が寝ている」をどう表現すべきか？

在庫回転数ではなく、在庫金利を日次損益に組み込む

〈在庫回転数が目安になるのか？〉

在庫削減は日々の管理の重要事項とされ「在庫を寝かすことはお金を寝かすこと」とさえ言われてきました。そこで在庫回転数という指標が広く用いられています。

在庫回転数＝売上高÷在庫高

仮に売上高１００億円、在庫高20億円なら回転数は５回転、売上高１００億円、在庫高10億円なら回転数は10回転です。在庫削減を徹底し回転数を高めることができれば、在庫金利の負担が少ない効率的な経営だと評価されてきました。しかしこの伝統的な指標は**多くの致命的な問題の原因**にもなってきました（第89～90話）。この欠点を解消したのが「５つの在庫回転数」による新しい在庫管理です。

〈新しい在庫管理のポイント〉

✔ 工場内の「見える在庫」だけでなく、「見えない在庫」（売上債権）も対象とする

✔ 材料／仕掛品／製品／売上債権／現金預金に、それぞれメリハリある目標値を設定する

✔ 期末日一日の在庫高ではなく、通期の平均在庫高で回転数を計算し管理する

５つの在庫回転数の導入により、従来の在庫管理の欠点は解消されます。しかしながら在庫をやみくもに減らすことには弊害もあるので注意が必要です。

✔ 在庫を減らすことが、納期短縮のトレンドに逆行するかもしれない

✔ 在庫を減らすことが、原材料の調達戦略を硬直化させるかもしれない

✔ 在庫を減らすことが、原材料の調達コストをアップさせるかもしれない

そこで回転数を在庫金利の金額に換算し、サプライチェーンのコストの1つとして一体管理することで、付加価値全体を最大化できる在庫戦略を見つけましょう。

ある営業日の在庫状況

＜資金の運用＞			＜資金の調達＞
現金預金	4億円	30億円	運転資金の借り入れ 25億円 （年利6%）
売上債権	10億円		
製品	6億円		
仕掛品	2億円		
原材料	8億円		
土地	40億円	70億円	事業資金の借り入れ 25億円 （年利8%）
建物	20億円		株主から預かったお金 50億円 （株主期待 年10%）
機械装置	10億円		

５つの在庫回転数

原材料 … $\text{材料在庫回転数}=\dfrac{\text{売上高}}{\text{平均材料在庫高}}$

↓

仕掛品 … $\text{仕掛在庫回転数}=\dfrac{\text{売上高}}{\text{平均仕掛在庫高}}$

↓

製品 … $\text{製品在庫回転数}=\dfrac{\text{売上高}}{\text{平均製品在庫高}}$

↓

売上債権 … $\text{売上債権回転数}=\dfrac{\text{売上高}}{\text{平均売上債権高}}$

↓

現金預金 … $\text{現金預金回転数}=\dfrac{\text{売上高}}{\text{平均現金預金高}}$

（現金預金 → 原材料）

ポイントBOX

①５つの在庫回転数の導入で、従来の在庫管理の致命的な問題は回避できる

②回転数を在庫金利に換算すれば、付加価値最大化の在庫戦略が見える

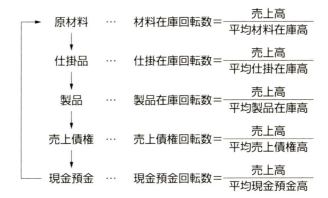

42 「⑤在庫金利」の原価計算

目標とする在庫回転数から、在庫金利を求める

〈目標とする在庫高の計算〉

在庫回転数は「売上高÷在庫高」で計算される指標ですから、この式から逆算すれば目標とする在庫高は「売上高÷目標在庫回転数」によって求めることができます。

仮に、ある1日の売上高が2000万円、営業日数が240日、目標在庫回転数12回転である場合、売上高の年換算額は48億円（＝2000万円×240日）、目標とする在庫高は4億円（＝48億円÷12回転）と求まります。

〈目標とする在庫金利の計算〉

在庫金利は在庫高に運転資金の利率を乗じれば求まります。この利率は買入債務の利用目標も加味して財務部門で決定します。目標とする在庫高が4億円、管理目標としている運転資金の年利が6％である場合、この在庫が負担する1日分の計算上の在庫金利は、10万円（＝4億円×6％÷240日）となります。

〈実際の在庫に対応する在庫金利の計算〉

在庫管理システムを使った電子的な棚卸の結果、ある営業日の実際の在庫高が6億円だった場合、この在庫が負担する1日分の計算上の在庫金利は、15万円（＝6億円×6％÷240日）と求まります。これにより在庫金利の差異は、目標の在庫金利（10万円）と実際の在庫金利（15万円）の差により、5万円の不利差異だったことがわかります。計算上の在庫金利を記録するための仕訳は以下の通りです。この在庫金利は計算上のものなので、後ほど月次決算で**実際の金利の支払額に振り替えます**（第48話）。

月/日	**（在庫金利）**	10万円	（在庫金利仮計上額）	15万円
	（在庫金利差異）	5万円		

目標とする在庫回転数から、目標とする在庫金利を求める

$$\text{基本式…在庫回転数}=\frac{\text{売上高}}{\text{在庫高}}$$

$$\text{目標とする在庫高}=\frac{\text{売上高}}{\text{目標とする在庫回転数}}$$

$$\text{目標とする在庫金利}=\text{目標とする在庫高}\times\frac{\text{運転資金の年利}}{\text{営業日数}}$$

日次の在庫金利の計算例

$$\text{目標在庫高}=\frac{\text{年換算売上高}}{\text{目標在庫回転数}}=\frac{\text{2000万円}\times\text{240日}}{\text{12回転}}=\text{4億円}$$

$$\text{目標在庫金利}=\text{目標在庫高}\times\frac{\text{運転資金の年利}}{\text{営業日数}}$$

$$=\text{4億円}\times\frac{6\%}{\text{240日}}=\text{10万円}$$

差異5万円

$$\text{実際在庫金利}=\text{実際在庫高}\times\frac{\text{運転資金の年利}}{\text{営業日数}}$$

$$=\text{6億円}\times\frac{6\%}{\text{240日}}=\text{15万円}$$

前提①：この日の売上高2000万円、年間の営業日数240日、運転資金の年利6％
前提②：目標としている在庫回転数は年12回転

ポイントBOX

①目標とする在庫回転数から、目標の在庫高と目標の在庫金利を求める
②実際の在庫高から実際金利を求め、在庫金利の差異を明らかにする

43 在庫金利の差異管理

在庫金利差異を累積すれば、
在庫管理の良否がわかる

〈在庫全体の計算〉

在庫金利は、材料～仕掛品～製品～売上債権～現金預金の全てについて計算し、在庫管理全搬の良否を明らかにします。ただしこの在庫金利は計算上の仮の金利なので、貸借対照表の流動負債の部に在庫金利仮計上額として**仮に記録しておきます。**

在庫金利を計上する仕訳（不利差異の発生時）

月／日	（在庫金利）	70万円	（在庫金利仮計上額）	75万円
	（在庫金利差異）	5万円		

在庫金利を日次の損益に振り替える仕訳

月／日	（売上高）	２０００万円	（＊＊＊費）	＊＊＊万円
			（＊＊＊費）	＊＊＊万円
			（＊＊＊費）	＊＊＊万円
			（在庫金利）	70万円
			（在庫金利差異）	5万円
			（未処分付加価値）	＊＊＊万円

在庫管理上の有利な差異が出た場合の仕訳は以下の通りです。有利な差異と不利な差異の両方が出ている場合には、月次で行う集計で相殺されます。

在庫金利を計上する仕訳の例（有利差異の発生時）

月／日	（在庫金利）	83万円	（在庫金利仮計上額）	78万円
			（在庫金利差異）	5万円

（補正）

本書では、説明の簡単化のため在庫費用を金利だけで計算していますが、外部倉庫の費用などの変動費が発生している場合には、合わせて管理対象とする必要があるでしょう。

ある営業日の在庫状況

＜資金の運用＞			＜資金の調達＞
現金預金	4億円	30億円	
売上債権	10億円		運転資金の借り入れ 25億円 （年利6%）
製品	6億円		
仕掛品	2億円		
原材料	8億円		
土地	40億円	70億円	事業資金の借り入れ 25億円 （年利8%）
建物	20億円		
機械装置	10億円		株主から預かったお金 50億円 （株主期待 年10%）

日次の在庫金利の計算例

	目標			実際の状況		金利差異
	回転数	在庫高	金利	在庫高	金利	
現金預金	12回転	4億円	10万円	4億円	10万円	0万円
売上債権	4回転	12億円	30万円	10億円	25万円	−5万円
製品	12回転	4億円	10万円	6億円	15万円	5万円
仕掛品	24回転	2億円	5万円	2億円	5万円	0万円
材料	8回転	6億円	15万円	8億円	20万円	5万円
合計		28億円	70万円	30億円	75万円	5万円

前提：この日の売上高2000万円、年間の営業日数240日、運転資金は年利6％

ポイントBOX

①在庫金利と在庫金利差異を日次の損益に反映させる
②計算上の在庫金利は、在庫金利仮計上額としてB/Sに記録しておく

目標金利の計算

	日次の売上高		目標		
		年換算	回転数	在庫高	在庫金利
現金預金	2000万円	48億円	12回転	4億円	10万円
売上債権	2000万円	48億円	4回転	12億円	30万円
製品	2000万円	48億円	12回転	4億円	10万円
仕掛品	2000万円	48億円	24回転	2億円	5万円
原材料	2000万円	48億円	8回転	6億円	15万円
					70万円

2000万円×240日=48億円

予め定められた目標

現金預金　48億円÷12回転＝4億円
4億円×6%÷240日＝10万円

売上債権　48億円÷4回転＝12億円
12億円×6%÷240日＝30万円

製品　48億円÷12回転＝4億円
4億円×6%÷240日＝10万円

仕掛品　48億円÷24回転＝2億円
2億円×6%÷240日＝ 5万円

原材料　48億円÷8回転＝6億円
6億円×6%÷240日＝15万円

差異5万円

実際金利の計算

	実際	
	在庫高	在庫金利
現金預金	4億円	10万円
売上債権	10億円	25万円
製品	6億円	15万円
仕掛品	2億円	5万円
原材料	8億円	20万円
		75万円

4億円×6%÷240日＝10万円
10億円×6%÷240日＝25万円
6億円×6%÷240日＝15万円
2億円×6%÷240日＝ 5万円
8億円×6%÷240日＝20万円

B/S

＜資金の運用＞

現金預金	4億円	30億円
売上債権	10億円	
製品	6億円	
仕掛品	2億円	
原材料	8億円	
土地	40億円	70億円
建物	20億円	
機械装置	10億円	

＜資金の調達＞

運転資金の借り入れ
25億円
（年利6％）

事業資金の借り入れ
25億円
（年利8％）

株主から預かったお金
50億円
（株主期待 年10％）

日次の P/L

売上高	2000万円
－材料費	＊＊＊円
－変動労務費	＊＊＊円
－外注加工費	＊＊＊円
－外注物流費	＊＊＊円
－在庫金利	70万円
－在庫金利差異	5万円
＝未分配付加価値	＊＊＊円

44

毎日の管理から、月次・年次の管理へのつながり

回転数の管理が重要なら、在庫金利もしっかり管理する

在庫金利は変動費の1つであり、毎日管理しなければなりません。以下に仕訳例を示します。

〈日次の差異の累積が期間全体の差異になる〉

9月5日の状況

✔ 目標の在庫回転数から計算された目標在庫金利は20万円

✔ 実際の在庫高から計算された実際在庫金利40万円

✔ 在庫管理上の在庫金利差異20万円（不利差異）

…在庫が多すぎたということ

9／5	（在庫金利）20万円	（在庫金利仮計上額）40万円
	（在庫金利差異）20万円	

9月6日の状況

✔ 目標の在庫回転数から計算された目標在庫金利20万円

✔ 実際の在庫高から計算された実際在庫金利10万円

✔ 在庫管理上の在庫金利差異10万円（有利差異）

…在庫が少なすぎたということ

9／6	（在庫金利）20万円	（在庫金利仮計上額）10万円
		（在庫金利差異）10万円

2日間の累積

＊／＊	（在庫金利）40万円	（在庫金利仮計上額）50万円
	（在庫金利差異）10万円	

このように毎日の仕訳を累積していけば、目標在庫金利と実際在庫金利の差異を明らかにし、**在庫管理の良否を判断**できます。累積された差異の大小から管理目標とすべき在庫回転数を上げるべきか／下げるべきかの判断もできます。

（参考）毎日の在庫金利差異の累積が、月〜年次の差異になる

$$\text{1日の目標在庫金利} = \text{目標在庫高} \times \text{1日あたりの目標利率}$$

$$= \frac{\text{S1} \times \cancel{\text{営業日数}}}{\text{目標回転数}} \times \frac{\text{運転資金の目標年利}}{\cancel{\text{営業日数}}}$$

$$= \frac{\text{S1} \times \text{運転資金の目標年利}}{\text{目標回転数}}$$

$$\text{1日の実際在庫金利} = \text{実際在庫高} \times \text{1日あたりの目標利率}$$

$$= \text{I1} \times \frac{\text{運転資金の目標年利}}{\text{営業日数}}$$

$$= \frac{\text{I1} \times \text{運転資金の目標年利}}{\text{営業日数}}$$

$$\text{1日の在庫金利差異} = \text{目標在庫金利} - \text{実際在庫金利}$$

$$= \left(\frac{\text{S1}}{\text{目標回転数}} - \frac{\text{I1}}{\text{営業日数}} \right) \times \text{運転資金の目標年利}$$

年間の在庫金利差異

$$= \Sigma(\text{日次の在庫金利差異})$$

$$= \left(\frac{\text{S1} + \text{S2} + \cdots + \text{S240}}{\text{目標回転数}} - \frac{\text{I1} + \text{I2} + \cdots + \text{I240}}{\text{営業日数}} \right) \times \text{運転資金の目標年利}$$

$$= (\text{目標の年平均在庫} - \text{実際の年平均在庫}) \times \text{運転資金の目標年利}$$

（注）S1、S2…S240は、各営業日の売上高（第1日目〜第240日目まで）
I1、I2…I240は、各営業日末の在庫高（第1日目〜第240日目まで）

ポイントBOX

①在庫金利差異の累積額が小さい　→　在庫の管理は成功した
②在庫金利差異の累積額が大きい　→　在庫の管理は失敗した

45

在庫調達額の決定をどうするか？

目標とする在庫回転数から、調達目標額を算出する

〈在庫の調達目標額の決定〉

在庫金利の差異は、過去を振り返って在庫管理が成功したか失敗したかを見るための指標です。しかしそれだけでは明日以降の在庫をどうすべきかまではわかりません。明日以降の在庫の調達目標額の目安は、以下の方法により求めることができます。

在庫の目標調達額の決定方法…直近３日の売上高に基づく場合

- ✔ 営業日数は２４０日とする
- ✔ 目標とする在庫回転数は６回転とする

２日前の売上高	１８００万円
１日前の売上高	２２００万円
今日の売上高	２０９０万円
売上高の平均	２０３０万円

↓　年換算の売上高

２０３０万円×２４０日＝４８７２００万円

明日、確保すべき在庫高

４８７２００万円÷６回転＝８１２００万円

〈目標とする在庫回転数の変更〉

在庫はやみくもに減らせばよいというものではありません。一般には材料在庫の回転数は低め、仕掛在庫の回転数や製品在庫の回転数は高めに設定することになるでしょう。在庫一律ではなく、それぞれにメリハリある目標が必要です。売上債権や現金預金についてもビジネスモデルに見合った回転数を設定しなければなりません。

いったん設定した在庫回転数ではあっても**必要に応じて柔軟に変更**します。その際、在庫金利の差異の蓄積状況、売上のトレンドの変化、全般的な品薄感／余剰感、さらなる納期短縮の必要性、まとめ買いの有利不利などを総合的に判断します。

明日の在庫の調達目標

S1　　　　（第1営業日の売上高　＊＊＊万円）
S2　　　　（第2営業日の売上高　＊＊＊万円）
S3　　　　（第3営業日の売上高　＊＊＊万円）
・
・
・
S today-3（3日前の売上高　　＊＊＊万円）
S today-2（2日前の売上高　　1800万円）
S today-1（1日前の売上高　　2200万円）
S today　（今日の売上高　　　2090万円）

サンプリング日数
年間営業日数

明日調達すべき在庫高

$$= \frac{(1800万円+2200万円+2090万円)/3\times240}{管理目標としている在庫回転数（6回転）}$$

目標とする回転数を下げた場合の影響

売上高	±売価差異	…短納期化が可能になり改善する
	±数量差異	…短納期化が可能になり改善する
－材料費	±原価差異	…まとめ買いが可能になり改善する
－変動労務費	±原価差異	↑
－外注加工費	±原価差異	バランスを取る
－外注物流費	±原価差異	↓
－在庫金利	±原価差異	…在庫が増加するので悪化する
＝未分配付加価値		

ポイントBOX

①過去数日分の売上高データと目標回転数から調達目標額を算定できる
②目標とする回転数は、事業の状況に合わせて柔軟に変更していく必要がある

46 日次処理で回すべきPDCAのおさらい

毎日管理しなければ、ロスは垂れ流しになる

〈変動費とは、標準値を定めて管理するもの〉

固定費と変動費がしっかり分離できているなら、原価計算のタイミングは月次や年次の決算を待つ必要はありません。ＩＴ技術が進化した今日、変動費の集計と分析は**毎日やるのが原則**です。そうしなければ異常があっても対応が遅れ、ロスは垂れ流しになるからです。以下のポイントについて現状とトレンドを分析しましょう。

✔ 売上単価

売上金額や売上数量だけではなく平均単価の変化もチェックします。仮に金額が目標を達成していても、売価が下がり続けているならビジネスは黄色信号です。

✔ 未分配付加価値÷売上高

未分配付加価値の額だけではなく付加価値率もチェックします。付加価値率が下がり続けているなら、そのビジネスは黄色信号です。

✔ （材料費＋外注加工費）÷全ての変動費

原価差異の大小だけではなく材料費や外注加工費の割合もチェックします。割合が上昇し続けているなら、「作る」という活動が価値を失いつつあるということです。

✔ 変動労務費÷全ての変動費

変動労務費の割合もチェックします。割合が下降し続けているなら、今までのやり方でのカイゼン活動には効果が期待できなくなりつつあるということです。

✔ 外注物流費÷全ての変動費

外注物流費についても標準を定め差異管理をします。その割合が上昇し続けているなら、従来のビジネスモデルが重大な変更を迫られているということです。

✔ 在庫金利÷全ての変動費

在庫金利は売上単価、材料費、外注物流費等とトレードオフの関係にあります。積極的な在庫戦略で全体の付加価値率を向上させていく可能性を常に考慮します。

PDCAを回さないものがあってはならない！

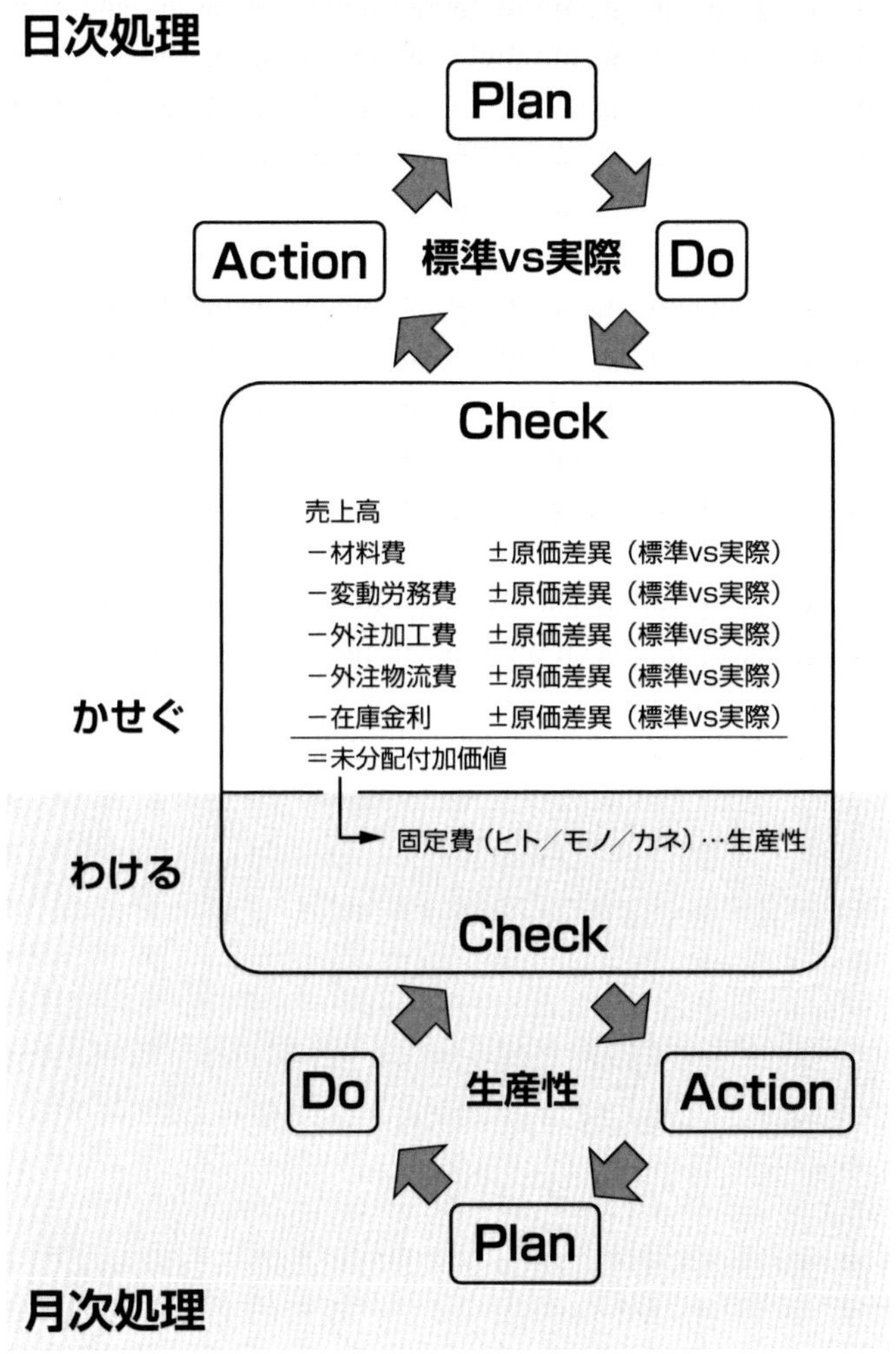

ポイントBOX

①差異分析は、毎日しなければ原因がわからなくなり、ロスは垂れ流しになる
②差異分析を毎日やれば、ビジネスの危機の兆候を早い段階で発見し、対策できる

在庫は、本当に罪子なのか？

「在庫は罪子、罪子減らしは待ったなし！」
そんなタイトルのセミナーに参加しました。会場は満席で、参加者のみなさんは熱心にメモを取っています。誰もが本当に真剣です。しかし不思議と熱気のようなものは感じられません。その奇妙なギャップに疑問を感じた私は、周囲の方に少し意地悪な質問をしてみました。

「大変にお恥ずかしいのですがぜひご教示をください。なぜ私達は在庫を減らさなければならないのでしょうか？　私には理由がよくわからないのです。」
「はあ…　それは何と言っても、在庫は罪子ですから…」

誰もそれ以上は答えられません。そこで私は講師の方にお伺いをしました。

「本日はありがとうございました。ところで…恥を忍んでお伺いをしますが、なぜ私達は在庫を減らさなければならないのでしょうか？　私には理由がわかりません。」
「え？　何ですって？　決まっているじゃあないですか！　なんたってぇ…在庫は罪子ですから。」

今更、どうしてそんなことを聞くのかという感じでしたが、結局のところ、誰一人としてきちんとした答えを持っていなかったのです。いよいよ疑問を感じて調べると、

「在庫はお金の塊。在庫を寝かすことはお金を寝かすこと。だから在庫は罪子！」
「値引きにつられて無駄な在庫を抱えるのは言語道断！」

そんな説明文を見つけました。お金を寝かして問題になるなら、それは金利のムダに違いありません。それなら在庫の金利はどうやったら評価できるのか？　利率は何％を使えばよいのか？　例えば10％の値引きを提案され、利率は５％だったら値引きを受けるべきなのか？　受けるべきではないのか？　そういえば…自分の会社の在庫金利って何％なのだろうか？　売上債権や現金預金は寝ていてもよいのかな？　今まで一度も聞いたことがないのは不思議だなぁ。

理由の説明ができない活動に向かって全員で邁進する。しかも期末日だけ減らしたり、見た目だけを取り繕ったりする…そんな日本のモノづくりの現実を変えなければなりません。１日も早く。

V

「わける」…月次で行う固定費の計算

固定費はいじくり回すほど実態が見えなくなります。
売上原価や販管費や在庫の間を逃げ回るのは固定費でした。
利益操作や粉飾会計の温床が固定費でした。
従来の原価計算を難解にしていたのも固定費でした。
そんな固定費の操作を止めれば、会計はシンプルで使いやすくなります。

47 日次処理～月次処理～年次決算までの流れ

固定費はコストから切り離し、資源としての生産性を管理する

〈日次で管理する「かせぐ」活動〉

ここまで様々な変動費（コスト）のあるべき管理方法について考えてきました。それぞれの変動費の集計と差異分析は毎日やるべき手続きです。そうしなければ異常（良い異常／悪い異常）があったときに対応が遅れ、大きな損失を出してしまうからです。これが「かせぐ」の管理です。

〈月次で管理する「わける」活動〉

毎日管理すべき変動費に対し、あらかじめ金額が定められている固定費の集計と分析は月次でやるべき手続きです。各固定費についてはあらかじめ定められた**予算額からの逸脱（予算差異）**がないかどうかをチェックした上で、経営資源（ヒト、モノ、カネ）の生産性の管理を行います。これが「わける」の管理です。

資源の中でもとりわけ重要なのは「ヒト」の管理です。生産性を分析し、生産性が低いケースがあれば手当てをし、手遅れになる前に生産性の回復を促さなければなりません。次に「モノ」の管理では、従来から当然のように行われてきた減価償却を即時償却として行うことで、埋没原価（過去の意思決定によって将来にわたって発生し続けてしまう費用）の発生を回避します。それは結果的に損益計算をキャッシュフローに近づけることにもなります。

最後に「カネ」の管理では、近年の所有と経営の分離や、他人資本と自己資本の接近に鑑みて、株主資本と長期借入金を一体的に管理し、経営目標の確実な達成を目指します。

〈最終的な期末の決算へのつながり〉

その他、期末には引当金の処理や資産の評価、税金の処理などの様々な決算処理を行わなければなりません。とはいえこれらは事業の付加価値増大や生産性向上に直接つながる活動ではありませんので、一般的な財務会計の手続きに従えば足ります。

日次～月次～期末処理までの流れ

日次処理
（作って／かせぐ）

売上高
－材料費
－変動労務費
－外注加工費
－外注物流費
第48話 －在庫金利
→ コスト構成比チェック
原価差異チェック

第49話 ＝未分配付加価値 → 事業競争力チェック

月次処理
（わけて／創る）

第50話 （－重要性の低い固定費）
＝未分配付加価値

第51話 －固定労務費（ヒト）→ 生産性チェック
第52話 －減価償却費（モノ）→ キャッシュ・チェック
第54話 －資本コスト（カネ）→ 経営目標達成チェック
第57話 ＝繰越付加価値 → 損益分岐点チェック

期末処理

－その他の決算手続
＝当期純利益

ポイントBOX
①ヒト、モノ、カネに関わる固定費の集計と分析は月次で行う
②最も重要な資源・ヒトの管理は、生産性の分析と育成が軸となる

48 月次処理の仕訳〔その1〕

都度行われる固定費の仕訳、月次損益の準備の仕訳

〈月次処理のSTEP〉

月次の処理と固定費の管理について、これからSTEPを追って見ていきましょう。

STEP0　日次で計上された付加価値は、集計されて月次の付加価値となり、期末の処理へとつながっていきます。その一方で、①固定労務費の支払、②機械装置などの固定資産の購入やそれに伴う減価償却、③運転資金（短期借入金）や事業資金（長期借入金）の借り入れと返済や利息の発生、④その他の様々な固定費の支払といった事象は都度に発生し、都度に仕訳が行われているものです

STEP1　月次にまず必要になるのが在庫金利にかかわる仕訳です。日々計上され累積された在庫金利仮計上額と、実際に発生した運転資金（短期借入金）の金利を相殺し、運転資金の借り入れと返済に異常がなかったかどうかをチェックします。

累積された仕訳（第44話参照）

月／日	（**在　庫　金　利**）	＊＊＊円		
	（**在庫金利差異**）	＊＊＊円	（在庫金利仮計上額）	＊＊＊円

短期借入金の金利を計上する仕訳（都度）

月／日	（**短期借入金利息**）	＊＊＊円	（現　金　預　金）	＊＊＊円

在庫金利仮計上額と実際の金利を相殺する仕訳

月／日	（在庫金利仮計上額）	＊＊＊円	（**短期借入金利息**）	＊＊＊円
			（**財務管理上の差異**）	＊＊＊円

月次処理

売上高
－材料費
－変動労務費
－外注加工費
－外注物流費
第48話　－在庫金利
第49話　＝未分配付加価値

第50話　（－重要性の低い固定費）
＝未分配付加価値

月中に都度行われている様々な仕訳

月／日	（機　械　装　置）	3億円	（現　金　預　金）	3億円
月／日	（**減価償却費**）	2.7億円	（機　械　装　置）	2.7億円
月／日	（**短期借入金利息**）	1.2億円	（現　金　預　金）	1.2億円
月／日	（**長期借入金利息**）	2億円	（現　金　預　金）	2億円
月／日	（**諸　固　定　費**）	1億円	（現　金　預　金）	1億円
月／日	（**固定労務費**）	2億円	（現　金　預　金）	2億円

ポイントBOX
① STEP0は、月中に都度行われる固定費の仕訳
② STEP1では、運転資金の管理に異常がなかったか分析する

49 月次処理の仕訳〔その2〕

ここで月間の「かせぐ」の処理を確定する

〈月次の損益（かせぐ）の確定〉

本格的に「わける」の処理に入る前に、**まず「かせぐ」の処理を確定しておきます。**

STEP2　ここで月間の「かせぎ」を最終的に確定しておかなければなりません。STEP1が済んだら月間の損益を全て集計します。売上高、各変動費（コスト）、原価差異の分析を行った上で、未分配の付加価値を確定します。

この段階で判断すべきことは、売価の変化、各変動費の構成比の変化、原価差異の発生状況やその変化、計画通りに付加価値が稼げていたかどうか、売上高に対する付加価値の比率の変化などです。

もし異常が発見されれば原因を調べて対策しなければなりません。

月次のかせぎを確定する仕訳

4/30	（売　上　高）	25億円	（原価／材料費）	10億円
			（材料費差異）	＊＊＊円
			（原価／変動労務費）	2億円
			（変動労務費差異）	＊＊＊円
			（原価／外注加工費）	3億円
			（外注加工費差異）	＊＊＊円
			（外注物流費）	1億円
			（外注物流費差異）	＊＊＊円
			（在庫金利）	1億円
			（在庫金利差異）	＊＊＊円
			（未分配付加価値）	8億円

月次処理

	売上高
	－材料費
	－変動労務費
	－外注加工費
	－外注物流費
第48話	－在庫金利
第49話	＝未分配付加価値
第50話	（－重要性の低い固定費）
	＝未分配付加価値

判断のポイント

- ✔ 各変動費の差異の発生状況
- ✔ 各変動費の構成比の変化
- ✔ 付加価値額が十分だったか
- ✔ 付加価値率の変化

ポイントBOX
① STEP2では、かせいだ付加価値を確定する
②付加価値が確定したら、計画通りに稼げていたかを分析する

50 月次処理の仕訳（その3）

「重要性の低い固定費」の処理と、生産性分析の準備をする

〈重要性の低い固定費（?）の処理〉

もし「重要性の低い固定費」だと**判断された固定費があるなら**、未分配付加価値から最初に控除します。

STEP3 ヒトの生産性分析に入る前に「重要性の低い固定費」の集計と分析を済ませておかなければなりません。ここでの判断のポイントは、実際に発生した各固定費（支払経費、測定経費、発生経費、便宜的固定費）と、それぞれの予算額との間に異常な差異がなかったかどうかです。異常な差異があった場合は、すぐに原因を調べて対策します。

「重要性の低い固定費」の支払時の仕訳（都度に行われている）

月／日〈**諸固定費**〉＊＊＊円（現金預金）＊＊＊円

月次損益への反映

月／日〈**未分配付加価値**〉＊＊＊円（**諸固定費**）＊＊＊円

「重要性の低い固定費」の処理をこの段階で行うのは、これらに対してヒトが管理責任を負わなければならないからです。この固定費の額が大きくなればなるほど、未分配付加価値が小さくなるので、ヒトの生産性（付加価値÷労務費で計算される）も下がります。逆に、この固定費を節減できれば、ヒトの生産性は上がります。

$$\frac{\text{未分配付加価値}-\text{諸固定費}}{\text{固定労務費}}=\text{ヒトの生産性}$$

※諸固定費が増えるとヒトの生産性は下がる

※諸固定費が減るとヒトの生産性は上がる

月次処理

売上高
－材料費
－変動労務費
－外注加工費
－外注物流費
第48話　－在庫金利
第49話　＝未分配付加価値
☆ 第50話　（－重要性の低い固定費）
＝未分配付加価値

重要性の低い固定費（？）の例

直接経費	支払経費	外注加工費	変動費
間接経費	支払経費	外注物流費	変動費
		旅費交通費	→ **重要性の低い固定費**
	測定経費	水道光熱費	変動費
	発生経費	梱包材費	変動費
		材料棚卸減耗費	→ **重要性の低い固定費**
		修繕費	→ **重要性の低い固定費**
	月割経費	減価償却費	重要な固定費
		賃借料	重要な固定費
		保険料	重要な固定費

ポイントBOX

①「重要性の低い固定費」とは、生産性を直接的には管理しない固定費
② STEP3 で未分配付加価値から減じることで、ヒトの生産性に反映させる

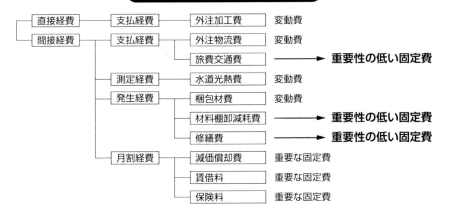

51 月次処理の仕訳（その4）…ヒトの固定費

ヒトの生産性を確かめ、手遅れになる前に手を打つ

〈ヒトの生産性管理〉

固定費管理の1つの山場は、**最も重要な経営資源であるヒト**の生産性管理です。

STEP4　ここでは固定労務費の処理と、ヒトの生産性の分析を行います。生産性の基本的な分析方法は以下の通りです（詳細は第Ⅵ章を参照）。なお、この段階での未分配付加価値は重要性の低い固定費を控除した後の数値です。

単なる赤字／黒字の確認ではなく、生産性をモニタリングし分析するメリットの1つは、赤字になる前の早い段階で異常を発見できることです。これにより手遅れになる前に対策を打ち、業績不振で突然のリストラを余儀なくされるといった事態の回避を目指します。

固定労務費の支払の仕訳（都度に行われている）

（**固定労務費**）4億円　（現金預金）4億円

月次損益への反映

（**未分配付加価値**）4億円　（**固定労務費**）4億円

	前々期	前期	今期	
未分配付加価値	10億円	8億円	6億円	
－固定労務費	4億円	4億円	4億円	
－減価償却費	2億円	0億円	2億円	
－月割WACC	1億円	1億円	1億円	
＝繰越付加価値	3億円	3億円	▲1億円	赤字！
労務費生産性	2.5倍	2.0倍	1.5倍	低下！（早くわかる）

未分配付加価値÷固定労務費 → 労務費生産性

月次処理

	売上高
	－材料費
	－変動労務費
	－外注加工費
	－外注物流費
第48話	－在庫金利
第49話	＝未分配付加価値
第50話	（－重要性の低い固定費）
	＝未分配付加価値
第51話	－固定労務費（ヒト）
第52話	－減価償却費（モノ）
第54話	－資本コスト（カネ）
第57話	＝繰越付加価値

判断のポイント

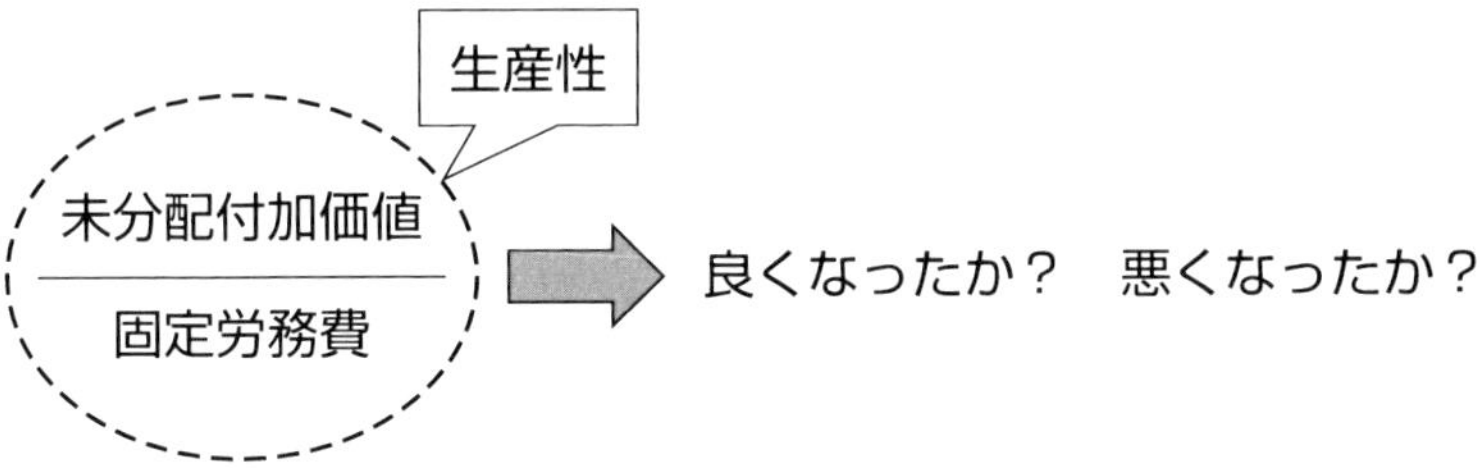

ポイントBOX

①STEP4で生産性のモニタリングをする。これにより早い段階で手が打てる
②生産性をモニタリングするためには、未分配付加価値の把握が必要

52 月次処理の仕訳（その5）：モノの固定費

減価償却費を集計し、キャッシュフローの見通しを立てる

〈減価償却とその弊害〉

次はモノの固定費である減価償却費の処理です。減価償却とは、固定資産を取得したときに、その取得額をゆっくり費用化していく手続きです。仮に5年間の稼働を見込んで500万円の機械装置を取得した場合、定額法で減価償却するなら、例えば毎年100万円（＝500万円÷5年）の減価償却費を計上します。これを、5年間でかせぐ付加価値と対応させるためです。

ところが、こうした仕組みがデザインされた100年前とは異なり、今日は極めて環境変化が激しくなりました。5年先どころか**明日の状況ですら予測は困難**です。それにも拘らず何年間もの付加価値獲得を見込んでゆっくり減価償却をすることは設備投資計画の甘さにつながります。その後の状況変化から目を逸らし、計画通りの生産を無理に維持すれば、余剰在庫の積上げや膨大な廃棄損につながるかもしれません。

〈減価償却に関わる月次損益の処理〉

STEP5　そこで付加価値会計では減価償却の方法として、即時償却（一気に償却する）を推奨します。月中に計上された減価償却費の集計を行い、過去の事業活動による付加価値の蓄積やキャッシュフローの見通し、事業資金の調達や返済の状況などを踏まえ、次月に計画されている固定資産投資の実行可否について最終的に判断します。

減価償却費の計上の仕訳（都度に行われている）

（**減価償却費**）2億円　（機械装置）2億円

月次損益への反映

（**未分配付加価値**）9億円　（**減価償却費**）9億円

月次処理

売上高
－材料費
－変動労務費
－外注加工費
－外注物流費
第48話　－在庫金利
第49話　＝未分配付加価値

第50話　（－重要性の低い固定費）
＝未分配付加価値

第51話　－固定労務費（ヒト）
第52話　－減価償却費（モノ）
第54話　－資本コスト（カネ）
第57話　＝繰越付加価値

付加価値会計が推奨する減価償却の方法

＜財務会計＞		＜付加価値会計＞
定率法	→	即時償却法
定額法		—
級数法		—
生産高比例法		生産高比例法

ポイントBOX

①STEP5ではキャッシュフローの見通しと計画された設備投資の最終的な可否について検討する
②今まで普遍的に行われてきた減価償却の前提は失われている

53

いわゆる減価償却をやめる

即時償却を前提に、来月の設備投資の可否を判断する

〈今まで減価償却をしてきた前提の消滅〉

従来から定額法や定率法による減価償却が行われてきました。改めて減価償却とは、生産設備等の取得時の支出と、その設備の稼働によって獲得が期待される将来の収益を対応させるための原価計算上の工夫です。しかし今日では環境変化が目まぐるしく明日の事業がどうなるかさえ予測がつきません。それにも拘らず今日の支出と将来の利益を対応させようとする減価償却の発想が、**将来計画の甘さと設備投資の失敗**の原因になります。後から固定資産を処分しようとしても簿価（取得時の支出額－減価償却額）では引き取ってもらえず、スクラップにするしかないケースも多いのです。

さらに従来の減価償却にはもう一つの弊害がありました。それは当初計画の通りに無理に生産設備を稼働させようとする発想を生むことです。この発想が、市場のニーズに背を向けた過剰生産に製造業を向かわせ、**余剰在庫を抱えてしまう**ことによる致命的な損失をもたらすのです。

〈即時償却の勧め〉

この問題への最善の解決策は、固定資産の償却を取得時に全て済ましてしまうことです（即時償却）。これにより過去に取得した資産の減価償却費が埋没原価化することや、耐用年数や減価償却方法の変更による恣意的な会計操作を防止できます。即時償却を励行し、在庫への固定費配賦もしなければ

残った付加価値≒事実上のキャッシュフロー

という良い関係を作り出すこともできます。即時償却をすると純資産が減ってB／S上で欠損金を生じてしまうケースも想定されますが、それが会社が置かれている本当の財政状態だと考えるべきでしょう。

※こうした状況認識は、従来の固定資産回転数の考え方にも再考を求めることになります。減価償却をめぐる制度会計側の混乱にも注意を払わなければなりません。

減価償却の計算例（残額 10% の定額法）

	取得価額	減価償却	残額
取得時	500 万円	—	500 万円
1 年目		90 万円	410 万円
2 年目		90 万円	320 万円
3 年目		90 万円	230 万円
4 年目		90 万円	140 万円
5 年目		90 万円	50 万円

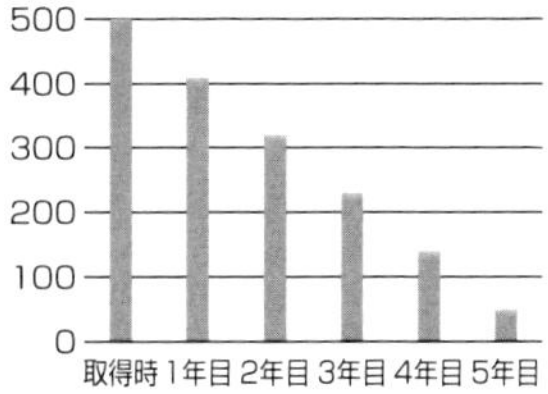

減価償却の計算例（残額 10% の定率法）

	取得価額	減価償却	残額
取得時	500 万円	—	500 万円
1 年目		185 万円	315 万円
2 年目		116 万円	199 万円
3 年目		73 万円	126 万円
4 年目		46 万円	79 万円
5 年目		29 万円	50 万円

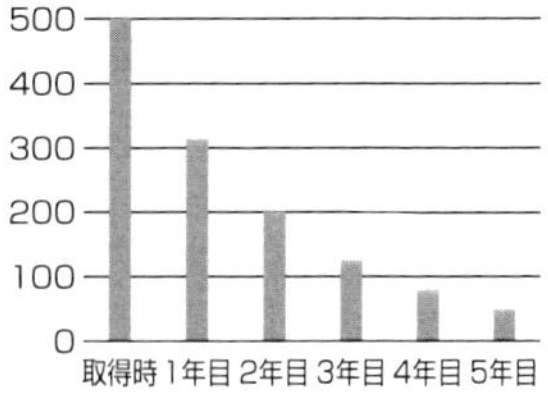

減価償却の計算例（残額 10% の即時償却）

	取得価額	減価償却	残額
取得時	500 万円	450 万円	50 万円
1 年目		—	50 万円
2 年目		—	50 万円
3 年目		—	50 万円
4 年目		—	50 万円
5 年目		—	50 万円

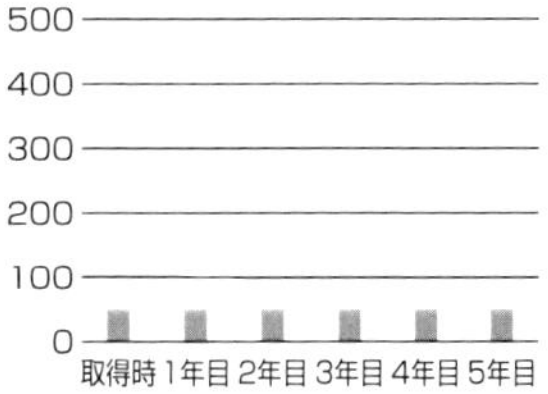

ポイント BOX

①減価償却には恣意性があり、会計操作の原因にもなる
②配賦の停止と即時償却の励行で、付加価値はキャッシュフローに近づく

54 月次処理の仕訳（その6）…カネの固定費

カネの固定費まで考慮しなければ、損益計算は完結しない

〈資本コストを損益計算に組み込む〉

ここからはカネにかかわる固定費の処理です。実は従来の財務会計の損益計算では、他人資本分の資本コストは営業「外」費用に区分され積極的な管理が行われてきませんでした。更に自己資本分の資本コストは営業外費用としてすら認識されず**全くの管理外でした**。そのことが達成すべき経営目標の甘さを生み、①無借金経営神話、②塩漬けの内部留保、③設備投資の失敗、④誤った損益分岐点の認識、⑤その結果としての株価の低迷、といった問題へとつながってきたのです。これらに適切に対処するためには、損益計算において資本コスト全体（他人資本＋自己資本）が適切に賄えていたのかどうかをチェックする仕組みを作らなければなりません。

STEP6　資本コスト（WACC）の月割額を仮計上します。ここで資本コストを仮計上するのは、目標管理の観点から必要な利益（あるいは付加価値）がきちんと達成されていたかどうかを確認するためです。この段階で資本コスト（WACC）までを含めた最終的な損益が赤字だったのか／黒字だったかが判断されます。赤字なら原因を分析し対策しなければなりません。ヒトの生産性向上、販売計画やコスト計画の見直しを行い、状況によっては次月の設備投資の延期や、ビジネスモデルそのものの見直しが必要となることもあるでしょう。仮計上された資本コストの月割額は、後ほど期末決算の段階で戻入れを行い、実際の支払額へと置き換えられることになります。

WACC月割額の計上の仕訳

（月割ＷＡＣＣ） 2億円	（ＷＡＣＣ仮計上額）2億円

月次損益への反映

（未分配付加価値） 2億円	**（月割ＷＡＣＣ）** 2億円

月次処理

	売上高
	－材料費
	－変動労務費
	－外注加工費
	－外注物流費
第48話	－在庫金利
第49話	＝未分配付加価値
第50話	（－重要性の低い固定費）
	＝未分配付加価値
第51話	－固定労務費（ヒト）
第52話	－減価償却費（モノ）
☆ 第54話	－資本コスト（カネ）
第57話	＝繰越付加価値

2つの事業資金

（他人資本）銀行から	長期借入金	長期借入金の金利を負う
（自己資本）株主から	株主からの払込 過去の蓄積	株主からの期待を負う

ポイントBOX

① STEP6では、資本コスト（WACC）の月割額を計上する
②資本コストの達成まで確認しなければ、最終的な黒字／赤字はわからない

55 在庫金利も資本コストも、営業外の費用じゃない！

他人資本と自己資本の接近、加重平均資本コスト（ＷＡＣＣ）の話

〈他人資本と自己資本の接近〉

流動負債と固定負債を合わせて「他人資本」と呼ぶことがあります。これに対して純資産は自己資本です。純資産が「自己資本」と呼ばれるのは、株式会社が株主の所有物であるという法的な形式によるものです。しかしながら、近年の「所有と経営の分離」の進展によって、経営に積極関与しない株主が増えたことなどから**他人資本と自己資本の境界は曖昧になってきました。**相互に接近した他人資本と自己資本を一体的に扱うためには、加重平均資本コスト（WACC/Weighted Average Cost of Capital）を使うのが便利です。

〈無借金経営神話や塩漬けにされた内部留保〉

自己資本は株主に帰属するものですが返済期限はありません。そのため慎重な返済管理の必要がある他人資本（例えば銀行からの長期借入金）に比べて便利な資金とみなされてきました。その結果、無借金経営が至上目標とされたり、自己資本を形成する内部留保が塩漬けにされたりすることがあったのです。しかし投資家の立場から見れば、自己資本はハイリスクの株式投資であり、他人資本（債券投資）を遥かに上回る高いリターンが期待されるものなので注意をしなければなりません。自己資本もタダではないのです。

〈株主期待が達成されなかった場合に何が起こるか？〉

返済期限がないとはいえ、内部留保を含めた自己資本の本質は、株主が高いリスクを覚悟し、高いリターンを期待して会社に預けている株式投資です。株主の期待が達成されなかった場合には、会社の株式は投げ売りされて暴落（少なくとも株価の低迷）し、敵対的買収の標的となるでしょう。最悪の場合、会社は株式市場から淘汰され消滅してしまうというのが**資本主義の根本原理**です。ですから会社は、株主期待を含めた資本コスト全体（ＷＡＣＣ／ワック）を経営上の必達目標として適切に管理していかなければなりません。

他人資本と自己資本の接近

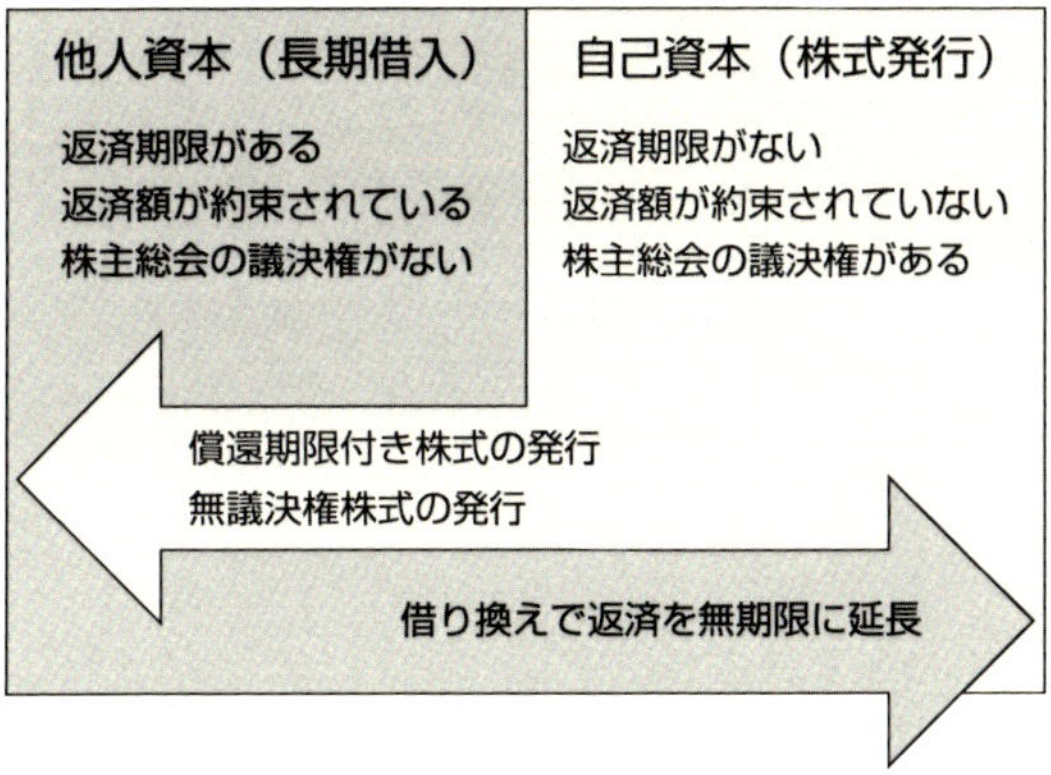

加重平均資本コスト（WACC）の計算例

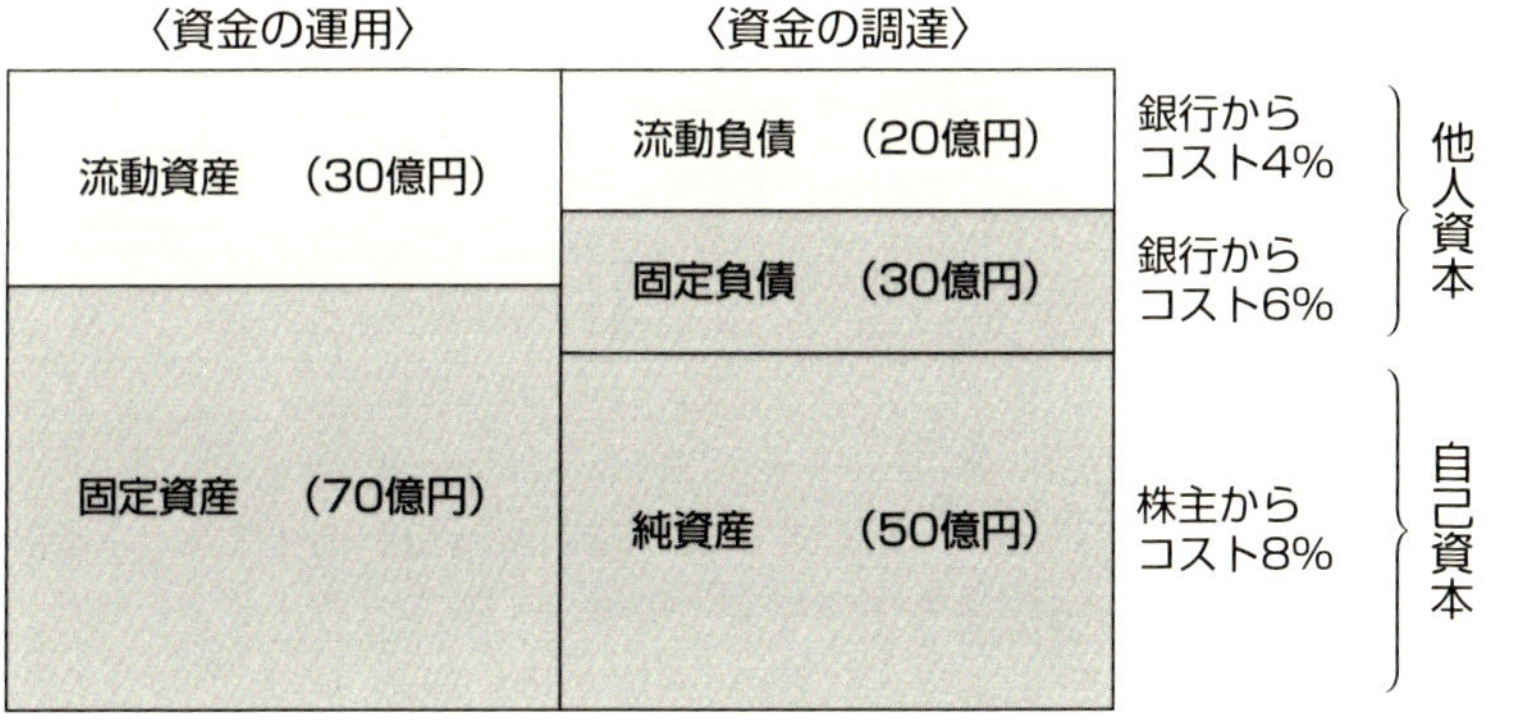

在庫金利＝4%

$$\text{加重平均資本コスト} = \frac{(30\text{億円} \times 6\%) + (50\text{億円} \times 8\%)}{(30\text{億円} + 50\text{億円})} = 7.25\%$$

ポイントBOX

①所有と経営の分離で、他人資本と自己資本を区別する必然性がなくなってきた
②株主期待が達成されなければ、株価は暴落し会社は市場から淘汰される

56 WACC月割額の計算方法

前月末の貸借対照表から、資本コストの目安額を計算する

〈WACCの計算方法〉

WACC（加重平均資本コスト／ワック）とWACC月割額の計算は、概ね以下の通りです。

①WACCは、固定負債の目標年利率と経営管理上の株主期待の加重平均です。

この加重平均の計算は、前月末の固定負債額と純資産額を使って行います。

計算例：(30億円×6%＋5億円×8%)÷(30億円＋50億円)＝7．25%

②WACC月割額は、WACC×(前月末の固定負債額＋純資産額)÷12ヶ月です。

計算例：7．25%×(30億円＋50億円)÷12＝4833万円

資金調達の責務を担う財務部門は、当月の業績や今後の見通しを踏まえてWACCを見積もります。見積もられたWACCを事業の実績が上回れば株価は上昇し、下回れば下落します。WACCはあくまでも経営管理上の目標値なので経営的な判断によって設定することもできます。

〈株式会社の根幹を支えるWACC〉

目標値として設定されたWACCは、**達成すべき目標として関連部門に周知**されなければなりません。周知されたWACCは、損益分岐点分析における重要な固定費の1つ(カネの固定費)として管理される必要があります(第58参照)。また、長期的にわたって実施されるプロジェクトの評価や、固定資産の取得に関わる収益性の評価などでもWACCは用いられます。即ち、プロジェクトに期待される収益率（内部収益率／IRR）が達成目標のWACCを上回るなら実施可、下回るなら実施不可という判断です。このようにWACCの設定と管理は、株式会社という仕組みの根幹（資金を調達し、確実に増やして返済する）を支える極めて重要なものなのです。

前月末のB/S

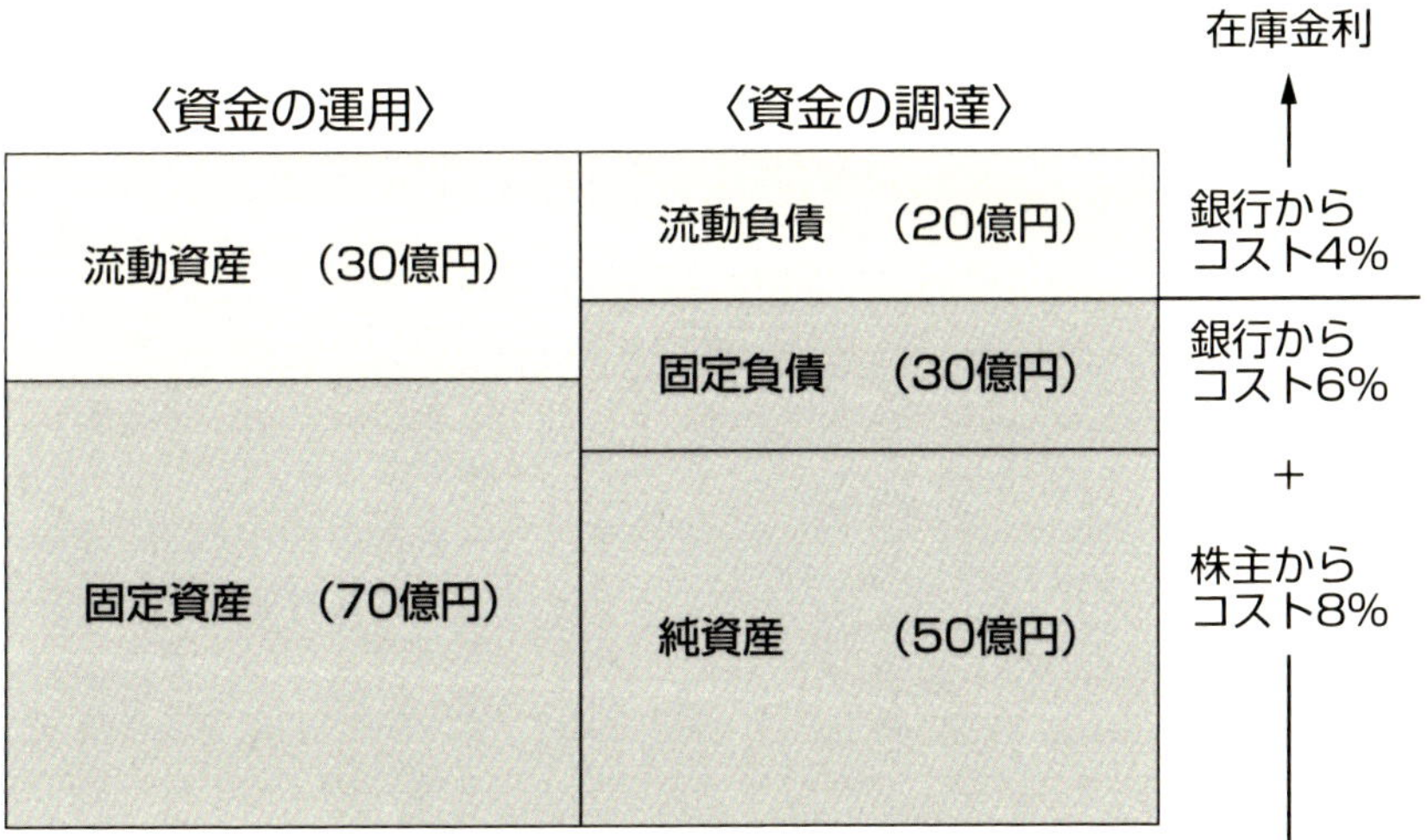

WACC と WACC 月割額の計算

WACC

$$= \frac{(30億円 \times 6\%) + (50億円 \times 8\%)}{(30億円 + 50億円)}$$

＝7.25%

WACC月割額

＝(30億円＋50億円)×7.25%÷12ヶ月

＝4833万円

ポイントBOX

①前月末の固定負債と純資産の金額から、WACCの目安額を計算する

②計算されたWACCの金額を12ヶ月で割り、WACC月割額を求める

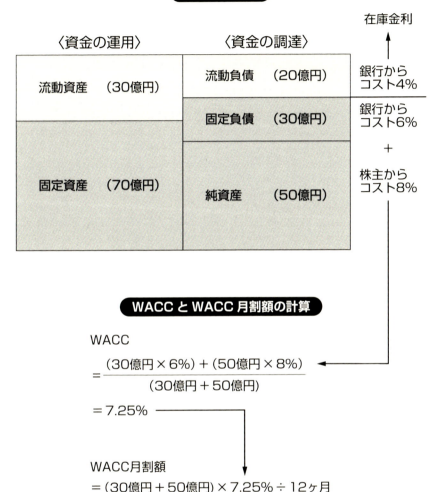

57 月次処理の仕訳〔その7〕

損益分岐点を計算し、安全余裕率を確認する

〈損益分岐点分析で注意すべきこと〉

STEP7　最後に損益分岐点と安全余裕率を計算しておきましょう。前月の損益と比較して、安全余裕率が増えたか減ったかを確認します（※増えた方がよい）。

なお従来の全部原価計算（財務会計）で損益分岐点分析を試みると**致命的な判断ミス**をするので特に注意が必要です（現状のままの売上拡大で黒字化できる等）。なぜなら、従来の売上原価や販売費および一般管理費は固定費と変動費の混合物であり（第76話）、更には固定費の操作で粗利を大きく見せている場合も少なからずあるからです。

全部原価計算の予測

	現在	売上2倍
売上高	1000円	2000円
売上原価	800円	1600円
粗利	200円	400円
販売費および一般管理費	300円	300円
営業利益	▲100円	100円

誤り

→黒字化！

付加価値会計の予測

	現在	売上2倍
売上高	1000円	2000円
全ての変動費	1050円	2100円
未分配付加価値	▲50円	▲100円
全ての固定費	50円	50円
繰越付加価値	▲100円	▲150円

真実

→赤字拡大！

月次処理

	売上高
	－材料費
	－変動労務費
	－外注加工費
	－外注物流費
第48話	－在庫金利
第49話	＝未分配付加価値
第50話	（－重要性の低い固定費）
	＝未分配付加価値
第51話	－固定労務費（ヒト）
第52話	－減価償却費（モノ）
第54話	－資本コスト（カネ）
第57話	＝繰越付加価値

損益分岐点の計算

売上高	25億円
－全ての変動費	17億円
＝未分配付加価値	8億円
－全ての固定費	6億円
＝繰越付加価値	2億円

損益分岐点
25÷8×6＝18.75

安全余裕率
（25－18.75）÷25＝25％

ポイントBOX
①財務会計で損益分岐点分析的な判断を試みるのは極めて危険
②付加価値会計なら、正しい損益分岐点分析ができる

58

利益ゼロは損益分岐点ではない！

従来の損益分岐点は自己資本のコストを考慮していなかった

〈カネにかかわる固定費の範囲〉

「自己資本」という名称を冠するとはいえ、今日では会社の所有と経営は分離しており、自己資本と他人資本の差は小さくなりました。当然の帰結として、自己資本のコストについても他人資本のコストと**同程度に注意を払わなければなりません**。

例えば従来の損益分岐点分析では、他人資本のコストが達成され、自己資本のコストがまだ全く達成されていない点（利益ゼロの点）が赤字／黒字を分ける損益分岐点だとされてきました。しかし適切な経営管理のためには、自己資本に対して株主から期待されている資本コストの達成についても併せて考慮した上で、赤字／黒字を分ける損益分岐点とする必要があります。そうしなければ経営管理の目標が甘くなりすぎてしまうからです。

この他人資本と自己資本を併せた資本コスト全体がWACCです。

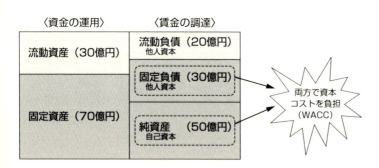

従来の損益分岐点（誤り！）

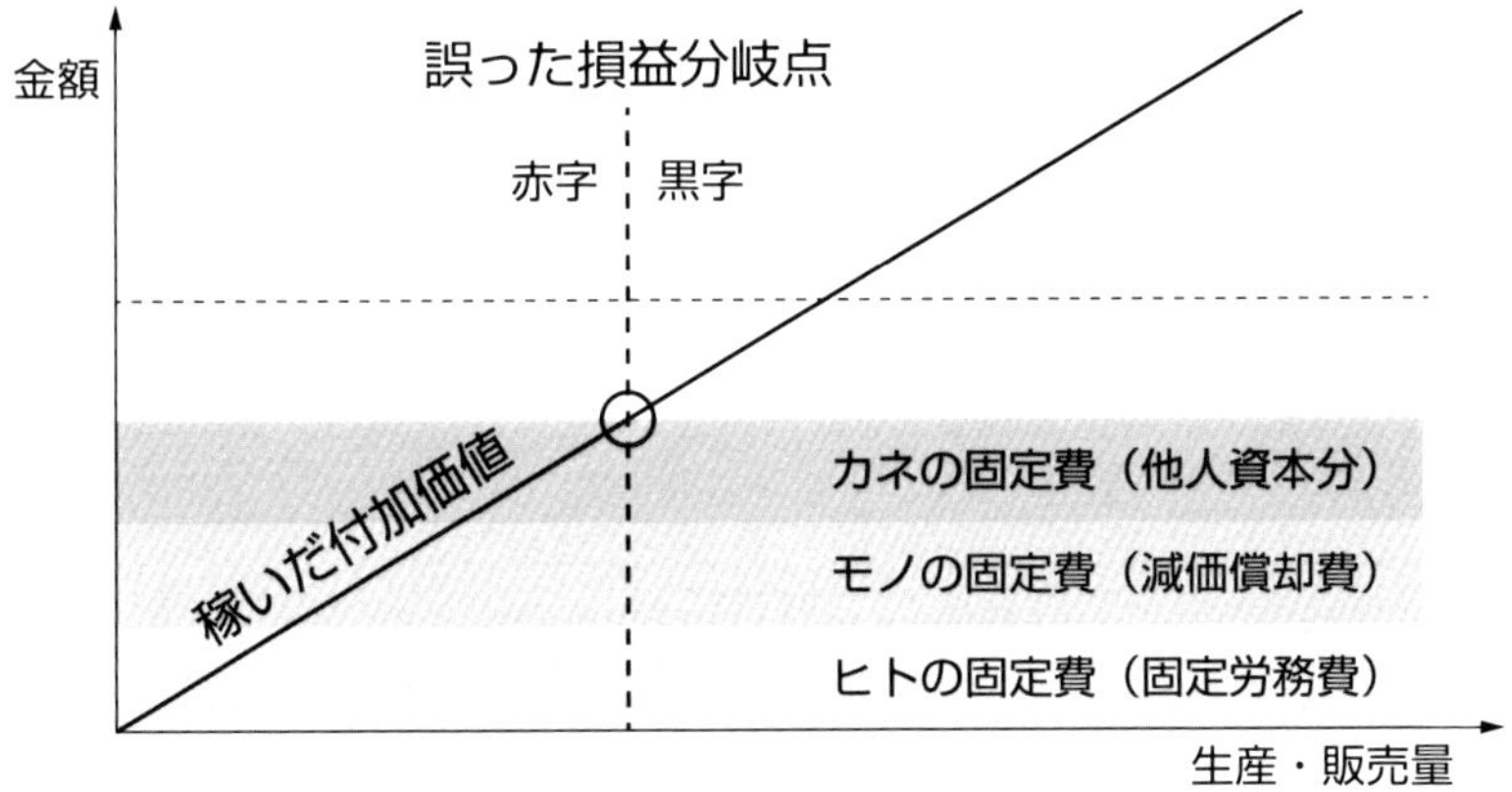

新しい損益分岐点（あるべき姿！）

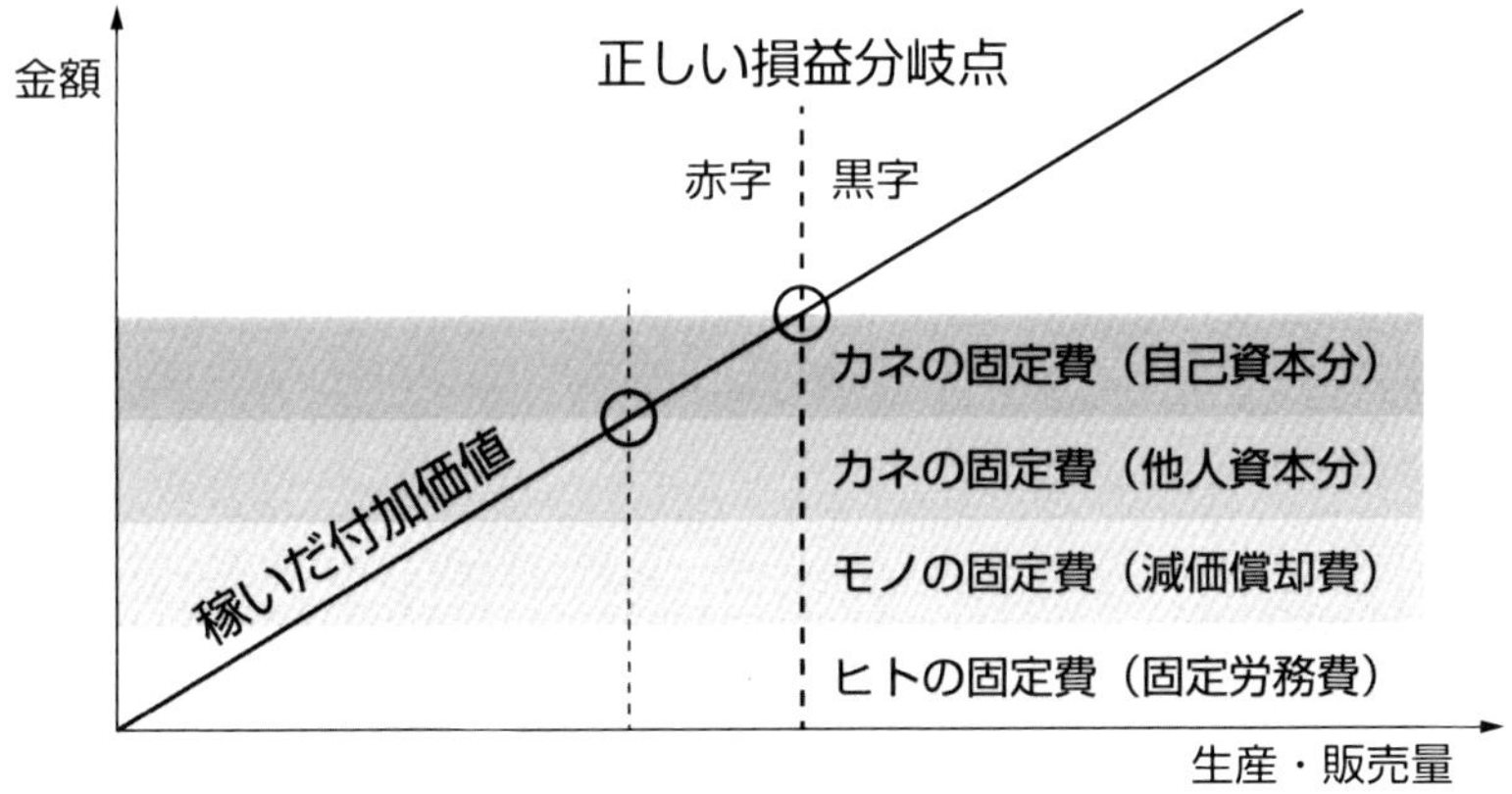

ポイントBOX

①従来の損益分岐点分析では自己資本分のコストが考慮されていなかった

②自己資本分のコストを達成してはじめて経営目標は達成されたことになる

59 月割ＷＡＣＣの計上と戻し入れ

これで月次損益（わける）の処理が完了

〈月次損益（わける）の確定〉

第54話では、月割ＷＡＣＣ／ＷＡＣＣ仮計上額を計上する仕訳を行いました。月割ＷＡＣＣを計上したのは、資本コスト全体（他人資本＋自己資本）の達成を確認するという**目標管理のためです**。

ここまで日次の損益（かせぐ）を集計して確定させた月次の未分配付加価値から、①諸固定費（重要性の低い固定費）、②固定労務費（ヒト）、③減価償却費（モノ）、④月割ＷＡＣＣ（カネ）、を順次に差し引き、固定費分配後の損益が最終的に赤字だったのか黒字だったのかを明らかにしていきました。各ＳＴＥＰにおいては、ヒトの生産性、キャッシュフローの状況や新たな設備投資の可否なども検討しました。

最終的に残った未分配付加価値は、将来の事業計画のために繰越付加価値に振り替えておきましょう。

〈期末処理の仕訳〉

月次損益の赤字／黒字が明らかになった段階で、仮計上をしていた計算上のＷＡＣＣ仮計上額を戻し入れる仕訳をします。ここから先は付加価値を生み出すための処理ではありませんので、一般的な財務会計の手続きに従って期末処理を完結させます。未払いや前払いに関する処理、引当金の処理、資産評価の処理、税金の処理、配当に関わる処理などがあります。

月次損益

6/30	（**諸固定費**）	1億円	（**未分配付加価値**）	8億円
	（**固定労務費**）	2億円		
	（**減価償却費**）	3億円		
	（**月割WACC**）	1億円		
	（繰越付加価値）	1億円		

月次損益（わける）の処理

〈準備の仕訳〉

6/30	（ **月割WACC** ）	1億円	（ WACC仮計上額 ）	1億円

〈月次損益の仕訳〉

6/30	（ **未分配付加価値** ）	**8**億円	（ **諸固定費** ）	1億円
			（ **固定労務費** ）	2億円
			（ **減価償却費** ）	3億円
			（ **月割WACC** ）	1億円
			（ 繰越付加価値 ）	1億円

〈WACC仮計上額を戻し入れる仕訳〉

6/30	（ WACC仮計上額 ）	1億円	（ **仮計上WACC戻入** ）	1億円

↓

期末月であれば、引き続き期末処理の手続きへ

日次損益・かせぐ➡月次損益・わける➡期末処理

売上高	未分配付加価値	繰越付加価値
−全ての変動費	−重要性の低い固定費	±未払い・前払いの処理
（5大変動費など）	−ヒトの固定費	±引当金の処理
＝未分配付加価値	−モノの固定費	±資産評価の処理
	−カネの固定費	−税金の処理
	＝繰越付加価値	±その他
		＝当期純利益

ポイントBOX

①月次損益では、業績評価のために月割 WACC を計上する
②赤字／黒字の判断をしたら、月割 WACC を戻し入れる

60 管理すべき2つのお金の流れ

サプライチェーンとバリューチェーン、それは事業活動の両輪

〈会社には2つのお金の流れがある〉

会社には2つのお金の流れがあります。「作る」に関わるお金の流れと、「創る」に関わるお金の流れです。それぞれが会社の今と未来を支える大切な活動であり、**相互に切り離すことのできない事業活動の大切な両輪**です。

〈サプライチェーンは「作る」活動〉

✔これは運転資金の調達と運用に関わる活動です。

✔これは会社の「今」を支える活動です。

✔P／Lでは、売上高－変動費＝未分配付加価値（かせぐ）として表現されます。

✔B／Sでは、「流動負債ｖｓ流動資産」として表現されます。

✔このお金の流れをサプライチェーンの回転（サプライチェーン）と呼びます。

〈バリューチェーンは「創る」活動〉

✔これは事業資金の調達と運用に関わる活動です。

✔これは会社の「未来」を支える活動です。

✔P／Lでは、未分配付加価値－固定費＝繰越付加価値（わける）として表現されます。

✔B／Sでは、「固定負債および純資産ｖｓ固定資産」として表現されます。

✔このお金の流れをバリューチェーンの構築と更新（バリューチェーン）と呼びます。

2つのチェーンは付加価値を介して繋がっています。購買部門、生産部門、物流部門、販売部門、管理部門、開発部門などで比率の差はありますが、全員が「作る」と「創る」に関わっています（第68話）。ですから全ての関係者が両方の活動をしっかり意識して、バランスよく取り組むことが大切です。

全員で回す２つのお金の流れ

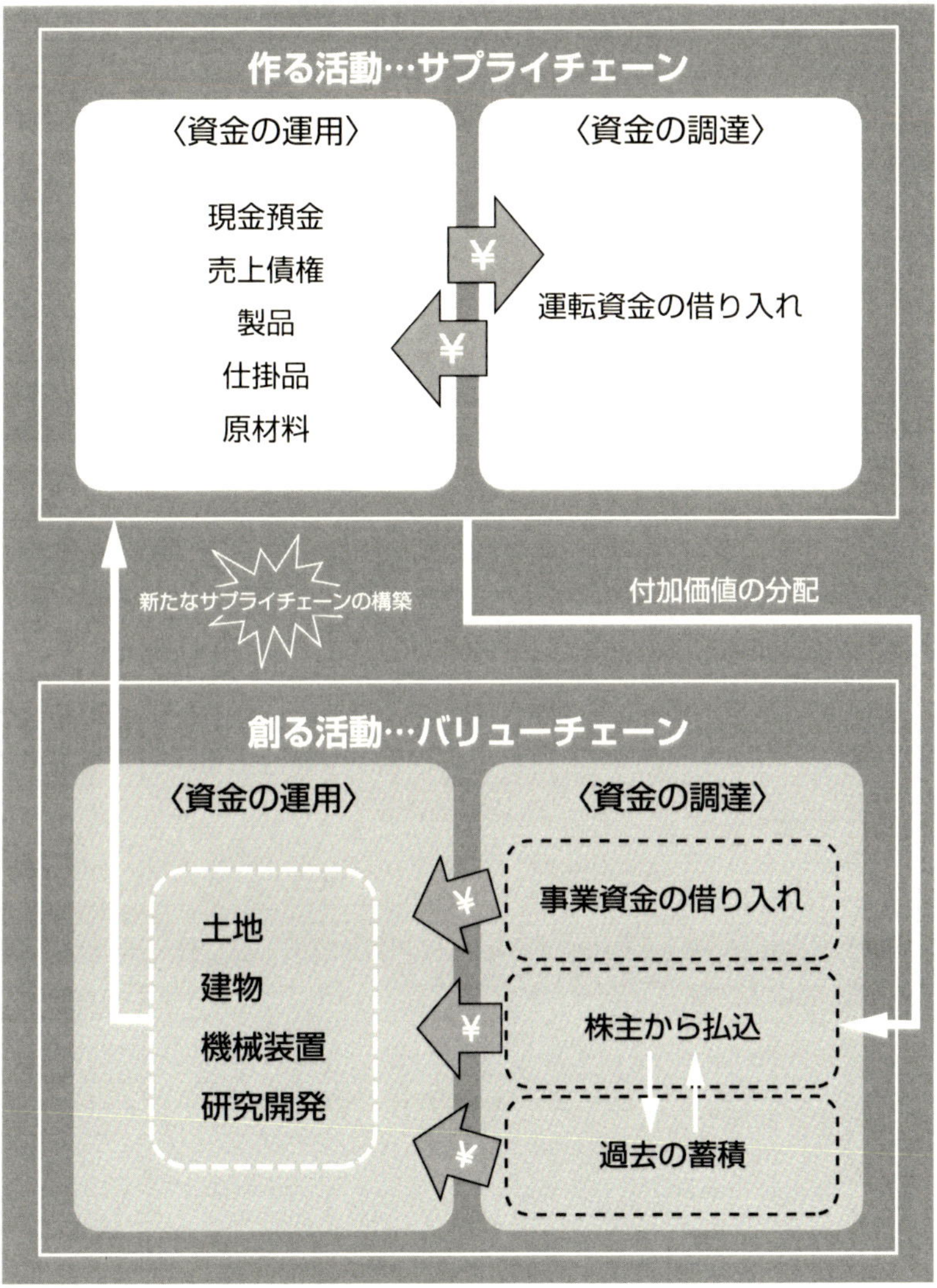

ポイントBOX

①サプライチェーン（作る）とバリューチェーン（創る）は事業活動の両輪
②2つの活動の違いを意識して、バランスよく取り組むことが大切

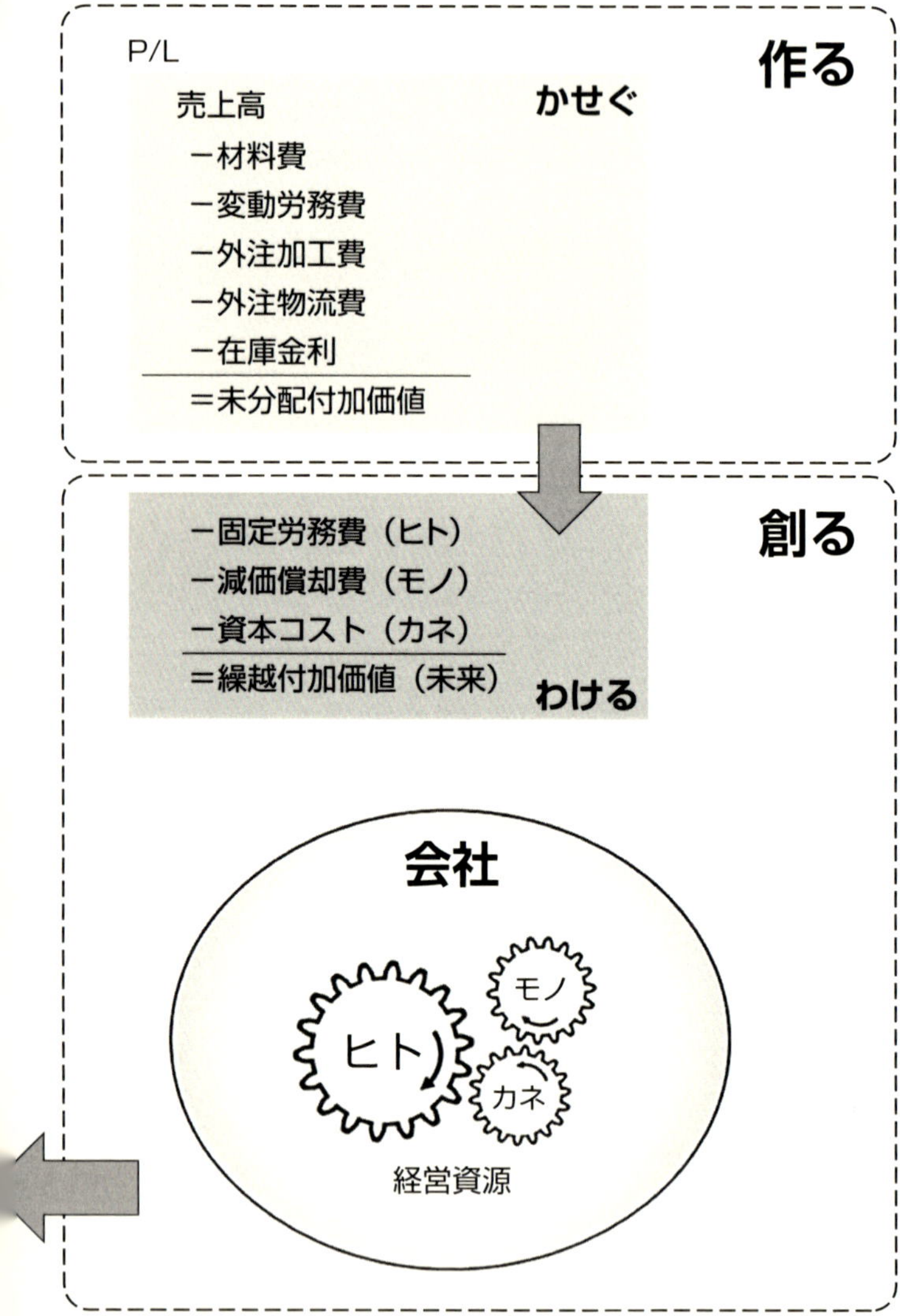
P/L
作る
売上高
かせぐ
－材料費
－変動労務費
－外注加工費
－外注物流費
－在庫金利
＝未分配付加価値
創る
－固定労務費（ヒト）
－減価償却費（モノ）
－資本コスト（カネ）
＝繰越付加価値（未来）
わける
会社
ヒト
モノ
カネ
経営資源

作る（サプライチェーン）と創る（バリューチェーン）

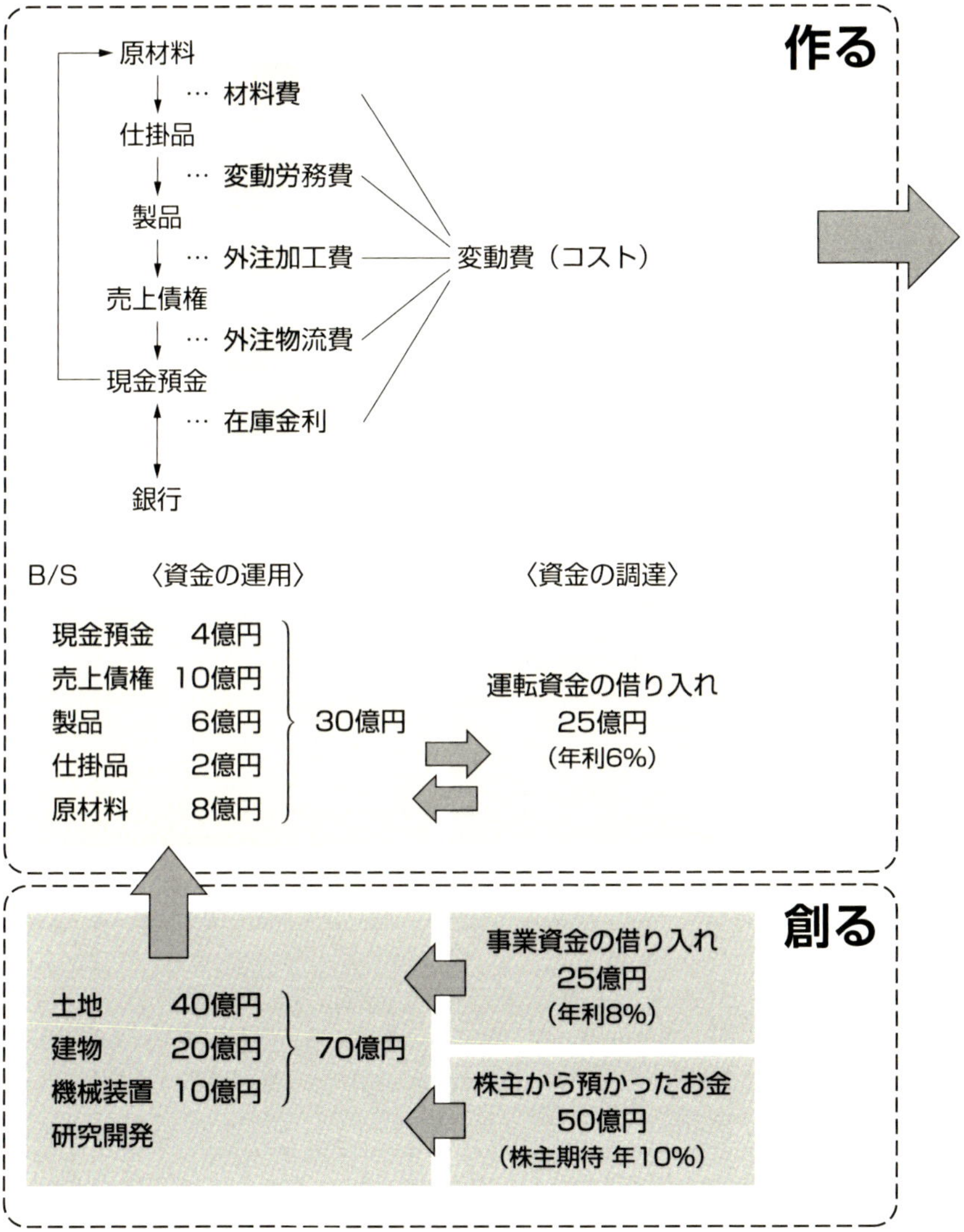

ウソのようなホントの話V

昔、経理にすごい人がいた？

　固定費の配賦計算でしばしば問題になるのは、過去に決めた配賦の根拠がわからなくなってしまっているケースが少なからずあることです！　固定費配賦の計算方法（配賦の基準の選択、時間単価の決定、標準時間の見積りなど）は、しばしば社内の力関係や交渉・妥協、塩梅などを経て決定されますが、こうしたやりとりの過程は記録に残らず、後日にわからなくなってしまうのです。


「この計算方法は、どうやって決めたのですか？」

「いやあ、昔、山田さんというすごい経理の方がいて、膨大な手間と時間をかけて決めたらしいのです」

「では、その山田さんに伺えば根拠がわかりますね！」

「実は…山田さんは何年も前に会社を退職してしまいました。もう連絡がつきません」

「ということは、今はこの計算方法を決めた根拠がわからないということですか？」

「そうなんです…」

　根拠を見失って**ブラックボックス化した配賦計算**で、会社を正しく経営できないことは言うまでもありません。それならむしろ、思い切って配賦計算など止めてしまえばムダな事務費用の削減になり、誤った経営判断も解消されます。更に一歩進んで、計算過程が明確で事業の実情を正しく把握できる新しい原価計算を導入できるなら、元気のなかった事業は活力ある事業へと生まれ変わり、成績の良い事業はもっと成績の良い事業へと生まれ変わることでしょう！

Ⅵ

ヒトの生産性の計算

付加価値会計は直接原価計算を１つの出発点としています。
しかし両者には大きな相違点もあります。
その一つがヒトの生産性の管理です。
従来の直接原価計算ではできなかった新しい管理を考えながら、
日本のモノづくり復活の道を見つけ出しましょう。

61

2つの管理指標でヒトの生産性を高める

労務費生産性と時間生産性

〈自分自身の生産性に責任を持たせる〉

多くの会社が生産性向上に取り組んでいます。しかしその効果を測定することは実は容易なことではありません。一般的には付加価値÷人数という指標を考えますが、現実には作業者一人一人の労務費は異なりますから、会社では労務費当たりの生産性（労務費生産性）を問う必要があります。そこで付加価値会計では以下の2つの指標に基づいて固定給の作業者の生産性を測定し評価します。

〈指標A：労務費生産性〉

作業者の生産性の良否は、まずは労務費生産性（指標A）で評価されます。この指標はとにかくたくさん作ることで改善されますし、営業部門と協力して短納期化に貢献できれば、売価の回復で付加価値が上がり労務費生産性が更に上がることになるでしょう。他方、外注や派遣社員（変動労務費）を乱暴に使えば付加価値が下がり労務費生産性も下がることになります（第82話）。付加価値はサプライチェーン全体で獲得するものですから、作業者の努力の及ばない部分もありますが、経営資源として位置づけられる作業者は、納期短縮への協力や、お客様からの難しい要望に応える等、自ら積極的に価値を高め、**自らの生産性に責任**を持たなければなりません。

〈指標B：時間生産性〉

次に作業者の努力は時間当たりの生産性（指標B）で評価されます。仮に営業活動の不振等で担当する製品の付加価値が半減してしまった場合でも、それに直接関わる作業時間も半分にできたなら作業者はベストを尽くしたと言えるでしょう。結果として手待ち時間が生じても、**それは作業者だけの責任ではありません**。手待ち時間が増えれば、生産能力が増えたことになるので営業部門は更に積極的な受注活動が展開できます。管理者は不要不急な残業を見分けて止めさせることもできます。

指標A（労務費生産性）の計算

売上高	1000
－材料費（コスト）	750
－変動労務費（コスト）	100
－外注加工費（コスト）	50
＝付加価値	100
－固定労務費（製造部門）	25
－固定労務費（非製造部門）	25
－減価償却費（資源）	40
＝営業利益	10

労務費生産性の計算

付加価値÷固定労務費
＝100百万円÷25百万円
＝4.0倍

指標B（時間生産性）の計算

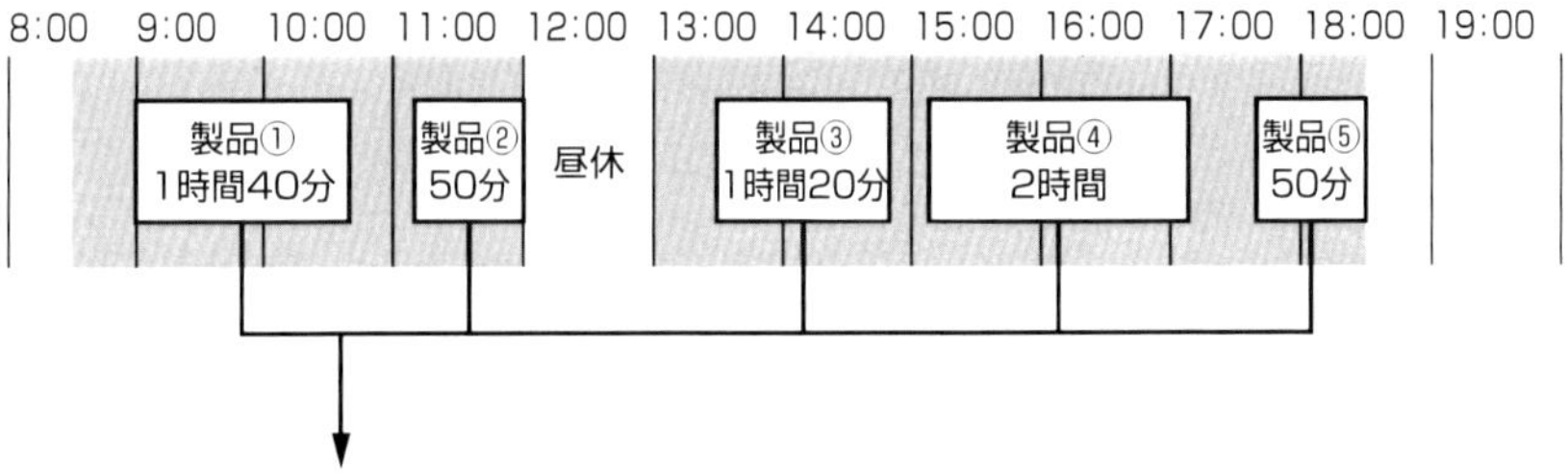

生産時間：6時間40分
付加価値：10万円

製品①～⑤の合計

時間生産性の計算
付加価値÷生産時間
＝250円／分

ポイントBOX
①生産性を測る第一の指標（指標A）は、労務費生産性
②生産性を測る第二の指標（指標B）は、時間生産性

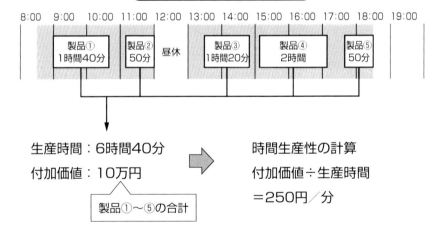

62

作った時間ではなく、手待ち時間の報告こそが命！

生産時間ではなく、手待ち時間の使い方が新たな生命線になる

〈手待ち時間の把握〉

従来、行われてきたように、作業者に直接作業時間の申告だけを行わせると、稼働率を高く見せようとして作業時間を操作したり、生産効率を高く見せようとして作業日誌を隠してしまうといった弊害が生じることがありました。これが今日日本中で起こっているカイゼン不正の悲劇です。そこで付加価値会計の生産性管理では、まず総勤務時間をタイムカードで漏れなく把握した上で、手待ち時間は簡単な「非作業日誌」で把握し、両者の差で直接時間を確定します。こうして把握される2つの生産性（指標A：労務費生産性、指標B：時間生産性）は相互に牽制作用を有します。

（補足）総勤務時間は作業日誌では把握できません。

✔ 場面1：手待ち時間を過小に申告する

今まで手待ち時間があると叱られていた作業者は、故意にゆっくりと作業をして見かけの稼働率を高く見せようとするかもしれません。しかし付加価値会計の管理では、故意にゆっくり作業をすれば時間生産性（指標B）が低下するので評価が下がります。実は、手待ちが生じることは大いに奨励されるべきことなのです。

✔ 場面2：手待ち時間を過大に申告する

仮に時間生産性（指標B）を高く見せようとして、実力以上に手待ち時間を過大申告すると、能力が余っていると判断され、人員の配置転換や一人あたりの生産負荷アップが求められることになります。残業も厳しく制限されます。

2つの指標（指標A／指標B）の管理を通じて作業者に求められるのは、**手待ち時間をなるべくたくさん作りだし**、それを有効に活用することです。何故なら、手待ち時間こそが保全や5Sや安全などへの貢献や人材育成、新製品開発・新技術開発への協力など、真の価値創造のための活動の源泉になるものだからです。

非作業日誌で手待ち時間を把握する

2018年 ５ 月 １ 日

	9	10	11	12	13	14	15	16	17	18	19	20	21
① 指図書（No　２８　）													
指図書（No　７５　）													
指図書（No　）													
② 他工程応援（　へ）													
他工程応援（　へ）													
③ 朝礼、グループ内の打合せ													
材料準備													
５Ｓ													
日常点検、保全、修理													
設備修理													
実習、教育、OJT（　さん）													
作業カイゼン													
④ 問い合わせ対応													
返品処理													
⑤ 安全会議、その他会議													
安全パトロール													
場内清掃													
棚卸、監査													
健康診断													
⑥ 技術開発への協力													
製品開発への協力													
研修会、講習会													
⑦ 手待ち時間													

①②の合計 ５時間 ０分	⑤の合計 時間 分	実施者	確認者	製造部長
③の合計 １時間 ３０分	⑥の合計 ２時間 ０分	西郷	大久保	島津
④の合計 時間 分	⑦の合計 時間 分			

※総勤務時間…タイムカードで把握する

※直接時間、応援時間、間接時間…作業日誌で申告させる

ポイントBOX

①2つの指標の組み合わせが、正しい申告と正しい行動目標に作業者を導く

②手待ち時間を作り出しそれを有効に活かすことで、新しい価値が創造される

63

手待ち、手待ち、手待ちを作ろう！

標準時間による管理は、カイゼン不正の温床になる

〈標準時間では生産性は測れない〉

従来、生産性を測る物差しとして標準時間が広く使われてきました（科学的管理法）。ある製品1台当たりの組み立てに要する標準時間が10分、実際に組み立てに要した実際時間が８分なら、20％の生産性向上（（10分－８分）÷10分）があったと評価する方法です。しかし近年の製品の多様化や製品ライフサイクル短縮で標準時間を適切に設定することが極めて難しくなりました。標準時間を甘めに設定すれば、**実態のない生産性向上**をいくらでも作り出せてしまえます（カイゼン不正）。

標準時間10分、実際時間８分
　↓　生産性向上20％
標準時間12分（甘めの設定）、実際時間８分
　↓　生産性向上33％（！）

標準時間による生産性測定のもう一つの問題は付加価値を考慮していなかったことです。仮に標準時間10分の製品を８分で組み立てても、製品1台当たりの付加価値が１０００円から７００円に減少していたら**生産性が向上したとは言えません**。

〈労務費生産性が改善していなかった時に使う時間生産性〉

付加価値は会社全体で実現するものであり、売上については作業者の努力が及ばない部分があります。それ故に指標Ａと指標Ｂの併用が大切です。仮に売上高が半減し労務費生産性（指標Ａ）が低下した時でも、生産時間も半減できていたなら時間生産性（指標Ｂ）は維持できたことになります。結果として手待ち時間が生じること自体は**悪いことではありません**。この手待ち時間を創造的な「創る」の活動（保全や安全、教育、新製品や新工法への貢献等）に活かせれば評価は「良い」です。時間生産性が改善できていなくても無駄な残業がなければ評価は「普通」です。生産性が改善せず無駄な残業があれば評価は「悪い」となるでしょう。

タイムカードで総勤務時間を把握する

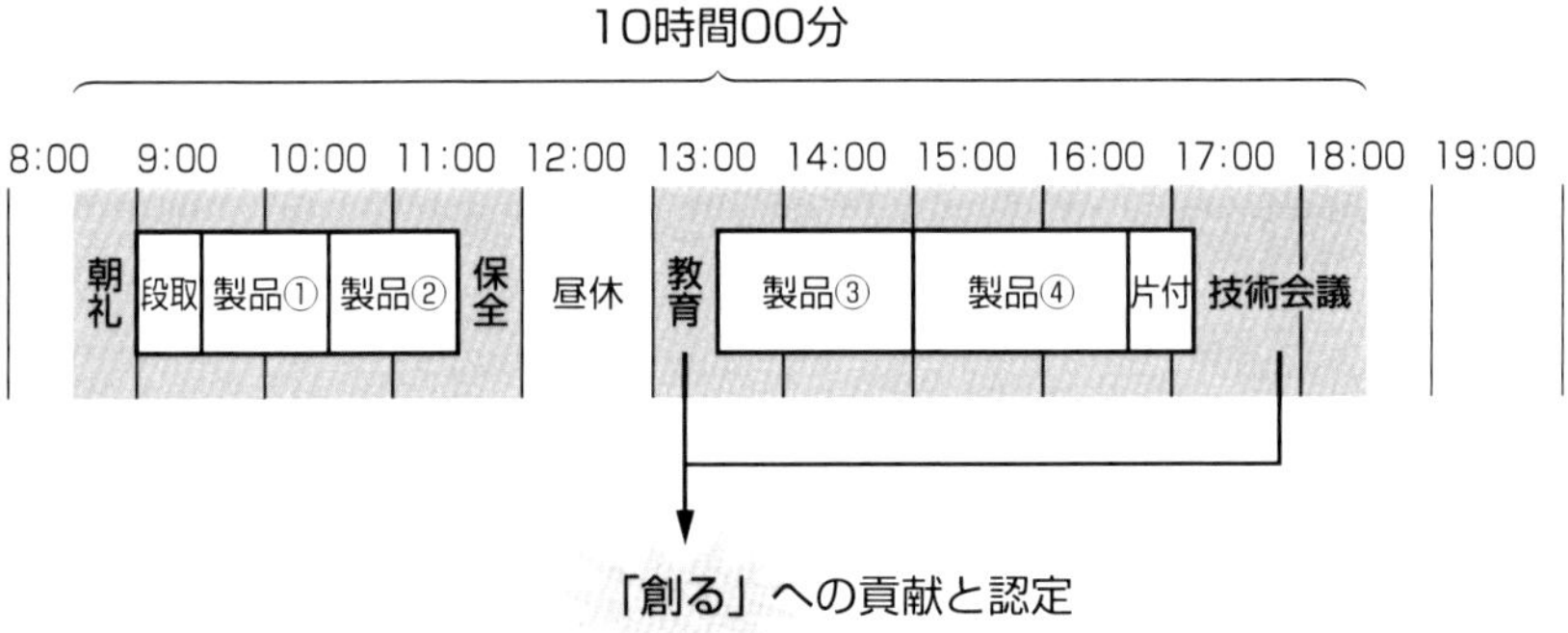

①総勤務時間　　10時間00分…タイムカードで把握
②昼休み　　1時間00分…規定された休憩時間
③「創る」への貢献　　1時間50分…非作業日誌で把握

④「作る」時間　　7時間10分

生産性の分析と評価の手順

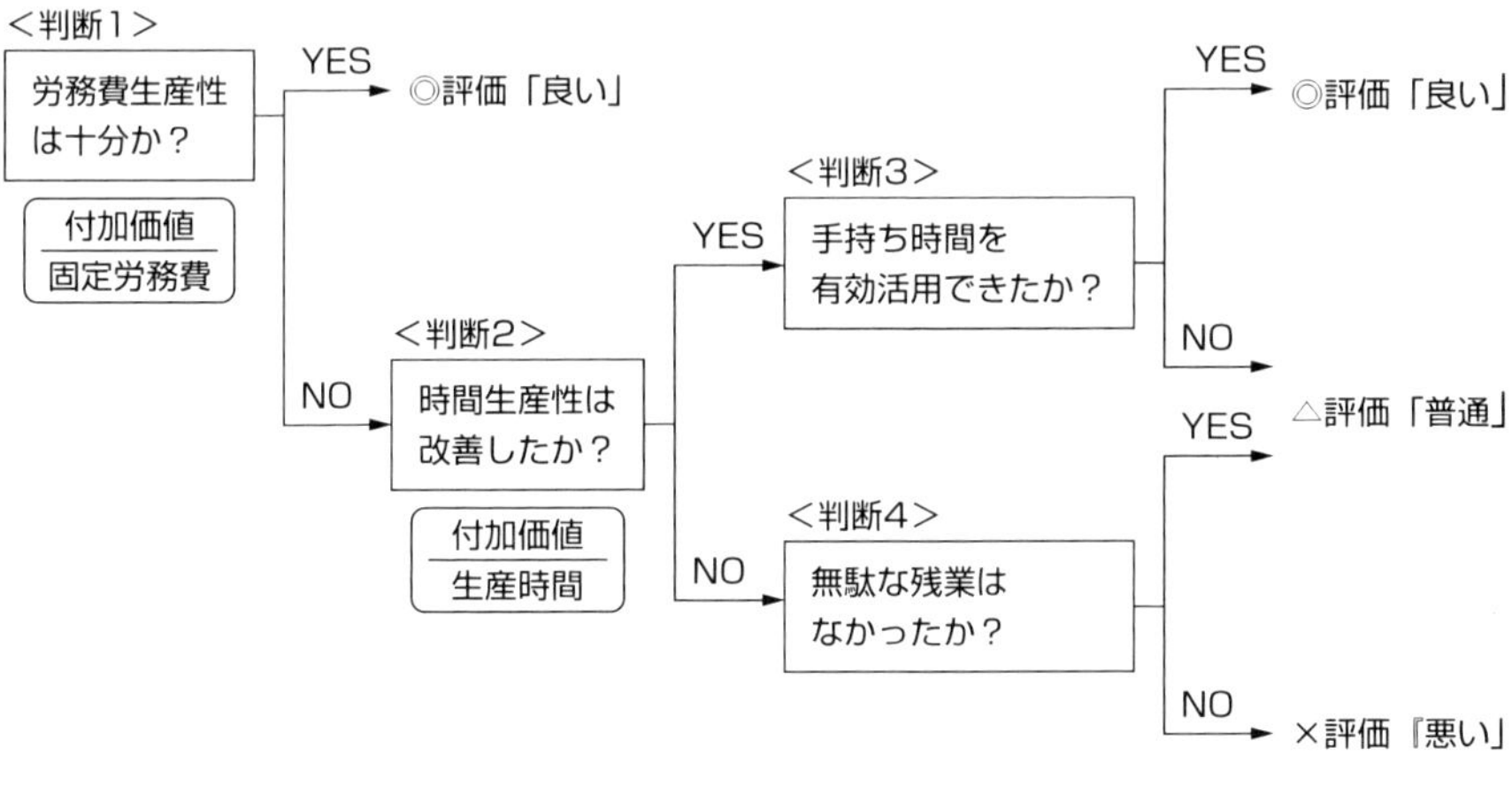

ポイントBOX

①時間生産性を改善し、手待時間を有効に活用できたら「良い」と評価
②時間生産性が改善しないのに、無駄な残業時間があれば「悪い」と評価

64

作業者の生産性評価【その1】

生産性を問うことで、作業者を正しい活動へと動機づける

〈スループットで考える〉

ある工場では製品Aと製品Bを作っています（共に付加価値４万円）。製品1台の標準組立時間は、製品A：60分、製品B：90分です。また作業者の固定労務費は1日換算で2万円と仮定します。単純に製品1台当たりの時間生産性を比較すると

製品A：４万円÷60分＝６６７円
製品B：４万円÷90分＝４４４円

となるので製品Aだけを作り続けることが有利です。しかし大量生産の時代は終わり、お客様からのニーズに細やかに対応しなければならない時代となりました。コストダウンや、製品の付加価値を維持するための即日納入などへの対応もしなければなりません。こうした場合、単純な時間生産性だけでは解決策が見えてきません。

〈全部原価計算で考える〉

○月○日に製品Aを2台、製品Bを2台作らなければなりません。全部原価計算の発想で製品Bのコストダウンを目指し標準組立時間を90分から45分に短縮しました。配賦される労務費は半分です。めでたしめでたし！　しかし製品の標準組立時間を半減しても、手待ちが増えたのでは実質的な生産コストは変わっていません。

〈付加価値会計で考える〉

付加価値会計では作業者の活動全体の生産性を問います。組立時間を短縮しても手待ちが増えたのでは作業者の生産性は変わりませんが、この時間を何か別の創造的な活動（新人教育、スキルアップ、製品開発など）に活かせた場合、作業者の生産性はアップしたことになり（３３３円／分→４４４円／分）、その努力を正当に評価します。こうすれば作業者は、作業時間短縮や創造的な活動に向かう**動機を持つことができます**。工場全体の生産性や生産能力も向上していくことになります。

作業者の生産性の測定例（その1）

＜前提＞
製品Aの付加価値：4万円
製品Bの付加価値：4万円
作業者の固定労務費：2万円（1日分に換算した数値）

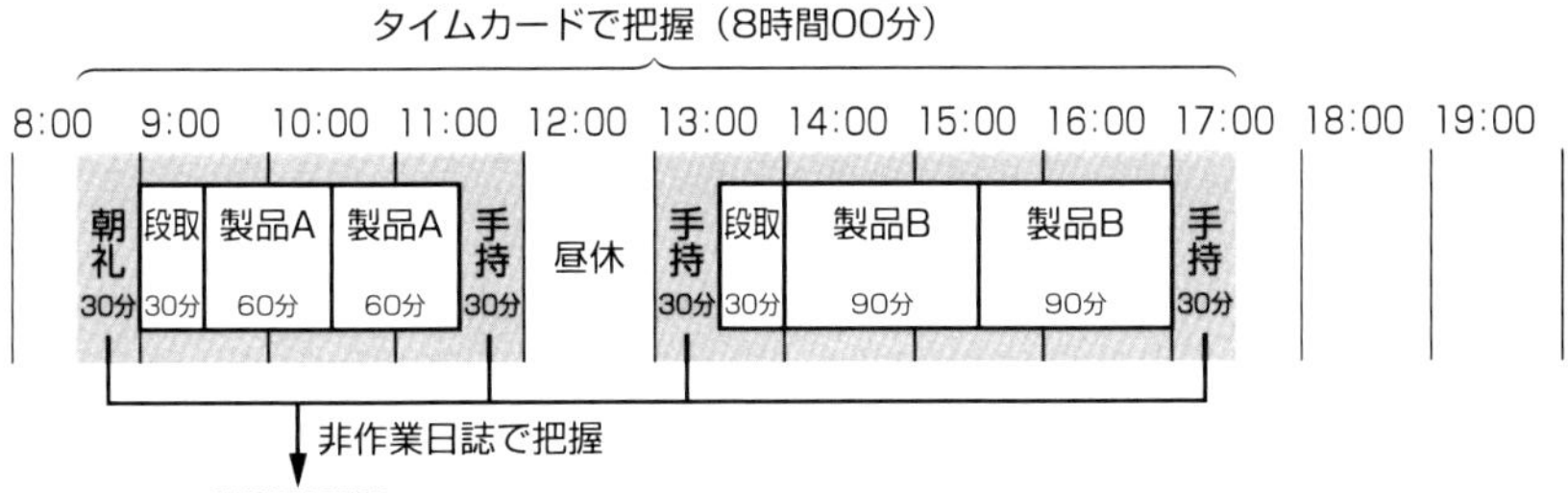

非作業時間＝2時間00分
作業時間＝6時間00分
労務費生産性＝16万円÷2万円＝8倍
時間生産性　＝16万円÷8時間00分＝333円／分

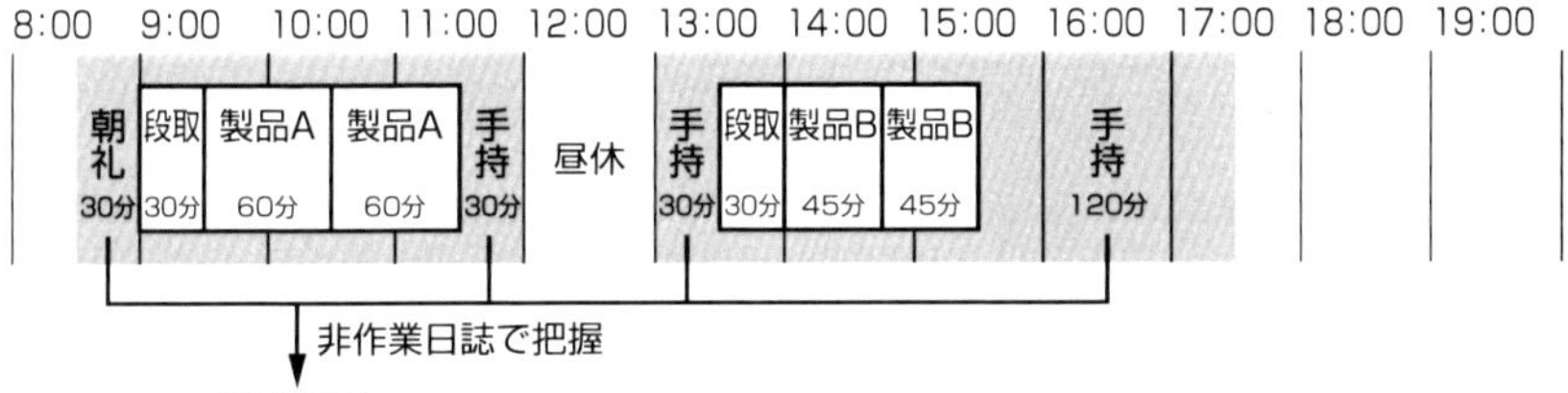

非作業時間＝3時間30分
作業時間＝4時間30分
労務費生産性＝16万円÷2万円＝8倍
時間生産性　＝16万円÷8時間00分＝333円／分

生産性は実質的に向上していない

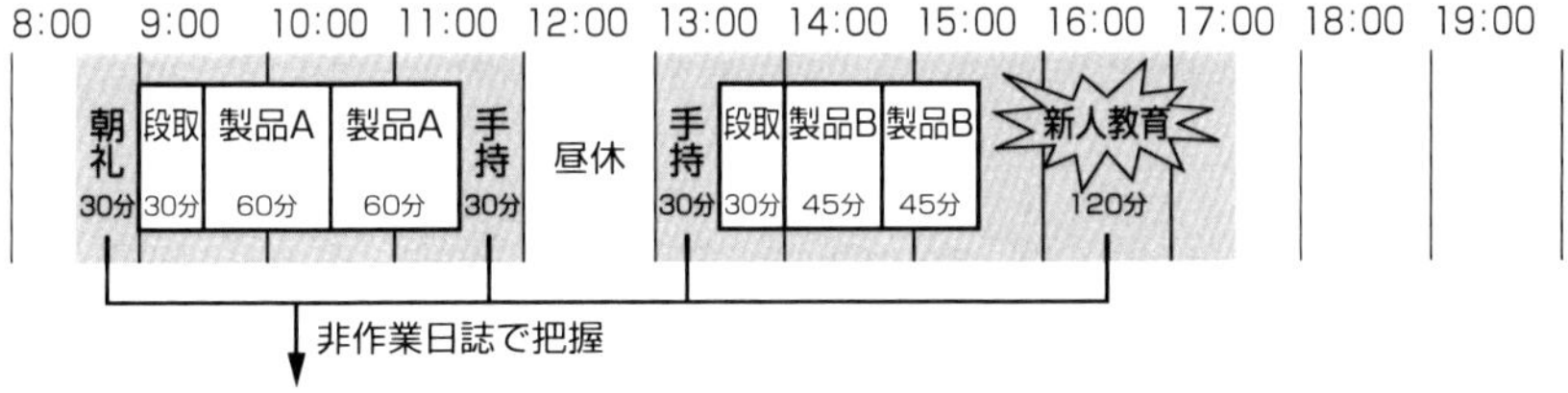

非作業時間＝1時間30分
作業時間＝4時間30分
労務費生産性＝16万円÷2万円＝8倍
時間生産性　＝16万円÷6時間00分＝444円／分

生産性が本当に向上したと言える！

ポイントBOX

①製品の生産時間だけを評価しても、工場全体の生産性は向上しない
②作業者自身の生産性を正しく問えば、生産性向上に向かう動機を持てる

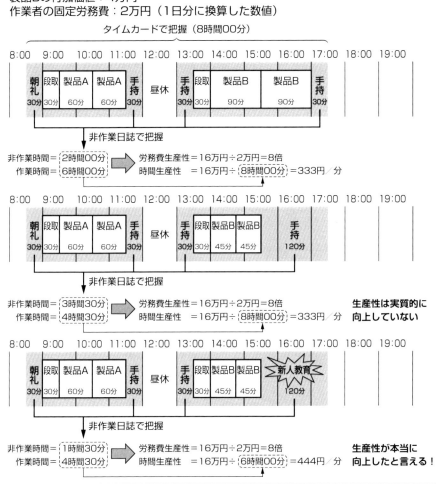

作業者の評価

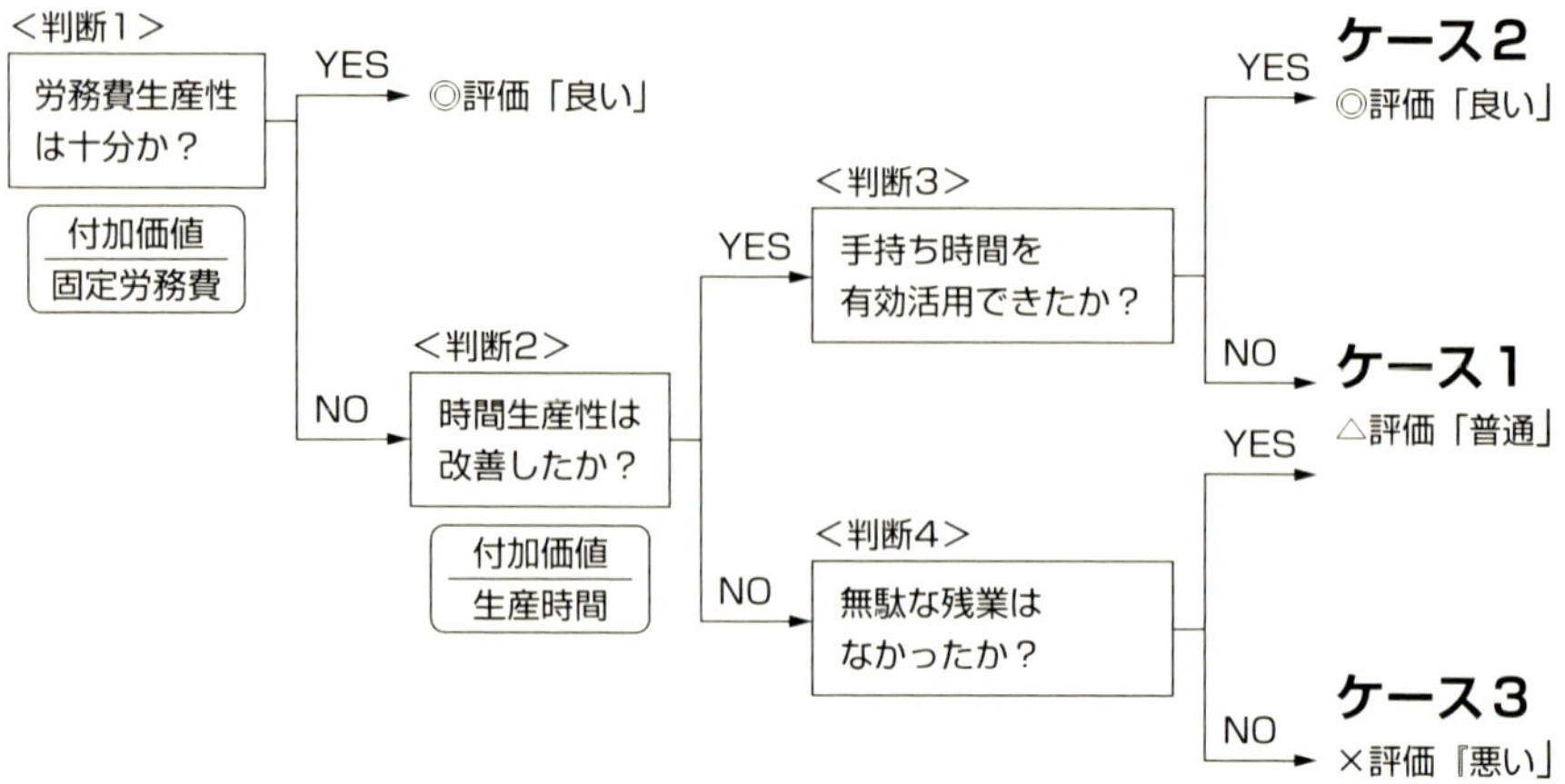

最初の状況	労務費生産性：8 倍　　時間生産性：333 円／分	—

ケース 1	労務費生産性：8 倍　　時間生産性：333 円／分	評価「普通」
	組立時間は短縮したものの手持ちが増えただけ	

ケース 2	労務費生産性：8 倍　　時間生産性：444 円／分	評価「良い」
	手持ち時間を創造的な活動に振り向け有効活用した	

ケース 3	労務費生産性：悪い　　時間生産性：悪い	評価「悪い」
	「ケース 2」の状況にあって、時間の活用が不十分、その上無駄な残業もあった	

作業者の活動状況

＜前提＞
製品Aの付加価値：4万円
製品Bの付加価値：4万円
作業者の固定労務費：2万円（1日分に換算した数値）

最初の状況

タイムカードで把握（8時間00分）

非作業時間＝2時間00分
作業時間＝6時間00分

労務費生産性＝16万円÷2万円＝8倍
時間生産性　＝16万円÷8時間00分＝333円／分

ケース1

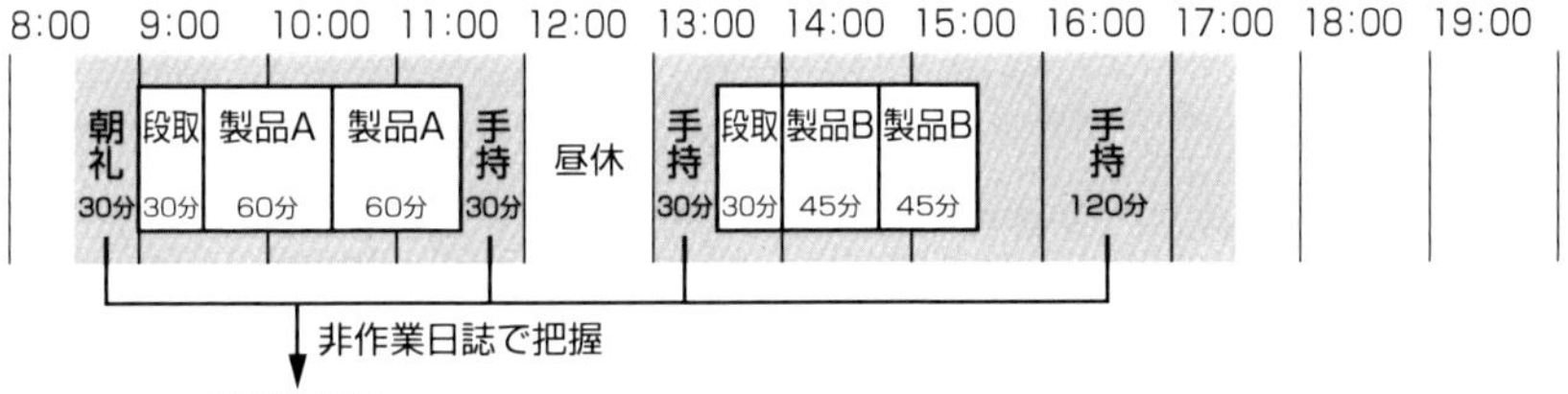

非作業時間＝3時間30分
作業時間＝4時間30分

労務費生産性＝16万円÷2万円＝8倍
時間生産性　＝16万円÷8時間00分＝333円／分

ケース2

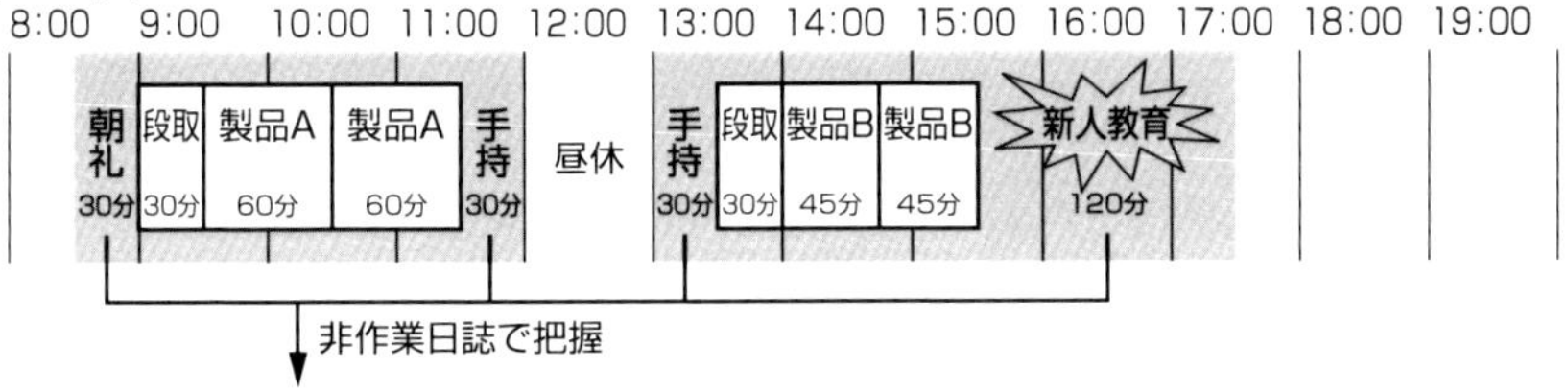

非作業時間＝1時間30分
作業時間＝4時間30分

労務費生産性＝16万円÷2万円＝8倍
時間生産性　＝16万円÷6時間00分＝444円／分

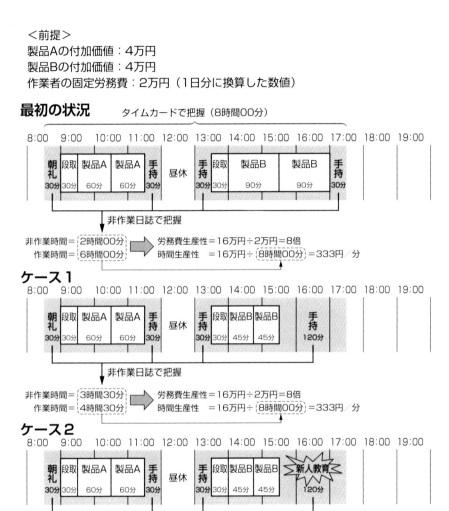

65 作業者の生産性評価〔その2〕

手待ち時間こそが新しい価値創造のゆりかご

〈更なる生産性の向上〉

従来から広く行われてきたようにカイゼンで無駄のない段取りを行えば、作業者の生産性を向上し、工場の生産能力を増やすことができます。例えば午前中に製品Aを2台、午後に製品Bを2台と製品Aを1台作っていた場合、製品を切り替える毎に段取り時間が30分かかっていたとしましょう。仮に午前中に製品Bを2台、製品Aを3台作るという方法に変更できるなら、手待ち時間を増やすことができます。

残念ながら、ただ単に手待ち時間を増やしただけでは作業者は評価されませんが、それを**創造的活動に有効活用**できた場合の評価が上がるなら、作業者のモチベーションになります。創造的活動（創る）は会社全体のミッションと整合している必要がありますから、あらかじめ作業者と管理者が話し合って取り組むべき有効な活動の内容（新人教育、自分自身のスキルアップ、安全、保全、技術開発や製品開発への協力など）について合意しておく必要があります。

一方、手待ち時間が増えれば工場の生産能力は増えたことになります。販売部門はこの増加分の生産能力を生かして更に積極的な受注活動に結びつけたり、お客様に約束する納期を短縮したりすることで、**新たな付加価値を生み出すことができます**。結果的に製造部門も販売部門も新たな価値の創造（創る）に貢献したことになります。

このように、付加価値は販売部門・購買部門・製造部門・物流部門などが協力してサプライチェーン全体で実現すべきものであり、その良否は必ずしも製造部門の作業者だけの責任ではありません。しかし会社の経営資源として位置づけられる作業者は、サプライチェーンを構成する人材としての自覚を持ち、価値創造に向かって会社全体の活動に進んで貢献できるよう常に努力していかなければならないのです

作業者の生産性の測定例（その2）

＜前提＞
製品Aの付加価値：4万円
製品Bの付加価値：4万円
作業者の固定労務費：2万円（1日分に換算した数値）

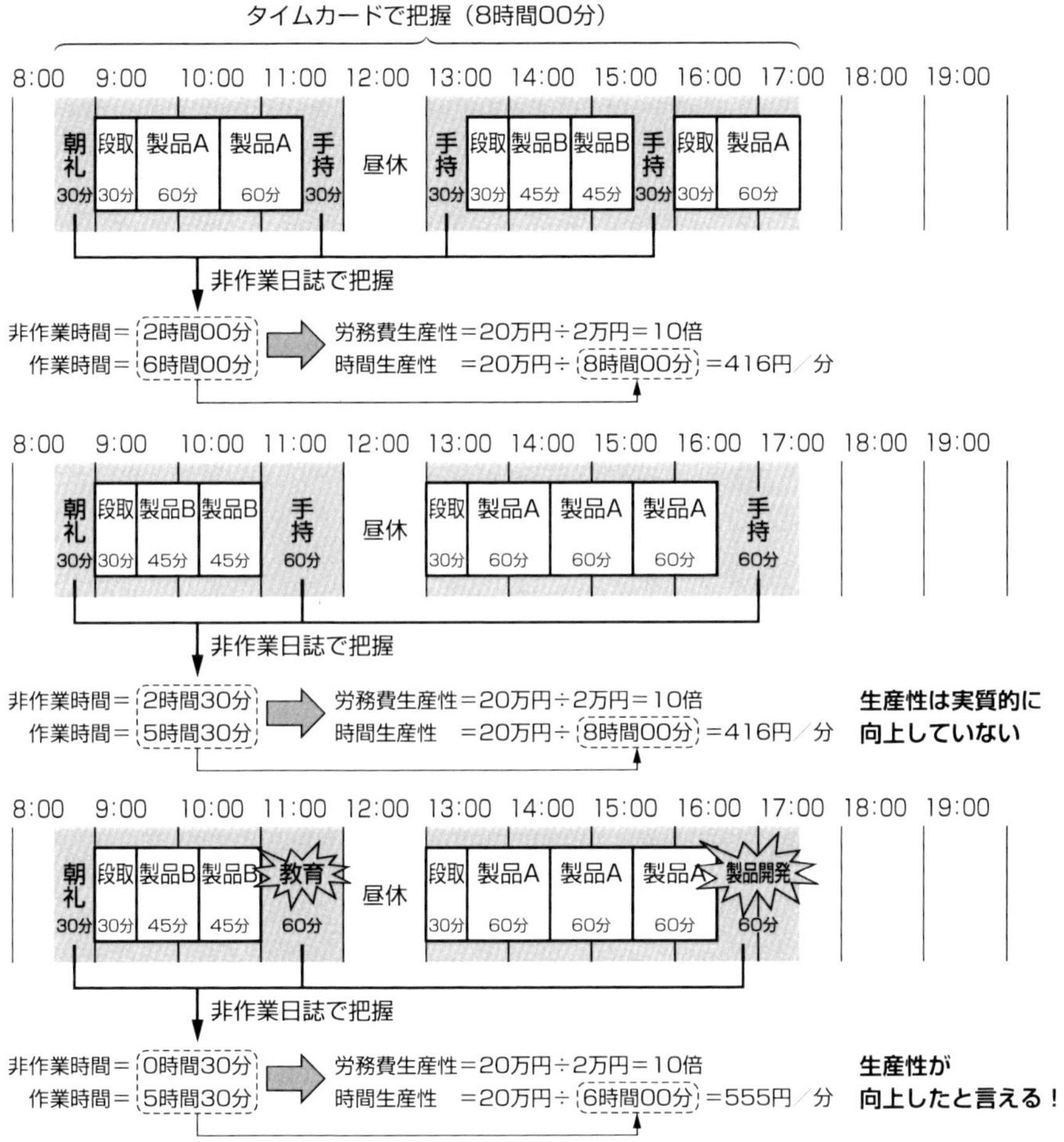

ポイントBOX

①生産性向上の結果として手待ちが増えれば、新たな価値が生み出せる
②手待ちが創造的に活用されるよう動機付けられる評価の仕組みが必要

66 補助部門の生産性も、きちんと問う

付加価値会計が固定費の配賦をしない更なる理由

〈補助部門の生産性も管理する〉

全部原価計算では補助部門費（固定費＋変動費）を製造部門へ配賦し、最終的には製品原価に反映させるという管理の仕方をします。しかし付加価値会計では補助部門についても変動費と固定費の分離を徹底し、補助部門の固定費の配賦を行いません（補助部門の変動費については最終的な製品コストを明らかにするために配賦を行い、製造部門の他のコストと合算します）。そうしなければ、各補助部門の提供する各サービスの単価や、**各補助部門の生産性**が評価できないからです。

サービスの単価や生産性、そのトレンドを明らかにすれば、今年よりも来年、来年よりも再来年の生産性を高めたり、事業競争力の見通しを得ることができます。

付加価値会計…付加価値生産性の計算例

会社全体	付加価値÷全ての固定費	(￥6000－￥1010)÷￥3250
切削部門	付加価値÷切削部門の固定費	(￥6000－￥1010)÷￥1500
組立部門	付加価値÷組立部門の固定費	(￥6000－￥1010)÷￥1200
動力部門	付加価値÷動力部門の固定費	(￥6000－￥1010)÷￥ 220
修繕部門	付加価値÷修繕部門の固定費	(￥6000－￥1010)÷￥ 210
事務部門	付加価値÷事務部門の固定費	(￥6000－￥1010)÷￥ 120

付加価値会計…提供するサービス単価の計算例

切削部門	変動費÷生産個数	￥555.2÷生産個数
組立部門	変動費÷生産個数	￥454.8÷生産個数
動力部門	変動費÷提供動力量	￥110÷220kWh

全部原価計算の配賦（変動費＋固定費）

		製造部門		補助部門		
摘要	合計	切削部門	組立部門	動力部門	修繕部門	事務部門
部門費(固定+変動)	4260	2000	1600	330	210	120
第1次配賦						
動力部門費		150	150	—	30	—
修繕部門費		91	84	35	—	—
事務部門費		40	60	10	10	—
第2次配賦				45	40	
動力部門費		22.5	22.5			
修繕部門費		20.8	19.2			
製造部門費	4260	2324.3	1935.7			

補助部門費配賦基準

	合計	切削部門	組立部門	動力部門	修繕部門
動力消費量/kWh	220	100	100		20
修繕作業時間/h	60	26	24	10	
従業員数/人	60	20	30	5	5

付加価値会計の配賦（変動費のみ）

		製造部門		補助部門		
摘要	合計	製品A部門	製品B部門	水道光熱費	修繕部門	事務部門
売上高	6000					
部門費（固定）	3250	1500	1200	220	210	120
部門費（変動）	1010	500	400	110	—	—
第1次配賦						
水道光熱費		50	50	—	10	—
修繕部門費		—	—	—	—	—
事務部門費		—	—	—	—	—
第2次配賦					10	
水道光熱費		0	0			
修繕部門費		5.2	4.8			
製造部門費（変動）	1010	555.2	454.8			

補助部門費配賦基準

	合計	製品A部門	製品B部門	動力部門	修繕部門
動力消費量/kWh	220	100	100		20
修繕作業時間/h	60	26	24	10	
従業員数/人	60	20	30	5	5

ポイントBOX

①補助部門についても、サービスの提供単価や生産性を問う必要がある

②補助部門についても、固定費と変動費の分離を徹底する必要がある

67 物流部門の生産性評価

原価計算上の行き場のなかった物流部門もしっかり管理する

〈扱いに困る？物流費〉

サプライチェーンを辿って抽出した5つの変動費の中には外注物流費もありました。ところが現実には、製造部門と外注物流業者の間に物流部門が存在することがあります。その業務はトラックや外注物流業者の手配、製品の最終検査と梱包、出荷準備などです。物流部門の梱包作業などを正社員が担っている場合、その正社員に関わる固定労務費は製造部門と一体的に管理することが望ましいと考えられます。しかし従来の原価計算では、物流部門の活動は製品の生産とは直接に結びつかないという理由で計算対象から除外され、販売費および一般管理費側に一括して放り込まれてしまうケースがしばしばありました。

〈付加価値会計では一体管理〉

製造部門と物流部門の管理の分断は、全部原価計算のみならず直接原価計算においても見られる問題です。そこで付加価値会計では製造／非製造という区分を止め、サプライチェーン全体の一体的な管理を目指します。物流部門で変動費（例えば外注物流費）が発生する場合にはコストとして管理する一方、固定費（固定労務費）については資源として管理し、生産性の向上を目指すのです。

製造作業と物流作業の酷似

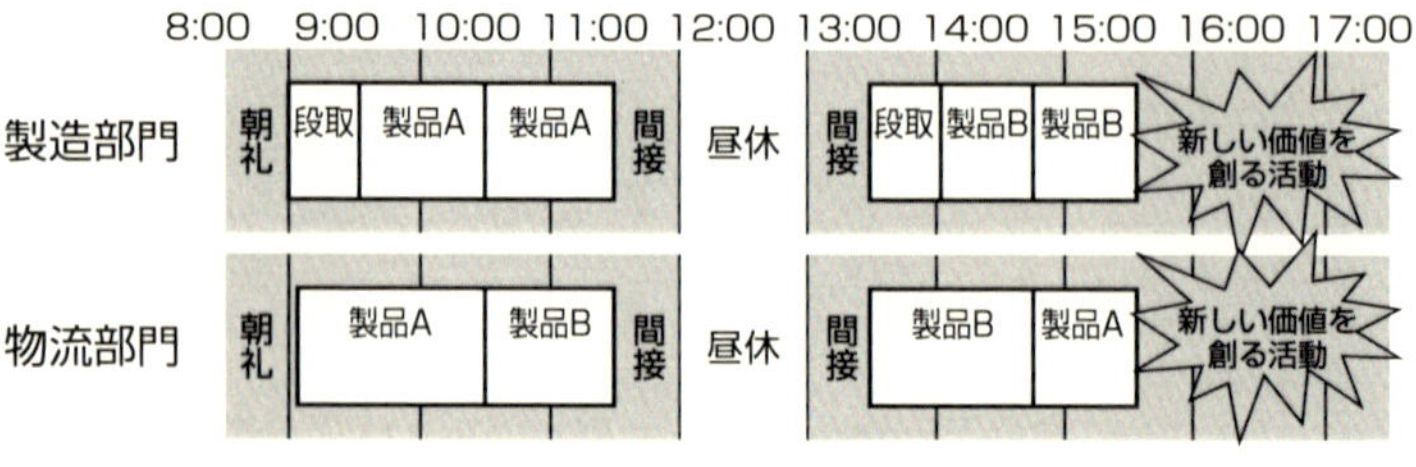

製造活動と物流活動の分断

＜全部原価計算の場合＞

売上高
－売上原価　変 固
＝粗利

－販売費および一般管理費　変 固
＝営業利益

＜直接原価計算の場合＞

売上高
－製造直接費　変 ?
－製造外の変動費　変
＝変動利益

－製造間接費　固 ?
－製造外の固定費　固
＝営業利益

製造活動と物流活動の一体管理（付加価値会計）

売上高
－全ての変動費　変
＝未分配付加価値

≈ けじめ

－購買部門の固定労務費
－製造部門の固定労務費　固
－物流部門の固定労務費　固
－販売部門の固定労務費
－管理部門の固定労務費
－研究開発部門の固定労務費
－減価償却費
－資本コスト
＝繰越付加価値

ポイントBOX
①物流部門の作業は、製造部門の活動の延長とも見なせる
②物流部門の変動費と固定費の管理の基本は、製造部門と同じ

68

「作る」から「創る」が生まれる

製造業・投資業から創造業への飛躍

〈全ての従業員が「作る」と「創る」を担っている〉

近年、事業活動は高度化し、製造部門と非製造部門の活動が一体的に行われるようになりました。従来からのラインとスタッフといった区分には殆ど意味がなくなり、全ての従業員がそれぞれの比率で「作る」と「創る」を担っています。「創る」は「作る」の中から生まれるものだからです。

〈作る活動…今までの日本の強み〉

作る活動は、既存の製品やサービスを、社会に向かって効率よく提供していく活動です。そのサプライチェーンの効率は付加価値生産性で測定され、評価されます。専らコストの世界で管理される活動であり、将来的にはヒトに代わってロボットやＡＩが担うことになる可能性が高いと思われる活動でもありますが、その徹底的な効率の追求の過程がヒトを育て、「創る」のヒントにもなっていきます。

〈創る活動…これからの日本の強み〉

創る活動は、競争力ある製品やサービスを生み出す新たなバリューチェーンの構築です。会社が社会の何に貢献していこうとしているのかというミッションの確認と、その達成に向かって活動する各部門間のコミュニケーションが大切です。専ら資源の世界の活動であり、将来的にもヒトが担い続けるべき活動です。自ら進んでビジョンを描き、その実現に向かって自立的に行動できるヒトを育てることが生き残りのカギです。

〈変動費と固定費を混ぜない〉

「作る」と「創る」は**相互に不可分な活動**です。２つの活動を活性化するためにはヒトをコスト扱いして無暗に切り捨てたり、固定費の逃げ回りを許してヒトの成長を阻害したりしないよう、変動費と固定費のけじめある区分をした上で、それぞれを一体的に管理していかなければなりません。

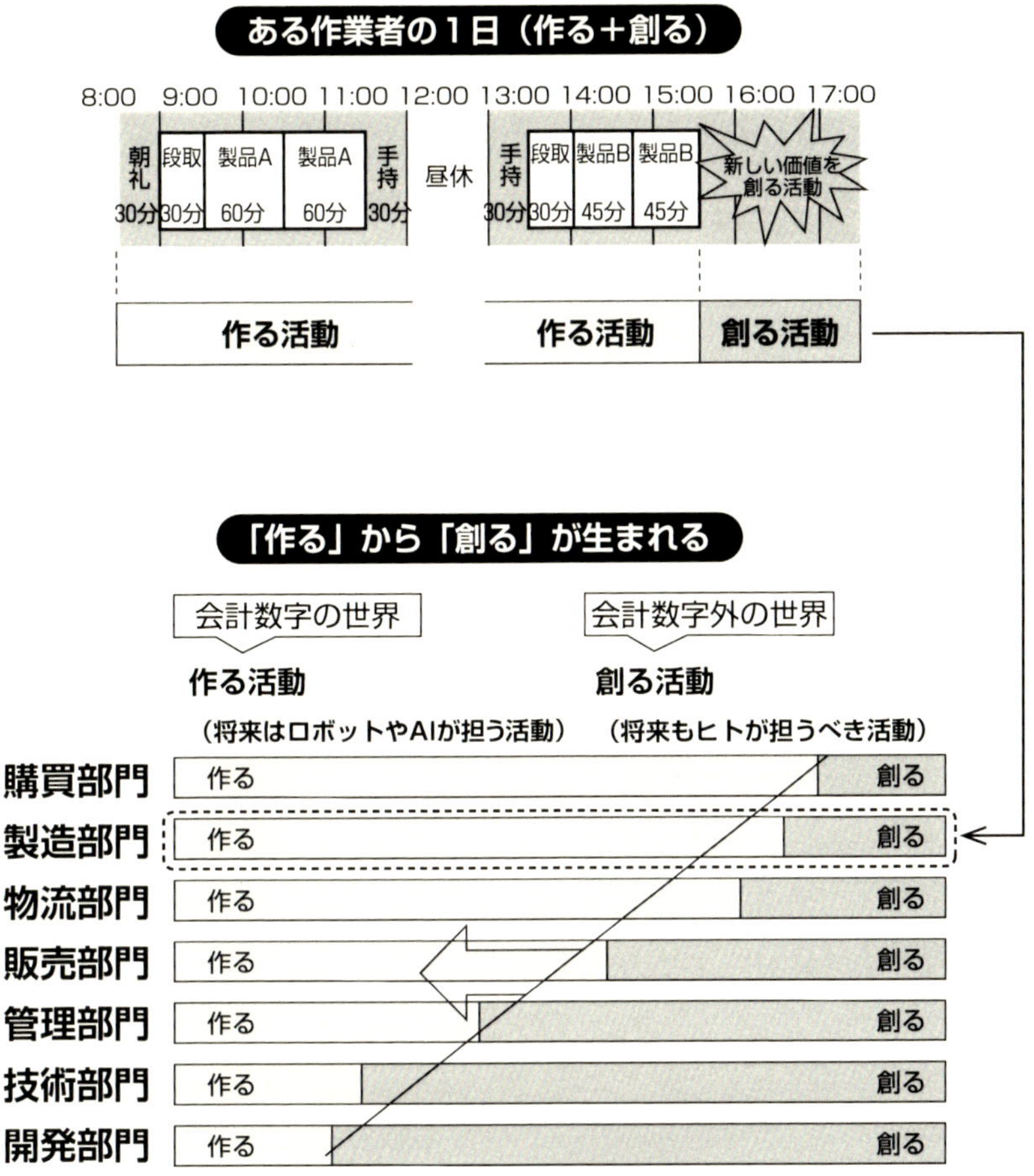

ポイントBOX

①全ての従業員が「作る」と「創る」を担っている
②2つの活動を担う人材を育てるには、コストと資源のけじめある管理が大切

69

技術立国を復活させるマネージメント

ライン部門とスタッフ部門、それぞれの評価

〈まずは会計数字を問う〉

「作る」から「創る」（新しい製品やサービス）」が生み出されることが多くあります。これは「作る」という活動を徹底して効率的に行うことによってヒトが成長するからです。漫然とした活動の中からは何も生まれてきません。そこで全ての部門は、まずは生産性の追求を求められることになります。生産性は付加価値（付加価値÷労務費）で測定されますが、各部門のミッションの違いに応じて**様々なバリエーションの付加価値生産性**を計算することができます。

サプライチェーンを担ういわゆるライン部門（購買部門、生産部門、物流部門、販売部門）は、「担当者の担った付加価値÷担当者の労務費」などの指標により、まずは一人一人の生産性向上や省人化を目指さなければなりません。同時に「会社全体の付加価値÷会社全体の労務費」などの指標によりビジネスモデルそのものの価値強化の視点をしっかり持つことも大切です。

〈更に、会計数字だけでは表せないものを問う〉

「創る」という活動は会計的な数字では表せないケースも多いですが、それでもまずは1人1人の生産性をどんな形で評価するかについて、しっかり話し合った上で活動に取り組まなければなりません。

- ✔ 目標として付加価値生産性を背負うのか、背負わないのか？
- ✔ 付加価値生産性を背負わないなら、代わりに何を目標として背負うのか？
- ✔ その目標をいつまでにどうやって達成するのか？

会計数字だけでは表せない目標を背負う場合、その目標の達成度の測定方法をあらかじめ決めておく必要があります。設定された目標を社内で広く共有することで、担当者自身の責任感を促すとともに、関連する情報や周囲からの協力が集まるようにします。

まずは会計数字を問う（例示）

販売部門	会社全体の付加価値÷販売部門の労務費　⇒価値強化の視点 担当者の担った付加価値÷担当者の労務費　⇒拡販活動の視点
購買部門	会社全体の付加価値÷購買部門の労務費　⇒コストダウンの視点 会社全体の付加価値÷会社全体の労務費　⇒価値強化の視点
生産部門	会社全体の付加価値÷生産部門の労務費　⇒コストダウンの視点 作業者の担った付加価値÷作業者の労務費　⇒生産性向上の視点
物流部門	会社全体の付加価値÷物流部門の労務費　⇒コストダウンの視点 会社全体の付加価値÷会社全体の労務費　⇒価値強化の視点
管理部門	会社全体の付加価値÷管理部門の労務費　⇒省人化の視点 会社全体の付加価値÷会社全体の労務費　⇒価値強化の視点
生産技術	（過去に立ち上げた設備が担う付加価値÷技術担当者の労務費）
製品開発	（過去に立ち上げた製品が担う付加価値÷開発担当者の労務費）

次に会計数字に表せないものを問う（例示）

販売部門	「コト売り」の比率を○○%以上にする。 業界シェアを○○%以上にする
購買部門	価格や為替の相場変動をカバーする取り組みを進める
生産部門	新人教育、スキルアップ、保守安全、製品開発や技術開発への協力
物流部門	ストックポイント戦略やハブ戦略を練り、世界最速デリバリーを実現
管理部門	新しい管理会計の導入を進める。人材（ヒト）を育てる仕組みを作る
生産技術	新しい原価計算でカイゼンの効果を金額で見える化する WACC を達成するための設備投資評価のツールを導入する
製品開発	特定の分野で世界 No.1 の製品を開発する。 新しい IoT 契約に挑戦する

ポイントBOX

①何を目標にして活動するのかを、前もってしっかり決めておく
②明確な目標がなければ、ヒトは成長できない

技術立国の現実とは？

日本は長年、モノづくりの国、技術力で生きる技術立国だと言われてきました。しかしながら改めて「技術力」とは何なのでしょうか？　以前、ある会社の方と、こんな「なぜなぜ分析」をやってみたことがあります。

Q．御社は何の会社でしょうか？
A．モノづくりの会社です！

Q．モノづくりの会社であるという御社の強みは、いったい何ですか？
A．技術力です！

Q．では技術力の実体とは何でしょうか？
A．そうですね…　特許は出していないからノウハウかな、最近買った最新鋭の加工機かな…　否、やっぱり技術力は人間力です。現場の人材こそが当社の大切な経営資源だと思います！

Q．では、その技術力を担う人材を育てるため、会社は今何をしていますか？
A．（沈黙）
…そういえば最近、コストダウンでリストラしたばかりだったっけ

なかなか出せなくなった利益を回復するためコストダウンやリストラを進めた結果、**技術力を担っていた人材が海外に流れていきました**。そして手強いライバルを世界中に作り出してしまったのです。これは日本のモノづくりがコストと資源をきちんと見わけてこなかった故の悲劇です。コストはコストダウンに努めるべきもの、資源はしっかり使って生産性向上を図るべきもの、その過程では会社の明日の事業を担う新たな資源（ヒト）を育てていく…コストと資源は管理目標が全く違います。それをしっかり見わけて正しく管理しなければ、技術立国など絵空事でしょう。

インターネットの普及と併せ、技術知識はあまねく世界に行き渡り、コモディティ化してしまいました。そんな時代に勝ち抜くためには、常にヒトを育て、常に新しい価値に挑戦し続ける「進化する集団」を目指す他に途はありません。それが新しい技術力の形です。日本のモノづくりに「今のまま」という選択肢はないのです。

Ⅶ

付加価値会計 Q&A

「固定費を配賦しないと売価が決められない」

「固定費を配賦しないと固定費が回収できない」

「これじゃあ製造部門の連中が遊ぶ。ヒトはコストだ…」

しばしばいただく様々な御質問を踏まえ、
新しい原価計算が何を目指すべきかについて考えてみましょう。

70 付加価値会計と直接原価計算の違いは何ですか？

付加価値会計では、直接費＝変動費という考え方をしません

〈直接原価計算への期待と現実〉

一般に直接原価計算は、変動費による原価計算だと認識されています。しかし現実の直接原価計算は、変動費による原価計算になっていません。それは直接費が必ずしも変動費ではなく、間接費も必ずしも固定費ではないからです（第25話）。

一般的な期待
直接費＝変動費 間接費＝固定費

実際の状況
直接費≠変動費 間接費≠固定費

特に日本の雇用環境では、多くの場合、労務費が直接費＝変動費になりません。変動費と固定費をきちんと分離して真の変動費計算を行うためには、仕訳のやり方を変え、仕訳の段階から両者を区別して記録しておく必要があります。

本来は変動費による原価計算を目指したはずの直接原価計算でしたが、残念ながら**「直接原価計算」という名前**を背負うが故に、しばしば重大な誤解を招いています。こうした混乱を避けるため付加価値会計を直接原価計算と呼ばないのです。

〈直接原価計算〉

売上高
－ 直接費
＝変動利益

↕

〈付加価値会計〉

売上高
－ 変動費
＝付加価値

一般的な期待

	直接費	間接費
変動費	○○費 ○○費 ○○費	存在しない
固定費	存在しない	○○費 ○○費 ○○費

実際の状況

	直接費	間接費
変動費	主要材料費 購入部品費 外注加工費 外注物流費（？） 直接作業費（日雇、アルバイト）	補助材料費 工具消耗品費 消耗工具機器備品 水道光熱費 間接作業費（日雇、アルバイト）
固定費	直接作業費（正社員）	間接作業費（正社員） 給料、従業員賞与手当 退職給付費用 法定福利費

ポイントBOX

①直接原価計算＝変動費原価計算という期待は誤り
②「直接原価計算」という名称が、直接費＝変動費という誤解の原因になっている

71

なぜ、仕訳から変える必要があるのですか？

変動費と固定費は、後からでは分離できないからです

〈直接原価計算が変動費原価計算になり切れなかった理由〉

直接費≠変動費
間接費≠固定費

という状況があるにも拘らず、直接原価計算が直接費による原価計算に留まり、変動費による原価計算になりきれていないケースがしばしばあったのは、会計の入り口である仕訳にも原因があります。例えば従来の労務費の仕訳は必ずしも変動費／固定費という視点では行われておらず、包括的に記録された全ての賃金を事後的に直接労務費（※1）と間接労務費（※2）に振り替えたりもしていました。しかしながら、**いったん混ざってしまった労務費**を直接労務費と間接労務費に分離することはできても、変動労務費と固定労務費に分離することはできないのです。

（※1）仕掛品に直接振り替えられる労務費
（※2）製造間接費を経由し、配賦によって仕掛品に振り替えられる労務費

〈あるべき仕訳〉

変動費と固定費の分離を目指すなら、変動労務費と固定労務費の分離も徹底しなければなりません。そのためには仕訳の段階から変動労務費と固定労務費を区別しておく必要があります。最初からしっかり区別して記録しておけば、必要に応じて事後的に合算し全部原価計算や直接原価計算を行うこともできます。

区分して記録し、後で合算　⇓　可能

合算して記録し、後で分離　⇓　不可能

従来の仕訳（全部原価計算）

月/日	（賃金）	200円	（現金預金）	200円
月/日	（仕掛品）	100円	（**賃金**）	200円
	（**製造間接費**）	100円		
月/日	（仕掛品）	100円	（**製造間接費**）	100円

（直接労務費）賃金 ──────→ 仕掛品 ｝
（間接労務費）賃金 ──→ 製造間接費 ──→ 仕掛品 ｝ 共に売上原価へ

従来の仕訳（直接原価計算）

月/日	（賃金）	200円	（現金預金）	200円
月/日	（仕掛品）	100円	（**賃金**）	200円
	（**製造固定費**）	100円		

（直接労務費）賃金 ──→ 仕掛品 ──→ 売上原価へ
（間接労務費）賃金 ──────→ 製造固定費へ

あるべき仕訳（付加価値会計）

月/日	（変動労務費）	100円	（現金預金）	200円
月/日	（仕掛品）	50円	（**変動労務費**）	100円
	（**製造間接費**）	50円		
月/日	（仕掛品）	50円	（**製造間接費**）	50円
月/日	（固定労務費）	100円	（現金預金）	100円
月/日	（未分配付加価値）	100円	（**固定労務費**）	100円

変動労務費 ──────→ 仕掛品 ｝
　　　└──→ 製造間接費 ──→ 仕掛品 ｝ 変動費の管理へ
固定労務費 ──────→ 固定費の管理へ

ポイントBOX

①いったん混ざってしまった変動労務費と固定労務費を、後で分離することは困難
②変動費原価計算を行うためには、仕訳のときから区別をしなければならない

72 なぜ「付加価値会計」と呼ぶのですか？

その基本構造が、「売った価値－買った価値」だからです

〈真に管理し、伸ばしていくべきものとは何か？〉

近年、国内製造業には元気がなく、日本のＧＤＰの伸び悩みが問題になっています。ＧＤＰは各社がかせぎ出した付加価値の合計です。しかし奇妙なことに製造業の財務諸表からは**付加価値は読み取れません**。付加価値を見える化し、その回復や生産性向上を目指している会社がないのです！　日本経済を牽引してきた製造がこの状況ではＧＤＰが回復する道理はありません。どんなに苦しくても付加価値という現実をしっかり見つめて頑張らなければ、製造業の復活はあり得ないでしょう。

ところで、そもそも付加価値とは何でしょうか？　最も簡単な定義は「買った値段と売った値段の差」です。控除法では付加価値を「売上高－外部購入価値＝付加価値」として求めますが、外部購入価値≒変動費だと考えれば、「売上高－変動費＝付加価値」となります。ではなぜ「外部購入価値≒変動費」なのか？　それは変動費が売上高の増減に比例して増減する費用だからです。ではなぜ売上高に比例するかといえば、必要な都度に「外部」から購入し消費されるものだからです。結局、「売上高－変動費＝付加価値」こそ管理上の付加価値だと言えるでしょう。

付加価値の計算には加算法もあります。実は付加価値会計の付加価値と、加算法の付加価値は全く同じではありません。特に変動労務費や在庫金利の扱いが大きな違いです。これは会社が管理すべき活動に関する考え方の差によるものです。付加価値会計では「会社の内部／外部」を明確に意識した上で、外部流出の最小化と内部資源のフル活用を目指します。こうして生み出される付加価値こそ、事業活動において、最大化されるべきものだからです。その一方で**利益は操作可能なもの**（第73話）ですから、その増減では事業活動の良否を判断しません。会社が真に取り組むべきは付加価値の増大です。それが付加価値会計が「付加価値会計」たる所以なのです。

付加価値の２つの計算方法

控除法による計算

付加価値
＝売上高 － 外部購入価値

（外部購入価値：コスト）

加算法による計算

付加価値
＝利益 ＋ 人件費 ＋ 賃借料 ＋ 減価償却費 ＋ 金融費用 ＋ 租税公課

（利益：カネ／株主、人件費：ヒト、賃借料：モノ、減価償却費：モノ、金融費用：カネ／銀行、租税公課：クニ）

会社の活動

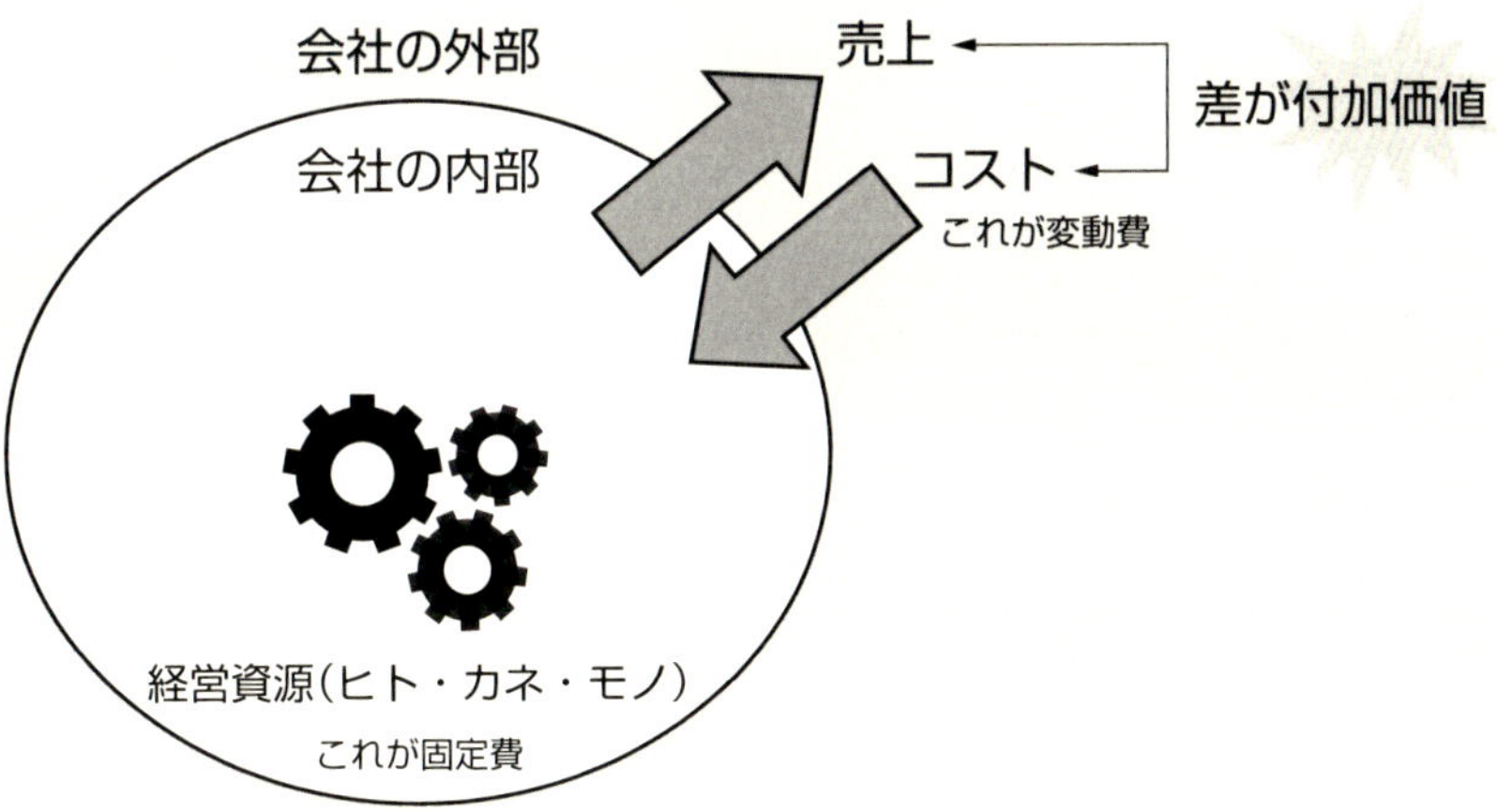

ポイントBOX
①「売上高－変動費＝付加価値」という関係を理解する
②「各社の付加価値の合計＝GDP」という関係を理解する

73 付加価値と利益は違うものですか？

関係者全員の取り分が付加価値、株主の取り分が利益です

〈致命的なしらけの原因〉

「製品の付加価値を高めなさい」
「しっかり利益を出しなさい」

会社ではしばしばこんな風に発破をかけられますが、そこには付加価値≒利益という誤解があるように思われます。実は「付加価値」とは関係者全員のものであり、「利益」とは株主の取り分だけを指す言葉だということをご存知だったでしょうか。ですから自社の製品やサービス、一人一人の活動の付加価値を高めることは全員の幸福に繋がることであり、全員の目標ですが、利益を増やすことは必ずしも全員の幸福につながるとは限らないのです（第12話）。利益を維持するために従業員への分配（労務費）を取り上げて株主に回すという発想も生まれがちです。

このように利益とは操作可能なものですが、こうした操作によって**従業員がしらけてしまえば**、会社の競争力は本質的に失われ、結果的には株主にも損をさせてしまうことになるでしょう。

利益操作が引き起こす更に深刻な致命傷は、一時しのぎの利益操作によってビジネスモデルの本質的な**限界に気づくのが遅れてしまうこと**です。

利益を出すことと付加価値を高めることは全く別なことであり、絶対に両者を混同してはなりません。

	1年前	現在	1年後	2年後	
付加価値全体	400円	380円	360円	260円	←大きく減少
ヒトへの分配	100円	100円	80円	50円	←取り上げる
モノへの分配	100円	80円	80円	10円	←先送りする
銀行への分配	100円	100円	100円	100円	←支払維持？
株主への分配	100円	100円	100円	100円	←利益維持？

「かせぐ」と「わける」

外部との関わり

売上高
－材料費
－変動労務費
－外注加工費
－外注物流費
－在庫金利
＝未分配付加価値

かせぐ ↑

内部の活動

－固定労務費（ヒトへ）
－減価償却費（モノへ）
－資本コスト（銀行へ）
－資本コスト（株主へ）
＝繰越付加価値（未来へ）

わける ↓

利益はだれのものか？

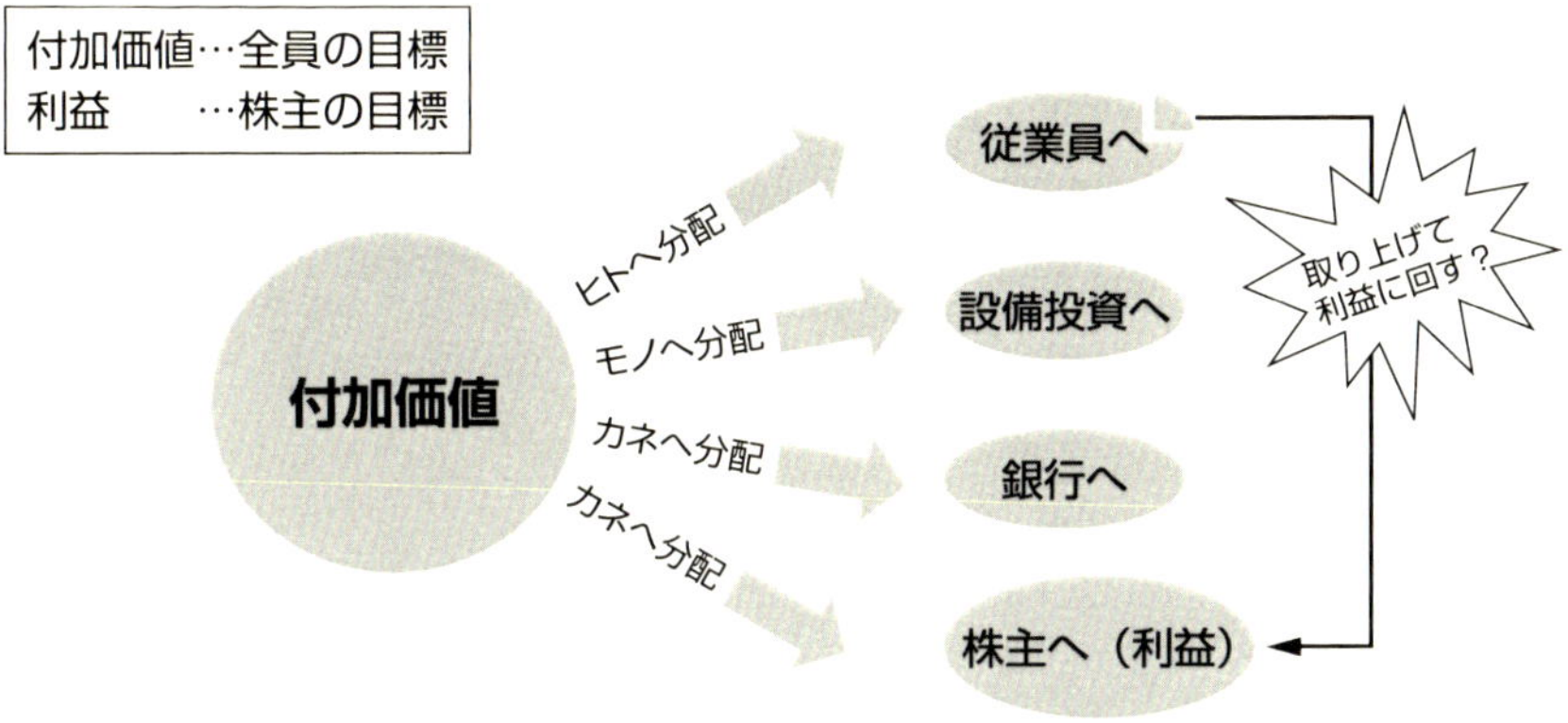

ポイントBOX	
	①利益だけを目標にすると、従業員がしらけてしまう ②利益だけを見ていると、ビジネスの危機に気づくのが遅れてしまう

74 「儲ける」と「儲かる」の違いは何ですか？

合理的な手段でお客様の役に立てれば儲かる、それが原点です

〈儲ける⇒騙すという発想につながりやすい〉

この本では「付加価値」と「利益」をしっかり区分する前のぼんやりした説明で「もうけ」という言葉を使っていますが、一般的な「儲け」「儲ける」という言葉遣いには「相手を騙す」というニュアンスを伴うことがあるので注意しなければなりません。お客様を騙す発想をすれば、その会社の製品やサービスは社会から支持されなくなり、事業は衰退に向かうからです。

〈儲からなくなったのは、社会から必要とされていないから〉

ネットがなかった時代なら、あるいは「事務所に電話一本」のような幽霊会社なら、お客様を騙して「儲け」、逃げ回ることができるかもしれません。しかし工場や生産設備や多数の作業者を抱える**製造業は逃げ隠れすることができない**のです。会社は社会やお客様に対して果たそうとしている役割をミッションとして宣言し、正々堂々とお客様の役に立たなければなりません。それを経済合理的な手段で実現することができれば、結果として「儲かる」ことになります。もし儲からなくなってしまったなら、会社の掲げるミッションが社会から必要とされなくなってしまったか、経済合理的な手段で活動できていないかのどちらかです。会社はミッションの妥当性とその実現手段の経済合理性を常に確かめながら、結果として「儲かる」ように事業活動を進めていかなければなりません。そのためのツールが付加価値会計なのです。

〈検査は決して無価値作業などではない！〉

会社は社会に貢献するために存在しています。近年、頻繁に報道される検査不正の事例を見ても、お客様を騙すことが結果的に会社や社会のためにならないことは明らかです。製品検査によってお客様の信頼を得て、製品やサービスの価値を高めることができるなら、その検査は価値ある検査であり、真に必要な検査なのです。実際にどの程度のコストをかけて検査すべきかは、付加価値会計に組み込んで経済合理的に判断しましょう。

儲けようとは書かれていない

綱領

産業人タルノ本分ニ徹シ
社會生活ノ改善ト向上ヲ圖リ
世界文化ノ進展ニ
寄與センコトヲ期ス

松下幸之助

もうけは目的ではなく結果

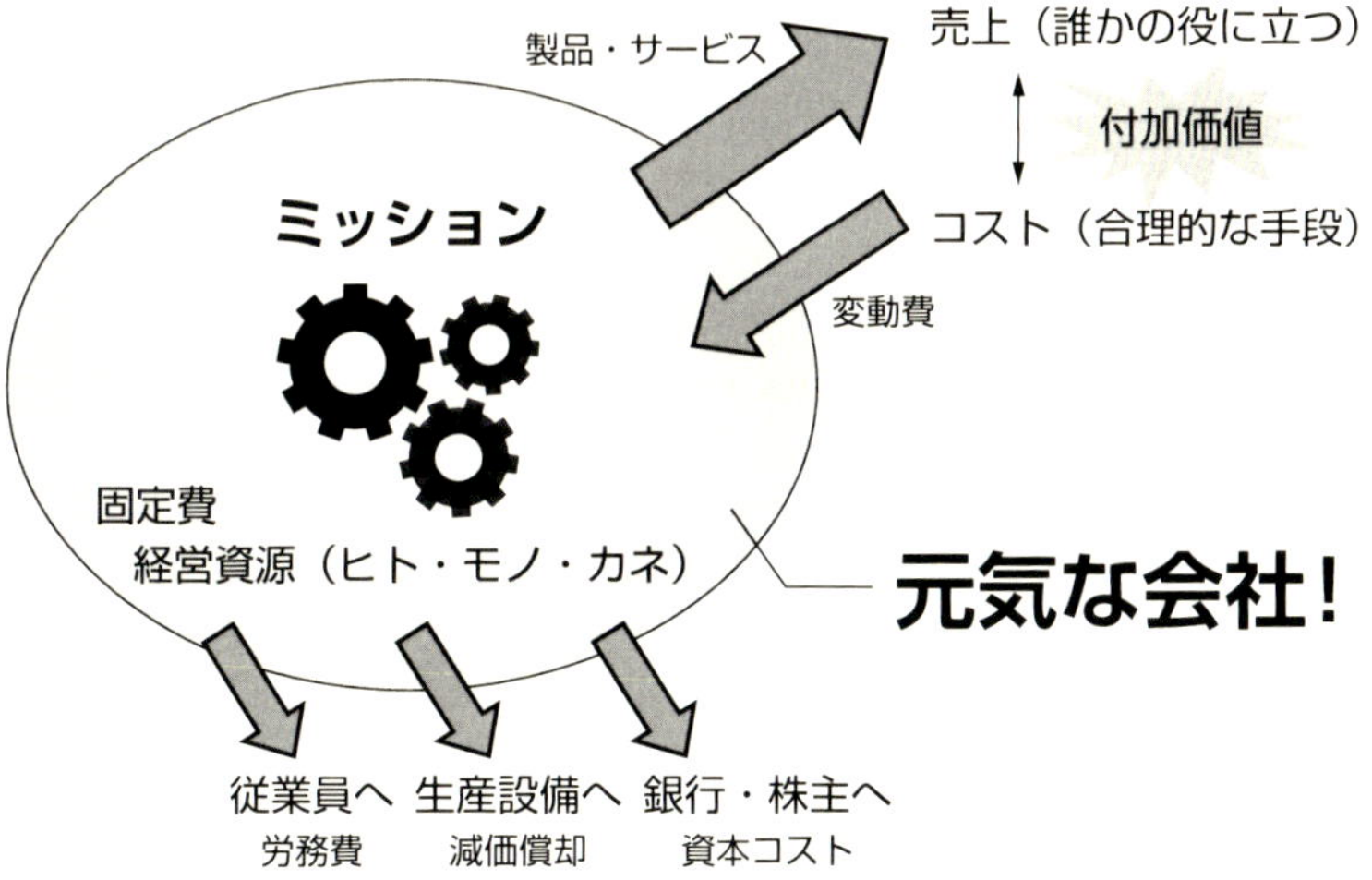

ポイントBOX

①誤った手段で「儲けよう」とすればするほど、お客様の信頼を失い儲からなくなる
②経済合理的な手段でお客様の役に立てば、結果として「儲かる」

75

なぜ日本の生産性はG7で最下位なのですか？

製造業が、自らの生産性を「見える化」してこなかったからです

〈負け犬と化した日本のモノづくり〉

かつて日本のＧＤＰはアメリカに次いで世界第二位を誇っていました。日本経済を力強く牽引してきたのが製造業です。

「モノづくりの国・日本」
「技術立国・日本」
「日本の技術に不可能はない！」

しかしながら一見順調に見えた日本の経済は、１９９５年頃から変調をきたすようになりました。２００９年にはＧＤＰで中国に追い抜かれ、その差は開く一方です。「今でも世界3位！」という楽観的な見方もありますが、実は一人当たりのＧＤＰ（生産性）に換算すると、日本のＧＤＰはアメリカの7割程度であり、Ｇ7やＯＥＣＤの平均と比べても低い水準にあります。

日本はいつまでも30年前の古いビジネスモデルから卒業できずにいますが、その原因の1つは、**生産性の低迷を見える化せず**しっかり向き合う努力をしてこなかったことにあると言えるでしょう。生産性を測定するためには、①付加価値　②固定費　の両方を明らかにしなければなりません。「生産性＝付加価値÷固定費」だからです。しかし従来の会計（財務会計・管理会計）では付加価値も固定費も読み取ることができず、生産性の管理が全く行われてきませんでした。

〈生産性をこそ「見える化」すべき〉

日本のモノづくりを支えてきたカイゼンに「見える化」という言葉があります。しかし最も肝心な生産性が「見える化」されてこなかったことは、日本のモノづくりの喜劇であり悲劇です。日本のモノづくりを真に復活させるためには、操作が可能な「利益」ではなく、「付加価値」や「生産性」という真実にこそしっかり向き合わなければなりません。

失速した日本のモノづくり

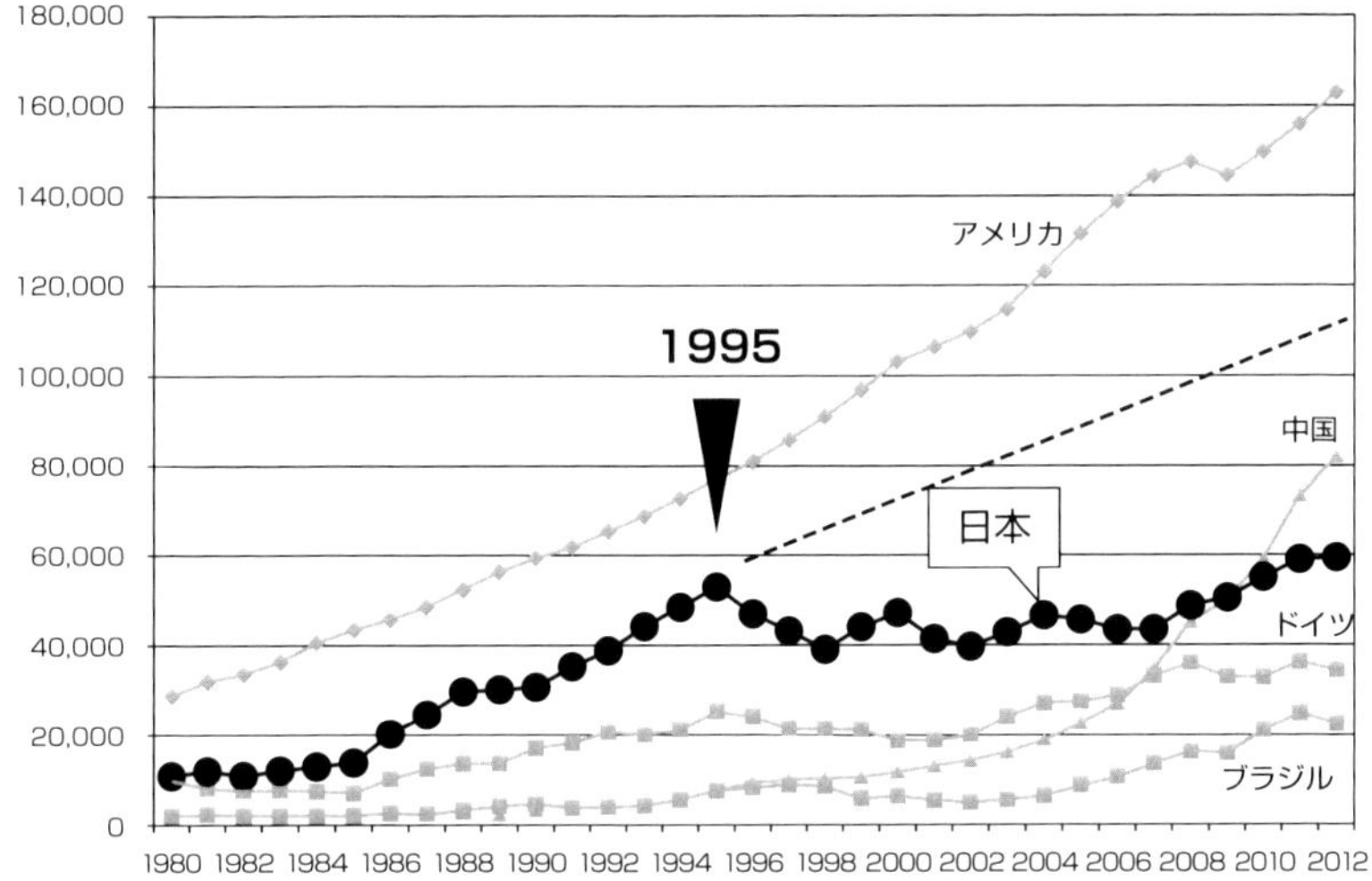

低迷する日本の生産性

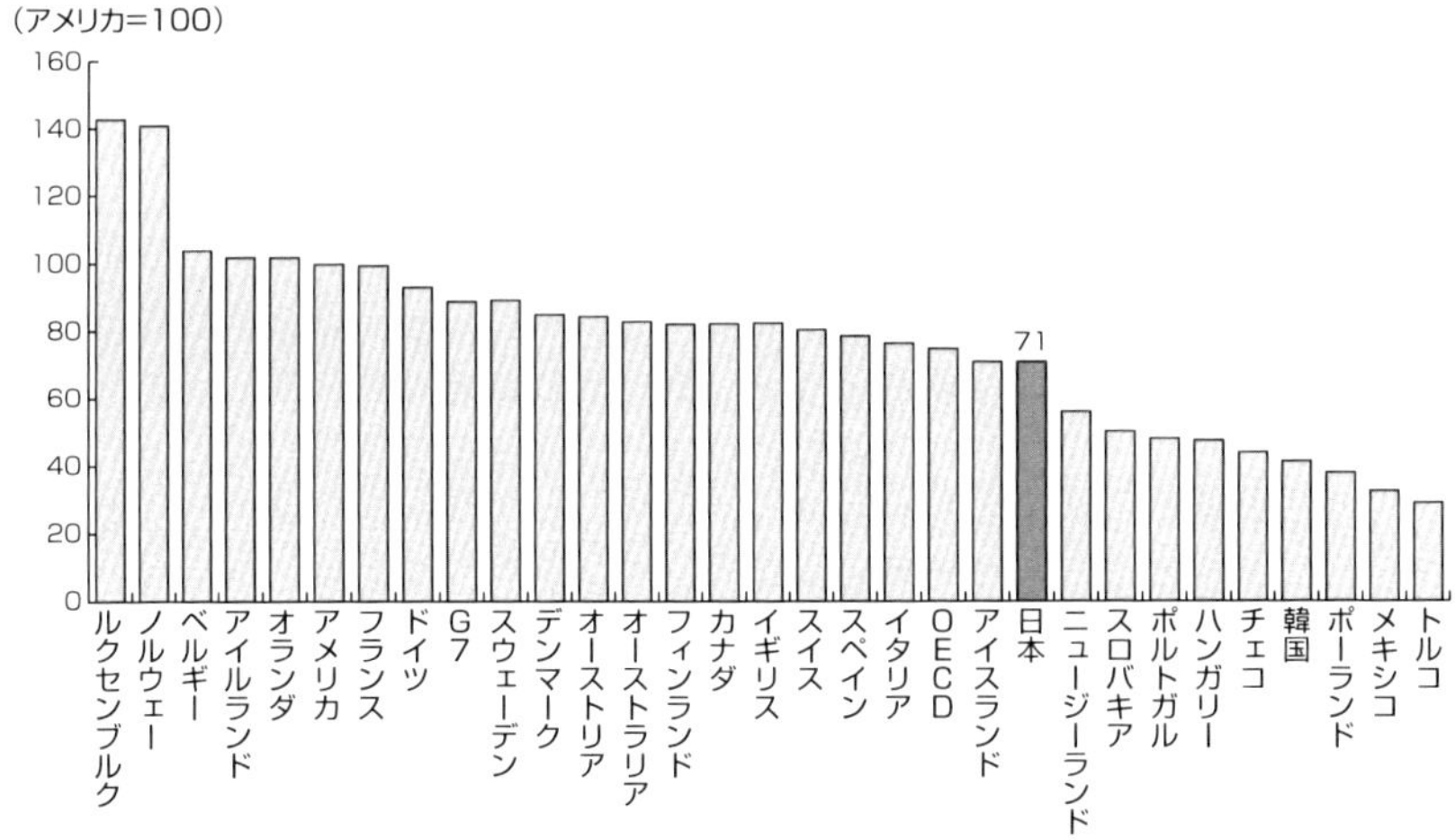

ポイントBOX

①日本はビジネスモデルの陳腐化という現実にしっかり向き合ってこなかった

②日本の製造業を復活させるためには生産性をこそ見える化すべき

76

直接原価計算でも損益分岐点分析はできますか？

直接費＝変動費ではないので、損益分岐点分析はできません

〈全部原価計算における危険な誤解〉

従来の全部原価計算では、売上高から売上原価を減じて粗利を求め、更にそこから販売費および一般管理費（販管費）を減じて営業利益を求めるという計算をします。売上高－費用＝利益ではなく、**わざわざ売上原価と販管費を区別**して二段階で計算をするのは、売上原価≒変動費、販管費≒固定費という期待があるからでしょう。そんな期待から、今は赤字に苦しむ事業が、売上拡大で黒字化できるだろうと予想してしまうかもしれません。それが損益分岐点分析的な判断の仕方だからです。しかしそのことが、ビジネスモデルの見通しに対する致命的な判断の誤りを招く場合があります（第57話）。

〈直接原価計算でさえ損益分岐点分析は困難〉

正しい損益分岐点分析を行うためには、変動費と固定費がしっかり分離されていることが大前提です。それが直接原価計算の担うべき役割のはずでした。しかし残念ながら直接原価計算でも変動費と固定費の分離は徹底されていなかったのです。変動費と固定費をきちんと分離した原価計算がなければ、会社は経営できません。

直観的な期待（全部原価計算）

	現在	売上2倍	
売上高	1000円	2000円	
売上原価	800円	1600円	（変動費？）
粗利	200円	400円	
販売費および一般管理費	300円	300円	（固定費？）
営業利益	▲100円	100円	→黒字化！

この予想は誤り

※実は、売上原価は変動費ではない

※実は、販売費および一般管理費も固定費ではない

全部原価計算では、損益分岐点分析ができない

これは誤解！

売上高		売上高	
−費用	ではなく	−売上原価	…変動費
＝利益		＝粗利	
		−販売費および一般管理費	…固定費
		＝営業利益	

直接原価計算でも、損益分岐点分析はできない

これも誤解！

売上高		売上高	
−費用	ではなく	−直接費	…変動費
＝利益		＝粗利	
		−間接費	…固定費
		＝営業利益	

ポイントBOX

①売上原価≒変動費、販管費≒固定費という錯覚が、致命的な誤りを招いている
②変動費と固定費をきちんと分離した原価計算がなければ会社は経営できない

77 変動費と固定費はどうしたら見わけられますか？

最終的には、会社が何をどのように管理したいかで決めます

〈変動費と固定費の混在が、会計上の様々な混乱の原因〉

今まで財務会計が採用してきた全部原価計算（場合によっては直接原価計算も）は、正しい経営判断を妨げてしまう深刻な問題をたくさん抱えています。実はその殆どが、変動費と固定費がきちんと分離できていなかったことに起因していると言っても過言ではありません。

変動費と固定費の分離は「勘定科目法」で行います。実施の目安は次の通りです。

変動費…目標となる標準値を定め、実績値を測定し、差異を管理する重要な費用（例えば5大変動費）

固定費…こうした管理をしない費用（5大変動費以外の費用）

結果的に固定費には3種類のものが含まれることになります（第26話）。

①重要な経営資源（ヒト・モノ・カネ）の維持に関わる固定費

②重要性が低いと判断された固定費

③重要性が低いと判断された変動費（便宜的固定費）

重要な変動費の統制目標は原価差異分析によるコストダウン（なるべく使わない）ですが、重要な固定費である①の統制目標は生産性測定による生産性向上（しっかり使う）です。統制目標や管理方法が大きく異なるので混ざっていると管理できません。そこで両者を分離するための手段が先程の勘定科目法なのです。②と③はこうした生産性管理をしない固定費ですが、③は元々は変動費なので、配賦で変動費としての管理に戻します。

〈例えば旅費交通費〉

この本では旅費交通費を固定費に分類しています。固定費ですからコストダウン（なるべく出張しない）が目標ではなく、**適切に使って大きな成果を出すこと**が目標です。これが変動費と固定費の根本的な発想の違いなのです。

管理上の変動費…コスト

予め目標となる標準値を設定し、実績値を測定し

両者の差をモニタリングすることによって管理される費用

管理目標は、なるべく使わないこと（コストダウン）

管理上の固定費…資源

予め経営者などによって金額が定められ、

生産性がモニタリングされることによって管理される費用

管理目標は、しっかり使うこと（生産性向上、人材育成）

ポイントBOX

①変動費と固定費は勘定科目法によって分離する
②コストダウンを目指すものを変動費、生産性向上を目指すものを固定費とする

78 電気代は変動費ですか？固定費ですか？

基本料を固定費・従量分を変動費とすることも想定されます

〈重要度によって扱いが変わる〉

多くの会社で電気代は固定費（間接経費）として扱われますが、いわゆる固定費には真の固定費と便宜的固定費がありました（第26話）。このうち便宜的固定の代表例が電気代を含む水道光熱費です。ここで水道光熱費全体の重要度が低いなら、重要性の低い固定費（第50話）として扱うことが想定されます。

重要度の低い固定費としての扱い

月／日（**水道光熱費**）＊＊＊円（現金預金）＊＊＊円
月／日（**未分配付加価値**）＊＊＊円（**水道光熱費**）＊＊＊円

もし**従量分の重要性が高い場合には**、活動量に応じた配賦をして変動費としての管理（使いすぎ防止）を行う必要があります。他方、**基本料の重要性が高い場合には**、重要な固定費として毎月／毎年の契約内容の精査を行い、契約を継続すべきか変更すべきかの判断（生産性の判断）をします。なお、従量分の重要性が極めて高いなら、個別に使用量を測定し、5大変動費に準じた管理をしなければなりません。

従量分を変動費として配賦する仕訳（第29話）

月／日（**電気代従量分**）＊＊＊円（現金預金）＊＊＊円
（**製造間接費**）＊＊＊円（**電気代従量分**）＊＊＊円
（仕掛品／配賦）＊＊＊円（**製造間接費**）＊＊＊円

基本料を固定費とする仕訳

月／日（**電気代基本料**）＊＊＊円（現金預金）＊＊＊円
（未分配付加価値）＊＊＊円（**電気代基本料**）＊＊＊円

電気代の計上場所の例

売上高
－材料費A
－材料費B
－材料費C
－配賦（消耗品）
－配賦（電気代）　・・・★
－変動労務費
－外注加工費
－外注物流費
－在庫金利
＝未分配付加価値

－重要性の低い固定費・・・★

－固定労務費
－電気代基本料　・・・★
－減価償却費
－資本コスト
＝繰越付加価値

ポイントBOX

①電気代の重要性が低いなら、重要性の低い固定費として扱う
②電気代の重要性が高いなら、基本料を固定費／従量分を変動費とすることが考えられる

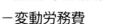

79

正社員の残業代は変動費ですか？　固定費ですか？

固定労務費の予算差異として管理することが想定されます

〈想定内の残業の場合〉

多くの会社で正社員は固定給として扱われますが、その給付額は一定とは限りません。例えば残業をした場合、残業時間に応じた残業代が支払われることになります。こうした残業代は変動費として管理すべきでしょうか？　それとも固定費として管理すべきでしょうか？　一般的な想定としては固定費としての管理が適切だと考えられます。なぜなら会社は、予算の策定時に、過去の実績や将来の事業活動計画などに照らして**一定の残業時間を見積もって予定しているはず**だからです。予定された残業代を含む労務費全体が、固定労務費の予算額ですから、生産性の分析においてもこの残業代を織り込んでおかなければなりません。

〈想定外の残業の場合〉

仮に期中の活動における残業時間が予定を大幅に上回ってしまった場合、月次損益の集計において予算差異として認識し（第47話）、必要な分析と対策を実施します。なぜなら、予定を大幅に上回る残業代の発生は日々の従業員の活動における何らかの問題の発生を示唆することがあるからです。また予算を超過する残業代の発生は、ヒトの生産性の計算結果を悪化させることにもなります。

残業代が異常に多い場合には、付加価値の分配計画に齟齬をきたしキャッシュが不足するリスクについても検討しなければなりません。予算策定時の見積もりの失敗や、期中の事業活動量の変化により、将来に向かって残業代の水準が大幅に変化する場合（あるいは、その解消のために人員を増減させる場合）、付加価値の分配の計画を修正しなければならないでしょう（第88話）。その結果としてどうしても固定費全体を賄い切れないのであれば、緊急避難的に設備投資計画を見直さなければならないケースも想定されます（第52話）。

正社員の残業代の計上場所の例

売上高
－材料費A
－材料費B
－材料費C
－配賦（消耗品）
－変動労務費
－外注加工費
－外注物流費
－在庫金利

＝未分配付加価値

－重要性の低い固定費

－固定労務費 ・・・★
±予算差異
－減価償却費
－資本コスト

＝繰越付加価値

ポイントBOX
①固定労務費は想定内の残業代を含む
②想定外の残業代は固定労務費の予算差異として認識される

80 固定費を一体管理すると、現場が遊びませんか？

そういう指摘があることが、会社の致命的状況を暗示しています

〈衝撃的な指摘〉

今日、同じサプライチェーンやバリューチェーンの中で全ての関係者が一体的に活動している以上、製造部門（ブルーカラー）とその他の部門（ホワイトカラー）を原価計算上も一体的に管理すべきではありませんかという話をすると、

「ヒューマンな思想だが甘い。それでは現場が遊んでしまう」

といった指摘をいただくことがあり、本当にぞっとさせられます。こうした指摘をくださるのはホワイトカラーの方々なのですが、これでは

「私は遊んでいます！」

と宣言しているに等しいと感じるからです。

〈本来一体的な活動は、一体的に管理すべき〉

ホワイトカラーとブルーカラーの分断は、「叩く人」と「叩かれる人」という関係を作り出し、現場のしらけや、**ホワイトカラーの生産性が停滞する**原因になっています。しかしそれ以上に恐ろしいのは、この分断が一時しのぎの利益操作を可能とし、既存のビジネスモデルの限界に気づくのを遅らせ、事業の立て直しを致命的に手遅れにしてしまうことです（死のスパイラル）。

今日、ホワイトカラーとブルーカラーの仕事は接近し、見わけがつかない場面が増えました。「作る」がかせぎ出す日々の付加価値が「創る」を支え、「作る」が「創る」のヒントにもなっていきます。それは高度に一体的で切り離すことのできない活動なのです。それにも拘らず従来の会計や原価計算が両者を分断（売上原価ｖｓ販売費および一般管理費）してきたことが、不適切な会計操作や生産性低迷の原因になってきました。本当に本気で事業の立て直しを目指すなら、固定費を分断せず、本来一体的な活動を一体的に管理すべきです。

全部原価計算における固定費の逃げ回り

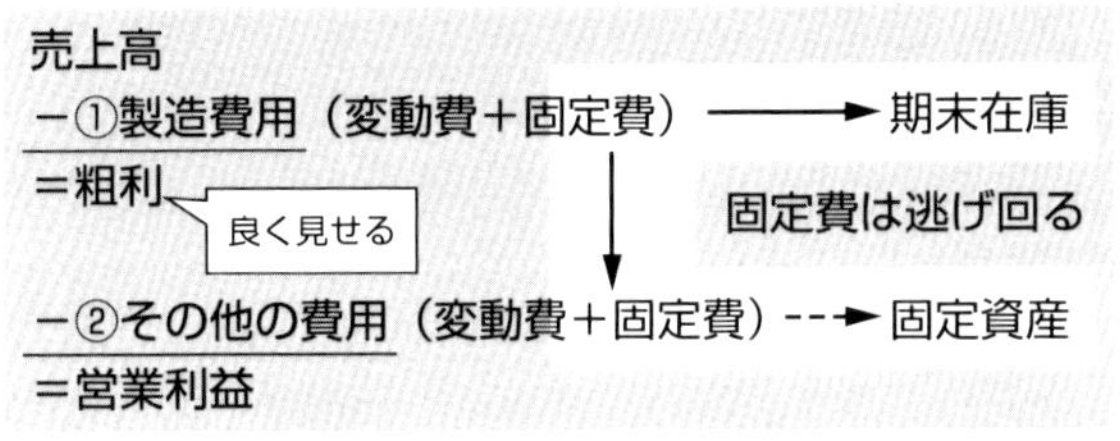

固定労務費（賃金・給与）を削って利益に回す
固定費を期末在庫になるべく多く配賦する
減価償却をなるべく遅くする
製造固定費を販売費になるべく多く付け替える

固定費操作が引き起こす死のスパイラル

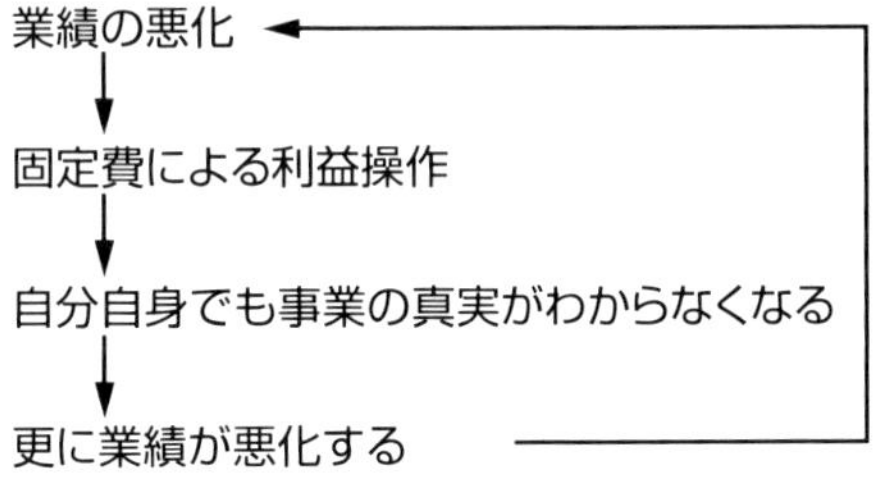

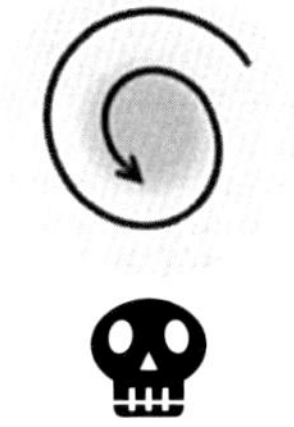

ポイントBOX

①今日、「作る」と「創る」は接近し多くの場面で見わけがつかなくなった
②本来一体的な活動の分断が、死のスパイラルの原因となる

81 ヒトはコストですか？資源ですか？

ロボットの時代、資源たるヒトは「作る」から「創る」にシフトします

〈作る時代の発想…ヒトはコストだ！〉

ある会社で「カイゼン手帳」なるものが配られていました。第1ページ目に書かれていたのは「人間尊重」、しかし次のページの説明を読んで私は愕然としました。

> 人間尊重の心
> 人の人生は尊い。1分1秒だって無駄にしてはならない。だから1分1秒も無駄にせず製品にすべきである。それが人間を尊重するということである。

静まり返った工場では、数百人の作業者が1分1秒トイレに行く時間もなく、黙々と作業に従事していました。そこに「創る」はありません。ただ深い絶望と諦めだけがありました。

〈創る時代の発想…ヒトは資源だ！〉

1分1秒まで行動を縛ればヒトは育ちません。「作る」を極める過程でヒトは様々な問題にぶつかるでしょう。同時に生産性が向上し、手待ち時間も創り出されます。その活用を作業者自身の手に委ねれば、ヒトは自ら直面した問題の解決に取り組み、更に成長することができるのです。成長と自己実現こそが最高の動機づけです。

「作る」は、ＡＩとロボットに順次任せていきましょう。ヒトのやるべき仕事は1分1秒まで作り続けることではなく、「作る」からヒントを得て次の理想を思い描き、それを実現していくことです。「創る」は「作る」から生まれます。そして会社の全ての力の源泉はヒトなのです。問われてヒトは育ちます。時に厳しく生産性を問われながらも、**ヒトが元気に成長できる職場**を実現していかなければなりません。

「創る」は「作る」のようにノルマで強制できる活動ではありませんから、各自が自分自身の強いモチベーションの下に自発的に目標を立て、成長の場が与えられ、その実現に向かって自ら進んでＰＤＣＡを回し、努力が正当に評価されるという良い循環が必要です。そしてその循環を支えるためのツールが付加価値会計なのです。

「作る」と「創る」のつながり

会社の力の源泉とは？

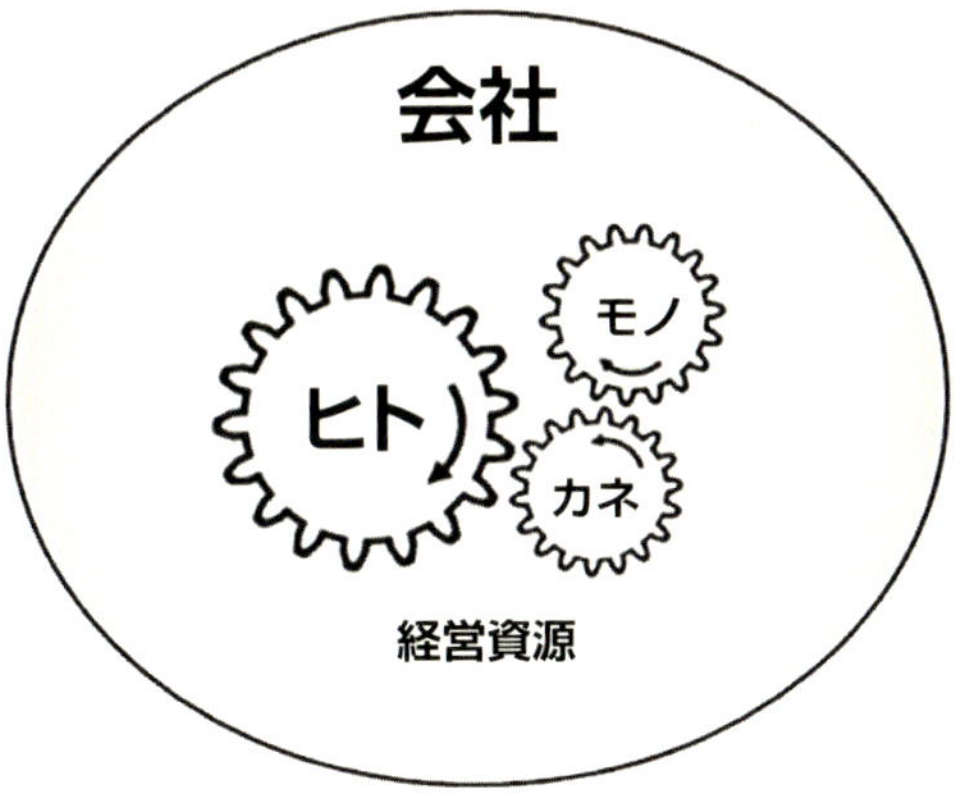

ポイント BOX	
	①ヒトをコストと見做して使い捨てるのは「作る」時代の発想 ②ヒトを資源と見做して育てていくのが「創る」時代の発想

82 派遣社員はコストですか？ 資源ですか？

会社がヒトをどのように育てていくのかで決めるべきことです

〈2通りの取り扱いが想定される〉

改めて、会社の扱いの中で、派遣社員はコストでしょうか？資源でしょうか？

一般に原価計算上の派遣社員の扱いには2通りが考えられます。

- ✔ 派遣は外部費用（コスト≒いつでも切れる変動費）だと考える
- ✔ 派遣は正社員登用の前段階（資源≒じっくり育てていく固定費）だと考える

〈派遣社員をコストだと考える場合〉

派遣社員をコストだと考えるなら、外注加工費などの変動費と同じ扱いとなり

売上高－変動費（派遣社員の費用を含む）＝付加価値

付加価値÷固定費（正社員の労務費を含む）＝生産性

によって正社員の生産性を問います。この場合、派遣社員の生産性については正社員が責任を負うことになります。仮に**派遣社員を粗雑に扱い正社員が遊んでいる**という状況があれば、その正社員の不適切な行動は自分自身の生産性の低下として表れてくることになるでしょう。

〈派遣社員を資源だと考える場合〉

他方、派遣社員を原価計算上の資源だと考えるなら、

売上高－変動費（派遣社員の費用を含まない）

＝付加価値

付加価値÷固定費（正社員や派遣社員の労務費）

＝生産性

となり、派遣社員自身にも生産性向上への責任を負っていただきます。ただし無理なカイゼン要求はタダ働きの強要となりコンプライアンス違反なので要注意です。

派遣社員の労務費の処理

売上高
－材料費
－変動労務費　・・・派遣社員はコストだ！
－外注加工費
－外注物流費
－在庫金利

＝未分配付加価値

－重要性の低い固定費

－固定労務費　・・・派遣社員も資源だ！
－減価償却費
－資本コスト

＝繰越付加価値

会社はどのようにヒトを育てるのか？

ポイントBOX
①派遣社員をコストだと考えるなら、費用を変動費に算入する
②派遣社員を資源だと考えるなら、費用を固定費に算入する

83 ボトルネック工程についてはどう考えるべきですか？

フル生産でなければ、ボトルネックの制約は問題になりません

〈フル生産の時はボトルネックに手当てする〉

ボトルネックという考え方があります。工場のボトルネックになっている工程を見つけ出し、その工程の生産性を最優先した生産計画を組むことで工場全体の生産性を最大化できるという考え方です。例えば製品Ａ、Ｂ、Ｃがあり、ボトルネックになっている工程における時間当たりの生産性（時間生産性）が＠１０００円、＠１５００円、＠１２００円である場合、製品Ｂの生産を最優先すること（もし可能なら製品Ｂだけ作ること）が有利になります。

〈フル生産でなければ、ボトルネックは問題にならない〉

ボトルネックという考え方は重要なものですが、フル生産を超える需要が前提です。しかし昨今の事業環境では需要は低迷し、工場の都合だけで生産計画を組めないケースも多々あります。こうした場合、場内のボトルネックは問題になりません。

更に、フル生産ではあってもそれだけで固定費が賄い切れているとは限りません。仮に賄い切れていたとしても、生産性は下がっているかもしれません。ですから固定費に対する付加価値の割合（付加価値生産性）に常に目を配る必要があります。

もうひとつの問題は、ボトルネックに注目しフル生産を過度に指向すると、「作る」という活動に過度に埋没し、**「創る」がおろそかになってしまう**ことです。どんな事業でも現状のビジネスがそのまま永遠に続くわけではありませんから、手待ちを活かして常に創造的な活動を心掛け、未来への備えを怠ってはなりません。今日では技術のコモディティ化で各国・各社の「作る」にはほとんど差がなくなりました。新たな勝負所は工場内の「作る」ではなく、サプライチェーン全体での価値創造なのです。

このように、ボトルネックは重要な考え方ですが限界もあります。付加価値と適切に使いわけていくことが大切です。

ボトルネックが重要なケース（操業可能な８時間→フル生産

製品A
付加価値　：2000円
生産時間　：2.0時間
時間生産性：1000円／時

製品B
付加価値　：1500円
生産時間　：1.0時間
時間生産性：1500円／時

最も効率が良い製品

製品C
付加価値　：1800円
生産時間　：1.5時間
時間生産性：1200円／時

生産計画

製品A・2台
製品B・1台
製品C・2台

操業時間　2.0×2＋1.0×1＋1.5×2＝8時間（フル生産）
付加価値　1000×2＋1500×1＋1200×2＝9100円

製品A・1台
製品B・3台
製品C・2台

操業時間　2.0×1＋1.0×3＋1.5×2＝8時間（フル生産）
付加価値　1000×1＋1500×3＋1200×2＝10100円

製品A・0台
製品B・8台
製品C・0台

操業時間　2.0×0＋1.0×8＋1.5×0＝8時間（フル生産）
付加価値　1000×0＋1500×8＋1200×0＝12000円

ボトルネックが重要ではないケース（フル生産ではない）

生産計画

製品A・2台
製品B・1台
製品C・0台

操業時間　2.0×2+1.0×1+1.5×0＝5時間（フル生産ではない）
付加価値　1000×2＋1500×1＋1200×0＝5500円

※操業時間は３時間余っているので、製品A・B・Cのどれを増やしてもよい

ポイントBOX
①フル生産の時は、ボトルネックに手当てする必要がある
②フル生産でない時は、ボトルネックは問題にならない

84

外注／内製の判断はどうしますか？〔その1〕

まず繰越付加価値がどう変化するかを比較します

〈全部原価計算では、単純なことさえわからない！〉

モノづくりの様々な場面で、「内製すべきか／外注すべきか」という判断に迫られます。そんなときは繰越付加価値や生産性の変化を比較してみましょう。

数値例を使って考えてみます。ある会社で売価@１００円、変動費40円、1台当たりの付加価値60円の製品を製造販売しています。固定費は１００円です。

✔ 現在の状況

生産販売数が10台の時、変動費は４００円、付加価値は６００円、生産性は6倍です。付加価値から固定費を差し引いた繰越付加価値は５００円です。

✔ ケース1

工程を一部外注することによって変動費が４００円から３８０円に減るならば、繰越付加価値は20円増えて５２０円になります。生産性も６・２倍に向上します。このケースでは生産性を見るまでもなく、外注は「ＹＳＥ」と判断されることになるでしょう。

✔ ケース2

工程を一部外注すれば工場全体の生産能力に余力が生じるかもしれません。好調な販売に支えられ12台まで生産販売数を伸ばせると想定される場合、繰越付加価値はさらに増えて６４４円、生産性は７・４倍になります。

判断はもちろん「ＹＥＳ」です。

きわめて単純な事例でしたが、変動費と固定費がしっかり分離されていない全部原価計算では、**この単純な結論でさえ見えてこない**という問題があります。しかし付加価値会計なら判断は簡単です。

外注すべきか否かの判断（コストダウンになるケース）

	単価	現状	ケース1	ケース2
	1	10	10	12
売上高	100	1000	1000	1200
変動費	40	400	300	360
＋外注加工費			80	96
付加価値	60	600	620	744
固定費		100	100	100
繰越付加価値		500	520	644
生産性		6.0	6.2	7.4
損益分岐点		167	161	161
安全余裕率		83.3%	83.9%	86.6%

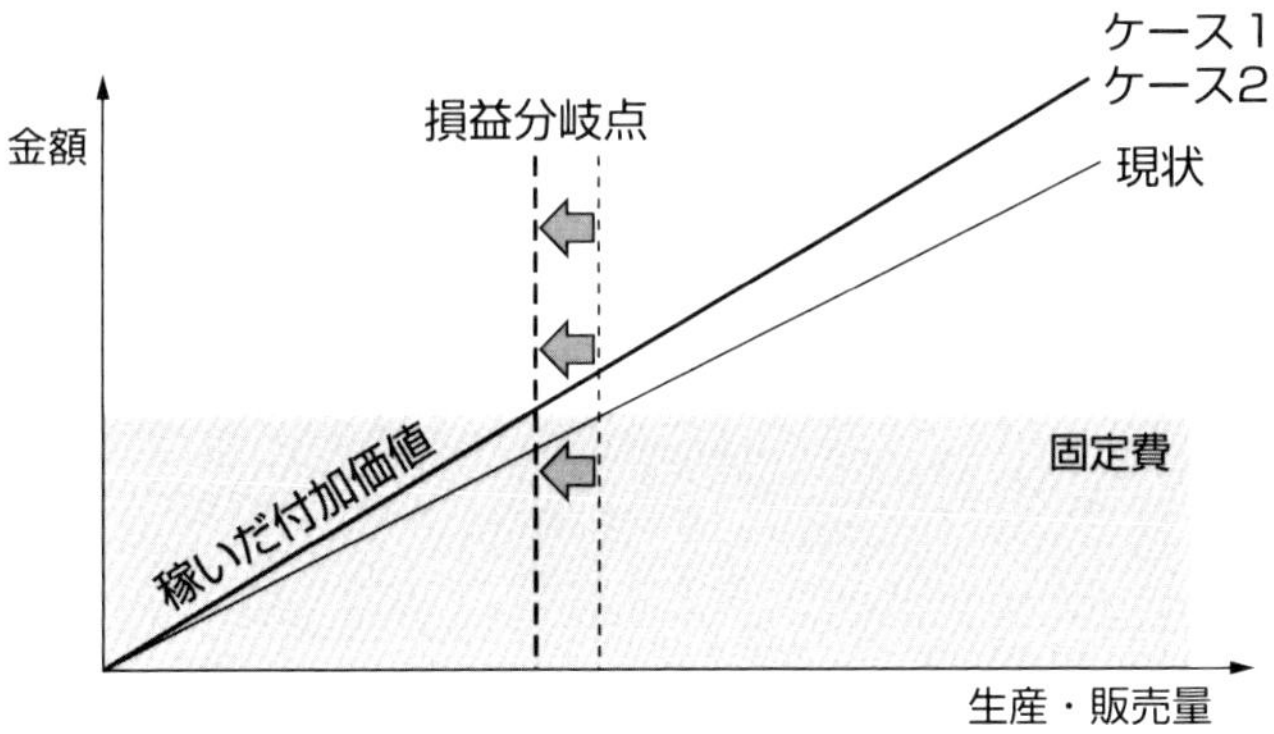

ポイント BOX

①外注／内製の判断は、繰越付加価値の比較で行う
②繰越付加価値の増減分析は、差額原価分析とも呼ばれる

85

外注／内製の判断はどうしますか？（その2）

次に、生産性がどう変化するかを比較します

〈従来の管理会計だけでは、見えなかったこと〉

外注の検討では、変動費が減る（コストダウン）なら実施、変動費が増える（コストアップ）なら実施しない、というのが当然の結論だと思われます。しかし仮に変動費のコストアップになっても固定費が減るケースでは、新たな選択肢も見えてきます。

✔ケース３

工程を一部外注することによって変動費が４００円から４２０円に増えるなら、繰越付加価値は減少して４８０円となり生産性も低下しますから、外注は「ＮＯ」と判断されるでしょう。

✔ケース４

工程を一部外注することによって変動費が４００円から４２０円に増えるものの、同時に管理部門の負担軽減で固定費が30円減少するなら、繰越付加価値は10円増加し生産性も向上します。この場合、外注は「ＹＥＳ」と判断されるでしょう。

✔ケース５

変動費が増え繰越付加価値が減少するのに生産性は上昇するケースがあります。ケース５では、変動費の増加で付加価値が現状から20円減少、繰越付加価値も現状から10円減少していますが、６倍だった生産性は６・４倍に上昇しています。

何を優先するのか？は会社の方針次第ですが、活用しきれていない資源を他の創造的活動に移すことで生産性を高められる場合があります。その結果、仮に一時的には繰越付加価値が減少しても、損益分岐点を引き下げ、安全余裕率（何％売上げが低下しても黒字を維持できるか）を改善できるなら、事業体質の強化になります。

これは、従来の差額原価分析だけでは見えてこなかった新たな選択肢です。

外注すべきか否かの判断（生産性が向上するケース）

	単価	現状	ケース3	ケース4	ケース5
	1	10	10	10	10
売上高	100	1000	1000	1000	1000
変動費	40	400	300	300	300
＋外注加工費			120	120	120
付加価値	60	600	580	580	580
固定費		100	100	70	90
繰越付加価値		500	480	510	490
生産性		6.0	5.8	8.3	6.4
損益分岐点		167	172	121	155
安全余裕率		83.3%	82.8%	87.9%	84.5%

	現状		ケース5
✔繰越付加価値	500	⇒	490（減少した）
✔生産性	6.0	⇒	6.4（良くなった）
✔損益分岐点	167	⇒	155（良くなった）
✔安全余裕率	83.3%	⇒	84.5%（良くなった）

ポイントBOX

①生産性の増減が、重要な判断ポイント
②繰越付加価値が減少しても、生産性は向上するケースがある

86 設備を使ったら固定費を配賦すべきではないですか？

ある新鋭工場を配賦が止めました。配賦が資源を無駄にします

付加価値会計では変動費と固定費の分離を徹底し固定費の配賦をしませんが、特定の設備を使ったら配賦すべきだという御意見にも根強いものがあります。そこで固定費配賦の本質を示すある実例を紹介しましょう。

〈ある新鋭工場の悲劇〉

ある会社に東京工場と横浜工場という2つの工場がありました。どちらの工場も製造原価は同じでしたが、共に老朽化が著しかったため経営トップの判断で最新設備に更新することになりました。とはいえキャッシュの制約があったため、まず横浜工場で実施され、東京工場は3年後に更新することが決定されたのです。さて、一足先に設備更新した横浜工場では、副次的に材料の歩留りが改善され変動費が減りました。しかしそれ以上に新鋭設備の減価償却費が配賦されてきたため、横浜工場の製造原価（変動費＋固定費）は割高だと言われて営業マンから敬遠され工場はガラガラになってしまったのです。その一方で、配賦が無い東京工場の人気は高くフル生産が続きましたが、歩留まりは悪化し事故のリスクも高まりました。

配賦しても／しなくても会社全体の固定費は同じです。冷静に考えれば変動費が安い横浜工場こそフル生産すべきだったのです。しかし実際にはそうした成り行きにならなかった原因は、従来の原価計算に固定費の配賦があったからでした。固定費の配賦を止め変動費だけで原価計算すれば、横浜工場での生産が有利だとすぐにわかります。これは、本来は経営トップが管理すべき固定費を、**配賦を通じて担当者の管理に転嫁してしまった**ことによる失敗だったとも言えます。いったん原価に差がつくと横浜工場は更に敬遠されるようになり、製品1台あたりへの固定費配賦が更に増えるという自滅のスパイラルに陥ります。これと同様の事例に、せっかく建てた最新のオフィスに誰も入りたがらずガラガラ、その一方でボロボロの古いオフィスはすし詰め状態…といった珍妙な事件もありました。

財務会計で意思決定する…老朽工場を使おう！

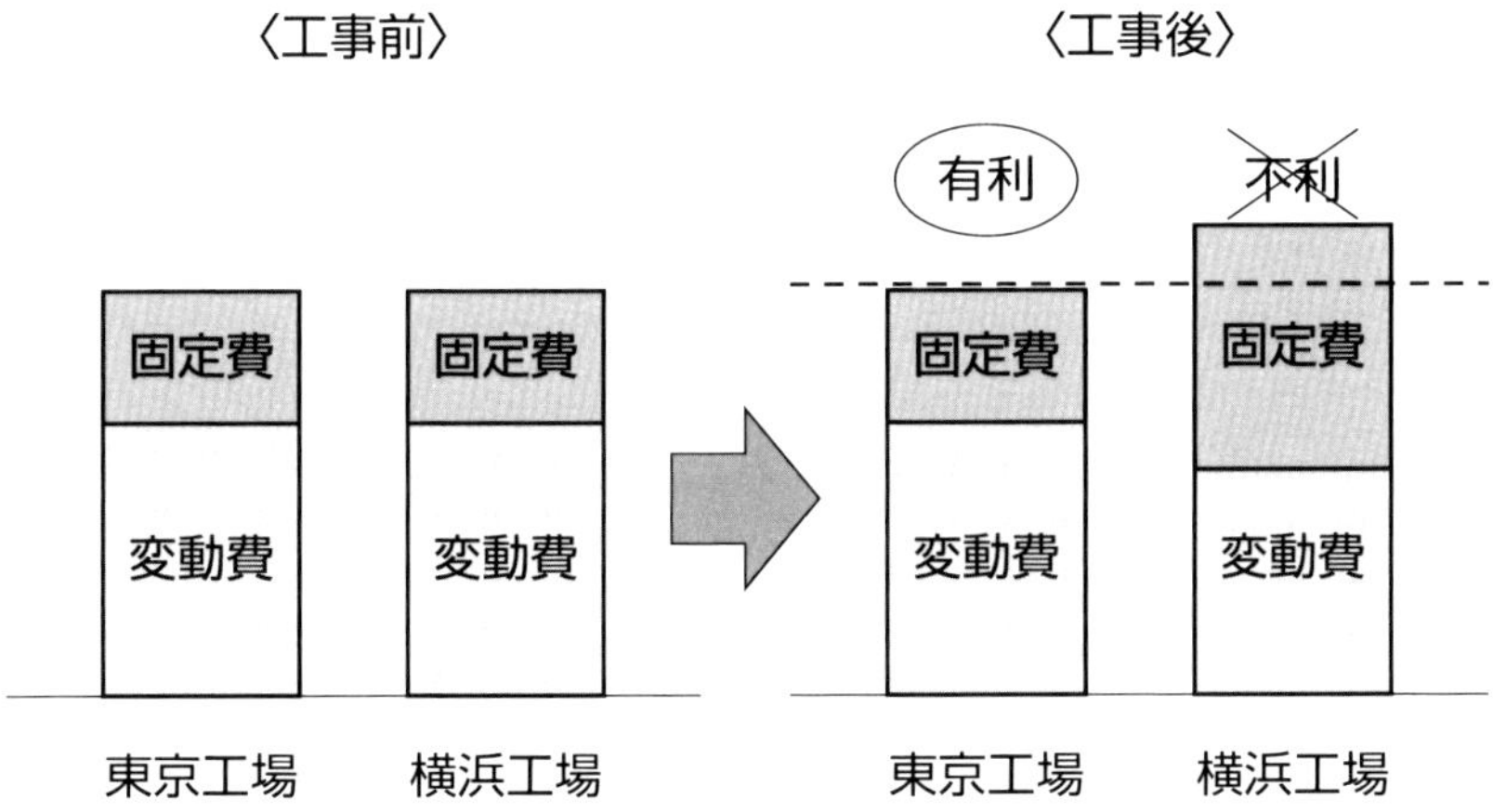

付加価値会計で意思決定する…新鋭工場を使おう！

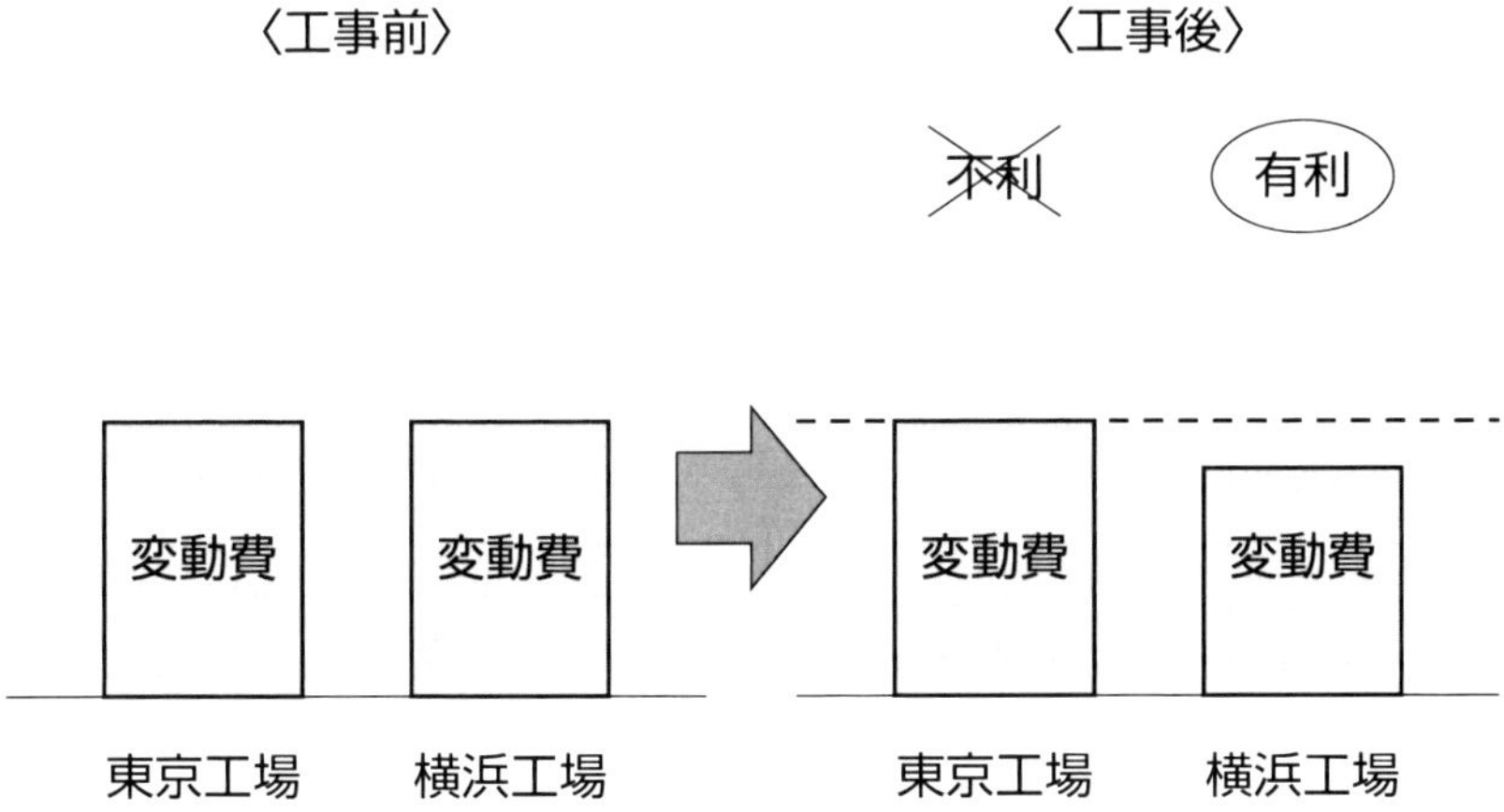

ポイントBOX

①固定費を配賦すると、優秀な経営資源が活かされず遊ぶことがある
②固定費と変動費は管理責任が異なるので、配賦で混ぜるべきではない

87 配賦をせずに、売価はどう決めればよいのでしょう？

配賦では決められません。今日、売価は市場が決めるものです

〈今日、売価は市場が決める〉

今日、原価の積み上げでは売価が決定できないケースが増えました。伝統的な全部原価計算では、配賦によって固定費を原価算入し、さらに売価に転嫁することによってお客様に御負担いただくという考え方をします。しかし昨今はどこの製品にも大差がなくなり、**ネット等でなんでも比較されてしまう時代**です。会社の都合で不合理な配賦をして売価を決めれば、お客様から支持されなくなり、配賦はますます回収できなくなります。状況はますます悪化するでしょう（自滅のスパイラル）。ですから付加価値会計では「積上げ原価の算定→売価の決定」という考え方をしません。「売価は市場が決めるものでしょ？」というのが基本スタンスだからです。

〈製品の売価の見積もり〉

売価の見積もりは、市場に類似品があるかどうかの調査から始まります。類似品があれば、その価格を大きく超えるわけにはいきません。類似品がなければ、お客様にとっての便益を想定し認めていただける売価を算定しなければなりません。次に会社は、製品の提供コストを見積もらなければなりません。材料の購入価額や外注加工費、外注物流費や在庫金利に作業労務費を加算します。その製品がある程度合理的な工数で生産できているなら、その工数に合理的な労務費単価（即ち、固定費の配賦をしないということ）を乗じれば労務費に関する見積もりもできます。（ただしこの工数で生産性の評価を試みてはいけません。生産性は付加価値で評価します。）

もし提供コストの見積りが売価調査の結果を大きく超えてしまったなら、**何かが失敗している証拠**です。その原因を分析し、コストダウンや生産性向上の方策を考えなければなりません。製品に真の強みがあるなら対策は必ず見つかるはずです。仮に会社の製品が全く独自で完全な競争力を有するなら、先行した設備投資、低い稼働率、難航する試作費を全て織り込んでもお客様はついてきてくださるでしょう。

会社の都合による異常な配賦

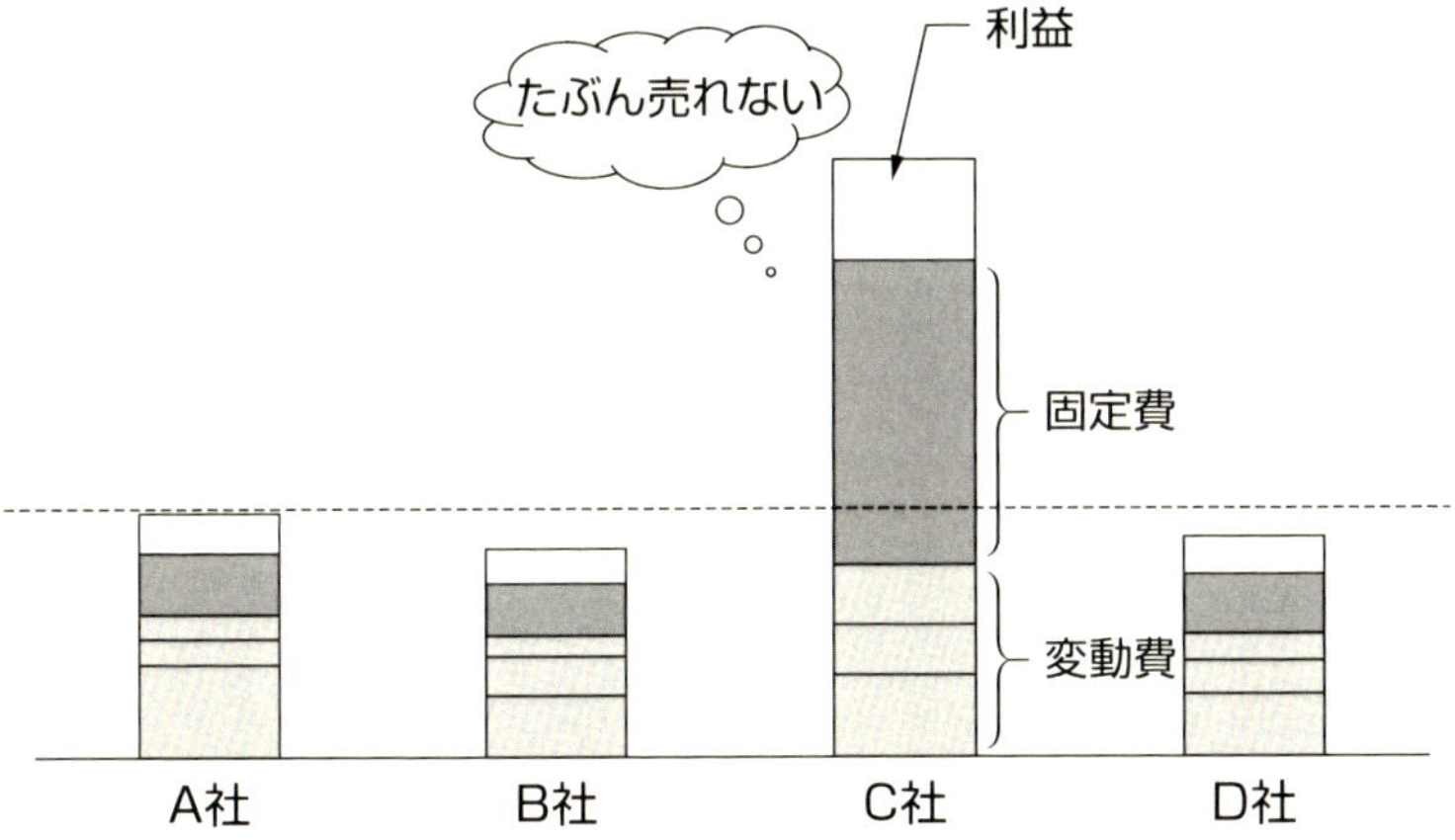

製造業の自滅のスパイラル

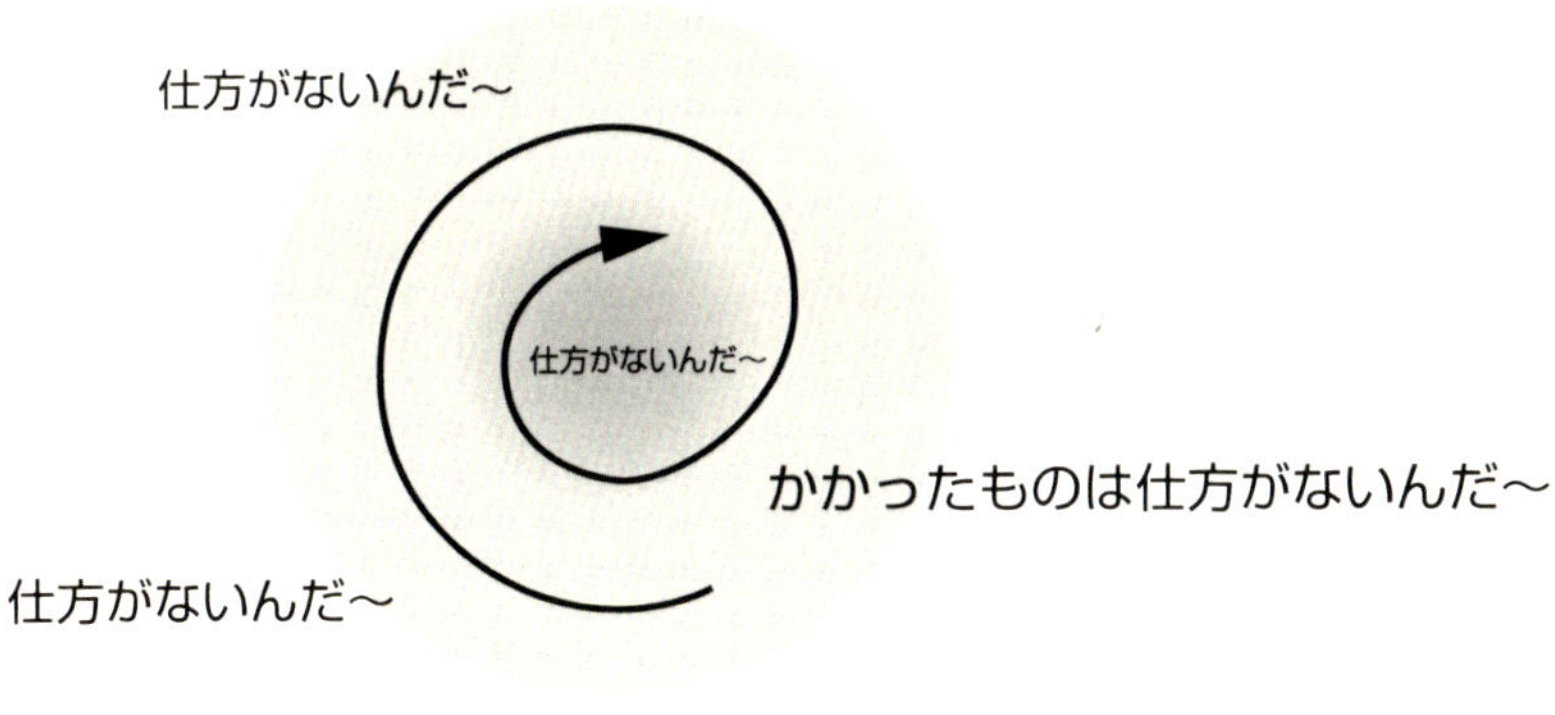

ポイントBOX

①まずは市場で類似品の売価を調査する
②次に自社の提供コストを見積もり、類似品の売価と比較する

88 固定費はどうやって回収すればよいのでしょう？

原価への算入ではなく、損益分岐点分析で回収を計画します

〈損益分岐点分析を基本とする〉

「固定費を配賦で回収しないなら、一体どうやって回収するのですか？」

とよく聞かれますが、付加価値会計では損益分岐点分析で回収を計画します。

売上高－変動費＝未分配付加価値

未分配付加価値－固定費＝繰越付加価値

この繰越付加価値がプラスになるのかマイナスになるかです。基本的な考え方はいわゆる原価計算を行わない流通業と同じです。（原価の比率も似てきています。）もし繰越付加価値がプラスにならないなら、①数量UP、②売価UPや変動費DOWN、③固定費CUT（少なくとも他の事業への移動）などの対応を検討します。どうしても黒字化の道筋が見いだせなければ、設備投資の延期や、生産性の低い経営資源（固定費）の生産性向上を検討します。それでも企業風土が変わらないなら、**資源の処分を検討**しなければなりません。どんな順番で手をつけるかは会社の方針や事業の状況次第です。

〈稼働率はどんな状況でしょうか？〉

従来から行われて来た固定費配賦という計算の有効性は、工場の稼働率が高いか／低いかで大きく変わって来ます。稼働率が高くフル生産に近い状態であれば、従来の全部原価計算通りに固定費配賦を行っても良い目安になるかもしれません。しかし稼働率がフル生産からほど遠い状態であれば、固定費の配賦額は異常になり、製造業の「自滅のスパイラル」に陥るリスクが高まります。

総じて結論を述べれば、量産品・受注品ともに常に付加価値（≒変動利益）で見て黒字が確保できていることを確かめつつ、少しでも固定費全体の生産性が上がるような意思決定を積み重ねていくことが大切です。それが事業を軌道に乗せるための正しい経営管理の在り方なのです。

損益分岐点分析

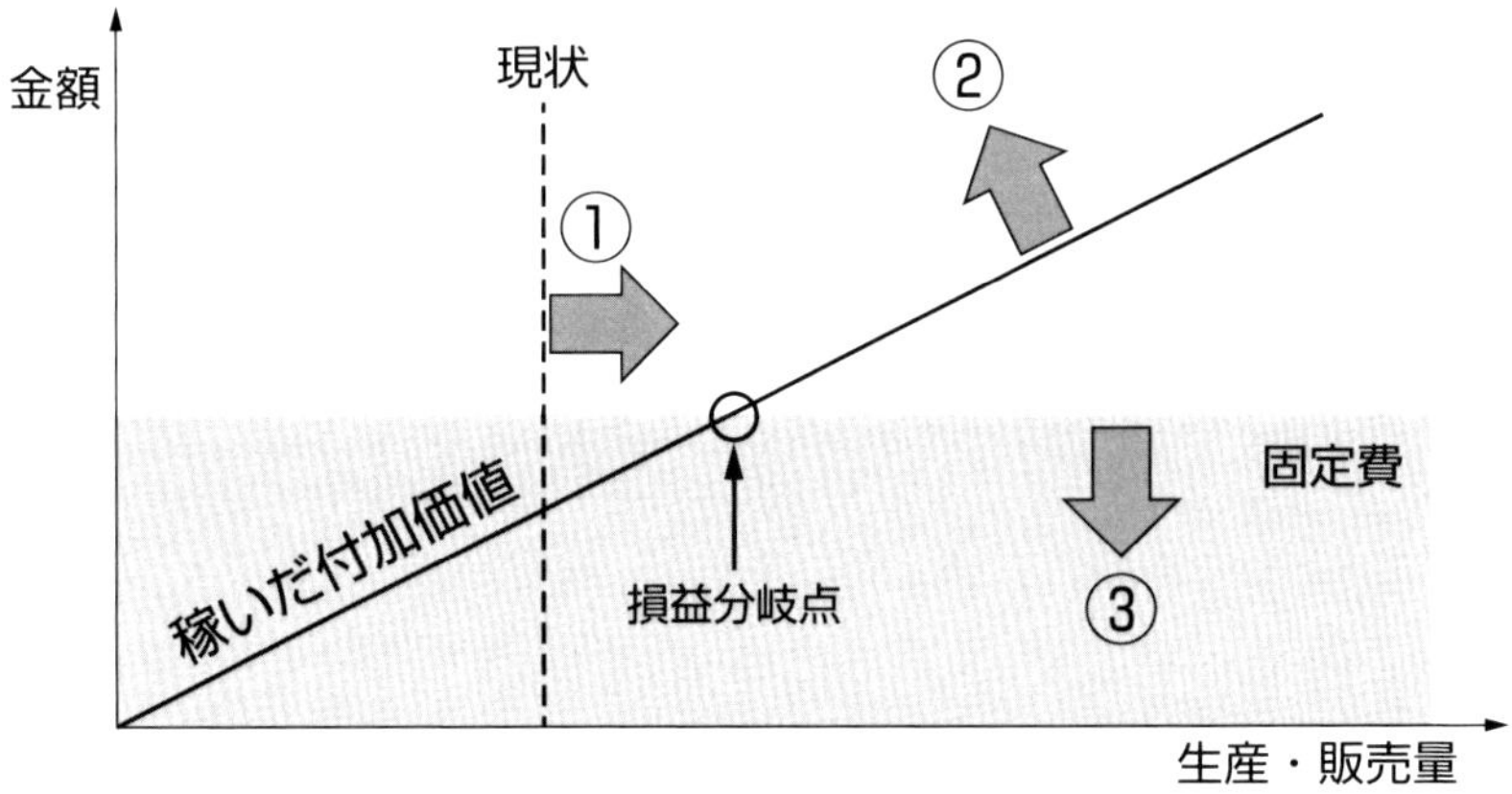

固定費が回収できていない場合のアクション

✔生産販売数を増やす…①
付加価値で黒字だと確認できなければ実行できない　⇒　見える化する！

✔売価を上げる／変動費を下げる…②
変動費（コスト）の内訳が見えなければ実行できない　⇒　見える化する！

✔固定費を削減（少なくとも移動）…③
固定費（資源）の生産性が見えなければ実行できない　⇒　見える化する！
生産性が見えていれば、手遅れになる前に対策ができる⇒　常にモニタリング

ポイントBOX

①従来の配賦という考え方で固定費回収を試みると、お客様の支持を失う
②製造部門・管理部門を問わず、固定費は損益分岐点分析で回収を計画する

89

わざわざ在庫金利を計算する必要があるのですか？

在庫削減を目標に掲げるなら、効果金額を必ず把握すべきです

〈売れ筋在庫を減らすという悲劇〉

他の変動費に比べて、この本で紹介した在庫金利の計算は少し複雑だと感じられた方も多いかもしれません。在庫金利を最終的にどう管理すべきかは、各社が事業の状況を踏まえて決めることではありますが、多くの会社で「在庫が寝ることはお金が寝ること」だと言われ、在庫削減や在庫回転数の改善が重要な経営目標に掲げられています。であれば、**その活動の効果が何円くらいになるのか**を把握して活動しなければ不十分だと考えるべきでしょう。

従来の在庫管理はもっぱら在庫回転数を軸として行われてきましたが、この在庫回転数が期末日の在庫高で計算されてきたが故に、期末日だけ在庫を減らすという有害な活動も広く行われてきました。これでは実質的な金利負担が減らないだけでなく、手のつけやすい原材料や売れ筋製品の在庫ばかりが減らされて、翌期首の倉庫が**不良在庫の山になってしまうという悲劇**も実際に引き起こされています。また、在庫回転数という指標は独り歩きしがちであり、在庫回転数の無限の上昇や、過度に精神論的なゼロ在庫化が求められることも多々ありました。更には、期末日だけ在庫を減らすという日頃の行動が、会計数値を操作することへの心理的抵抗感をなくし、様々な不正への下地になってしまう局面もあったことは看過できません（会計不正、検査不正、カイゼン不正）。

そもそも製造業において余剰在庫を持つことが厳しく戒められてきたのは、固定費を薄めるために行われる余剰生産が、しばしば致命的な結末をもたらすからでした。全部原価計算を止めて固定費を在庫に配賦しなければ、こうした不純な動機からは解放され、真に戦略的な視点から在庫を考えることができるようになります。更に一歩進み、サプライチェーンの中で在庫を抱えることの影響をきちんと評価し、より戦略的な判断を目指すなら、在庫金利の計算がどうしても必要になるはずです。

ある会社の在庫高の推移（四半期決算）

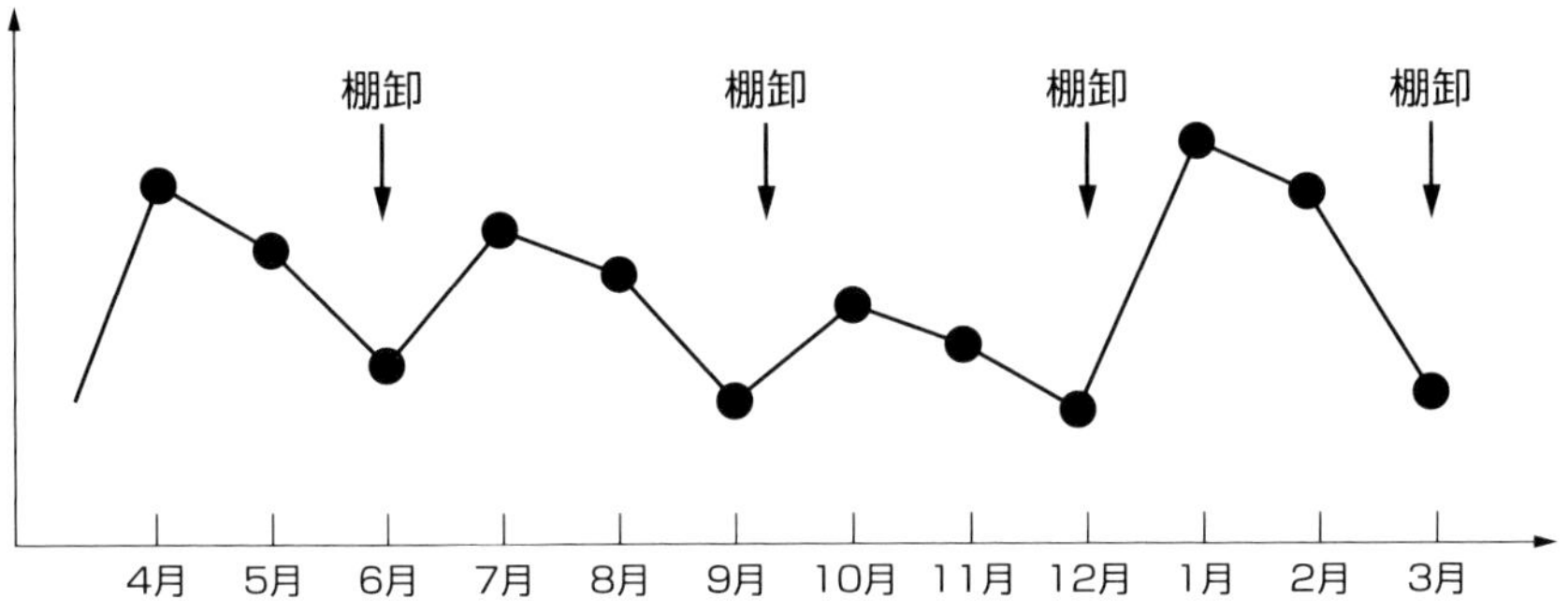

ゼロ在庫の追求、在庫回転数はどこまで上げればよいのか？

$$\frac{100億円}{100億円} = 1回転$$

$$\frac{100億円}{10億円} = 10回転$$

$$\frac{100億円}{0億円} = \infty回転$$

ポイントBOX

①固定費の配賦を止めれば、固定費を薄めるという動機からは解放される

②一歩進んで在庫金利を計算すれば、より戦略的な事業判断が可能になる

90

毎日が粉飾決算って、どういう意味ですか？

見かけを取り繕う行動が、現実逃避のマインドを作り出します

〈操作された在庫水準〉

例えば経営体質の強化を目指し「在庫を減らそう！」という指示が出たとします。それが仮に誤った考えに基づく指示だとしても、その結果が第89話のような在庫の動きになっているなら、その会社は死にかけています。

理由1：第89話の事例では4半期毎に行われる実地棚卸に合わせて在庫回転数の判定が行われていましたが、ここでは明らかに棚卸の時だけ在庫を減らすという行動が見て取れます。これでは**毎日粉飾の練習をしているに等しく**、「事業の実態を改善せず、見かけだけ取り繕う」という躾を従業員にしていることになります。こうした誤った躾が、結果的に検査データの偽装等にもつながっていくことになります。

理由2：操作された在庫水準と実力の在庫水準の差は、**社内コミュニケーションの致命的不在**を示しています。現場では一定の在庫が必要だと感じているのに意見を言わず、経営側も実態を見ようとせずに時代遅れの指示を出す…もう終わりです。

理由3：実力の在庫水準を見る限り在庫金利は減らせていません。また見かけ上、棚卸日の在庫だけを減らそうとする有害な行動が、棚卸のたびに**大きな混乱を引き起こし**事業活動に深刻な影響を与えています。そんな余裕があるのでしょうか？

〈不正直指数（Dishonesty Index）〉

本当に厳しい時代になりました。力を合わせて生き抜くための行動を始めましょう。まずは、「見せかけの在庫水準と実力の在庫水準の差÷実力の在庫水準」を計算してみてください。もしこの指数が大きな値を示しているなら早急に対策が必要です。勇気を持って真実に向き合わなければ事業の業績は回復しないということを改めて肝に銘じ、真実に向き合う正しい行動で不正直指数0%を目指しましょう。

見せかけの在庫水準（棚卸日の在庫水準）…A

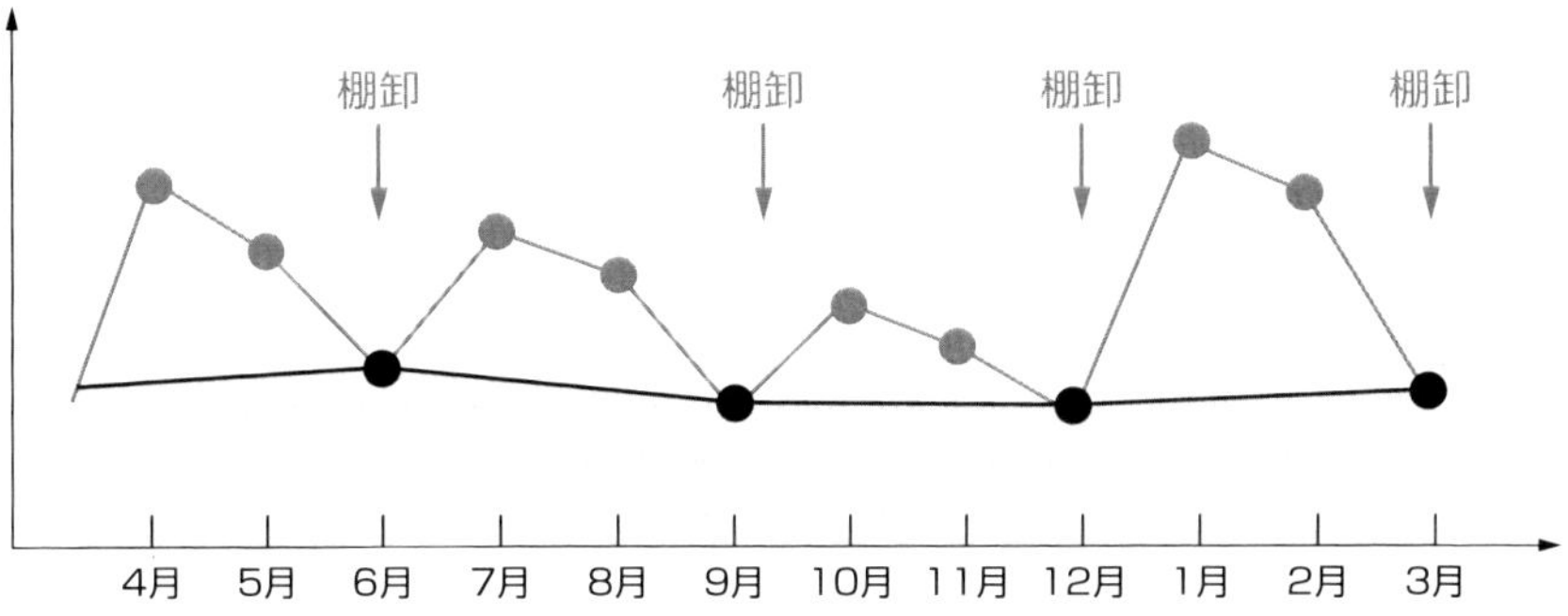

実力の在庫水準（棚卸日以外の在庫水準）…B

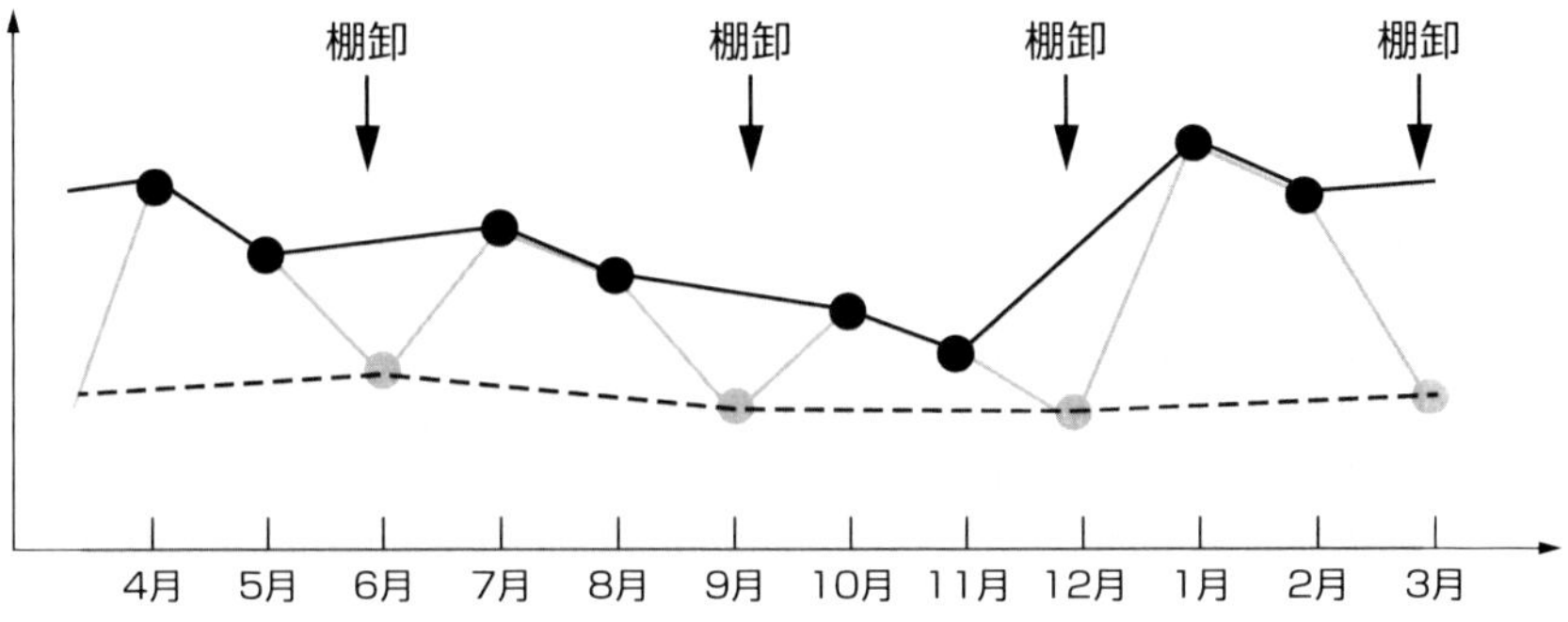

不正直指数（Dishonesty Index）
＝見せかけと実力の在庫水準の差÷実力の在庫水準
＝（Bの面積－Aの面積）÷Bの面積

ポイントBOX

①期末日だけ在庫を減らすという行動が、致命的な結果をもたらす
②正しい行動で、不正直指数0％を目指す

91

付加価値会計では操業度差異を考えないのですか？

操業度差異という発想が、無駄な生産や余剰在庫の原因です

〈操業度差異って、なんだ？〉

全部原価計算では固定費を予定操業時間に基づいて配賦します。例えば固定費の予算が年１００万円、予定操業時間が年１０００時間だった場合、１００万円÷１０００時間で、操業1時間当たり１０００円の固定費を製品に配賦することになるでしょう。このように、あたかも固定費が変動費であるかのようにみなして扱うのが全部原価計算なのですが、仮にこの予定操業時間と実際操業時間が乖離した場合には操業度差異（固定費配賦の過不足）という厄介者が生じてしまいます。

しかしながら、今日は1年先どころか**明日の状況さえ予想ができない時代**です。ある程度は技術的に計画できるメンテナンスの時間はともかくも、向こう1年間の遊休時間／操業時間を有意な精度で見積もることは全く困難ですし、仮にその見積もりが外れたからと言って、誰を責め、どんな対策を取るべきなのでしょうか？　例えば１０００時間と見積もった操業時間が９００時間で着地してしまいそうな時、多くの現場で固定費回収のため、１００時間の追加操業を行い、予定操業時間を達成したいという発想をするかもしれません。ですがそれは余剰在庫の原因となり事業の致命傷になります。事後的に配賦率の変更を余儀なくされれば原価管理は破綻します。

〈類似の問題を抱える減価償却費〉

1年間の操業度の見積もりだけではなく、使用期間が数年から数十年にも及ぶ固定資産の使用年数なども見積もりが難しいものでした。今日のビジネス環境においてこれほど無茶な見積もりをするのは１００年前にデザインされた会計の世界だけかもしれません。いったん見積もってしまえば、事業はその数字に引きずられ無駄な生産活動に走ることになります。恣意的な見積もりによる利益操作が行われることさえあります。こうした恣意性や誤った行動への動機づけを解消するためにも、付加価値会計では固定費配賦を行わず、減価償却も即時償却を推奨するのです。

様々な操業度

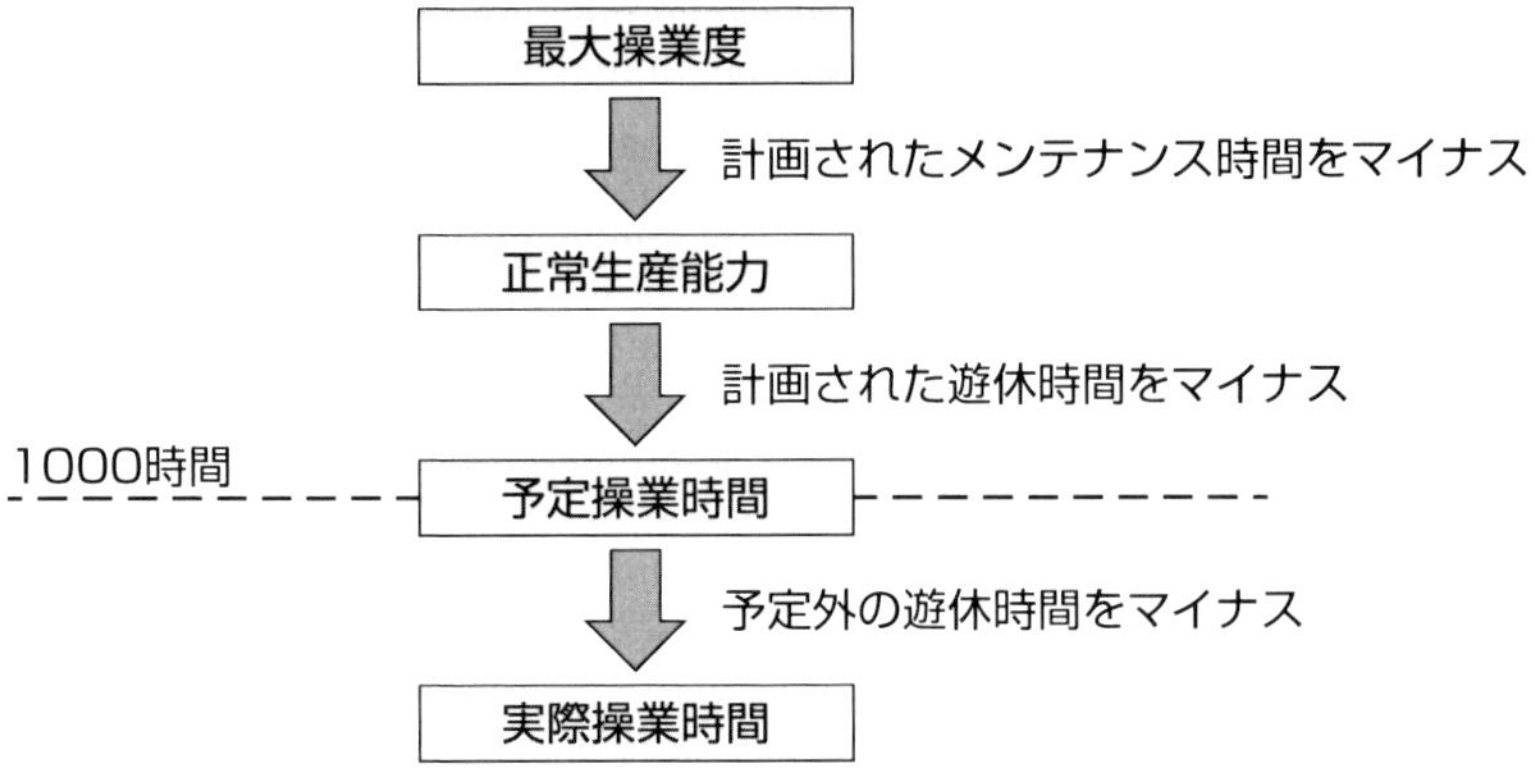

操業度差異とは何なのか？

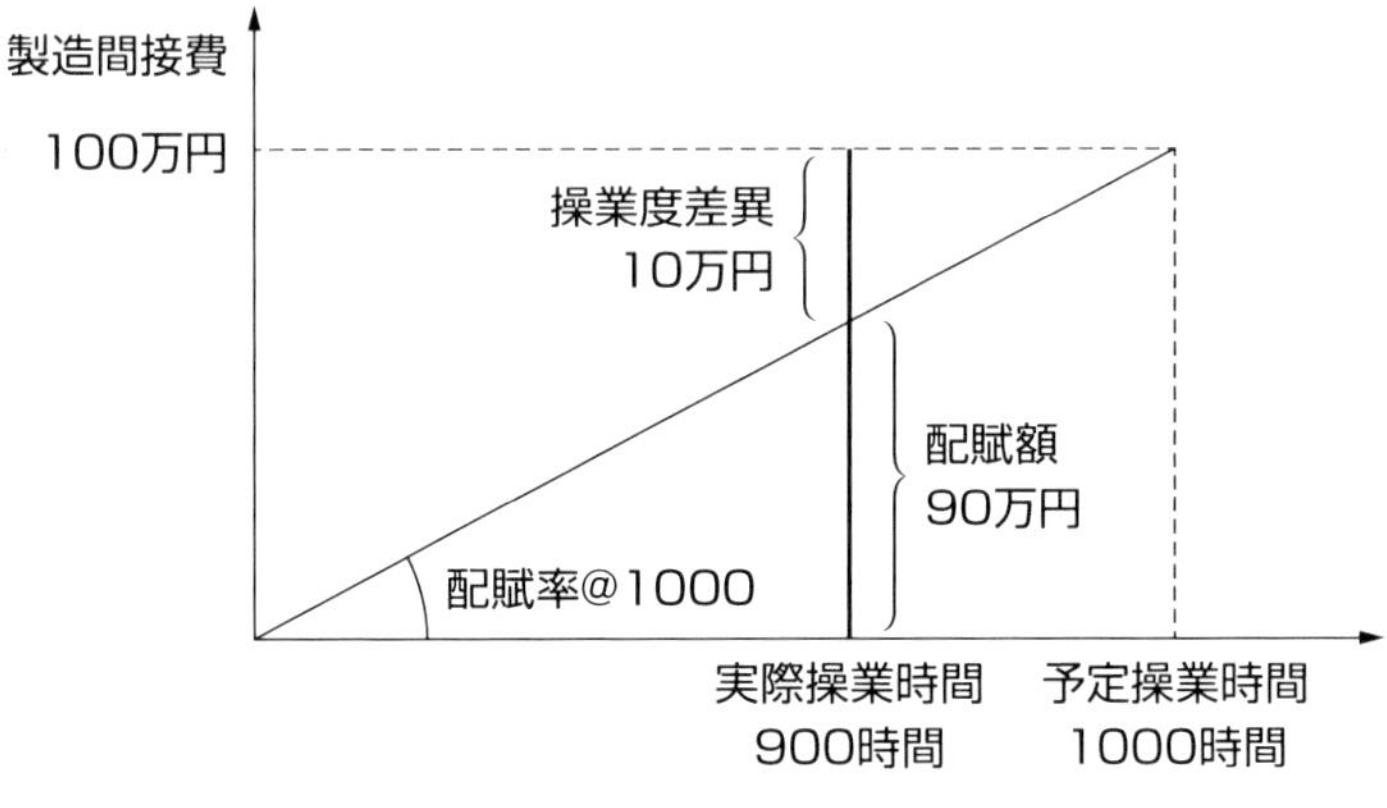

ポイントBOX

①操業度を一定の精度で見積もることは極めて難しい
②操業度を見積もることが、過剰生産や余剰在庫の原因になることがある

92 なぜ、即時償却を推奨するのですか？

設備投資に慎重を期し、埋没原価を作らないためです

〈埋没原価とは何か？〉

埋没原価とは、過去において支出され、事後の意思決定で取り返せない費用のことです。整理してみると2種類の埋没原価があるようです。

①会計上の費用処理が済んでおらず、未来にわたって発生し続ける費用

②既に会計上の費用処理が済んでいるものの、「もったいない」と感じる心理

①については、長期的な契約に基づいて発生する費用などもありますが、最も重大なものは数年から数十年にわたって発生し続ける減価償却費です。減価償却は、固定資産投資に関わる現在の支出を、その資産が将来稼ぎ出すと期待する収益と対応させるために繰り延べ、ゆっくり費用化していくための原価計算上の手続きです。

しかし今日の目まぐるしい経済環境において、数年から数十年にわたる固定資産の稼働を期待した会計処理はナンセンスですし、費用の繰り延べが固定資産の取得に関わる判断の甘さに繋がることもあります。しかも多くの固定資産（生産設備）は**稼働開始と同時に大半の転売価値を失い**、後日の埋没原価の発生原因になっていくのです。

〈即時償却を推奨する理由〉

そこで、いっそのこと償却性の資産は一気に償却してしまえば（即時償却）、慎重な設備投資判断と、①のタイプの埋没原価が回避できます。また、②については変動費と固定費を常日頃から意識的に区別した管理をしていくことが大切です。それによって過去の意思決定に引きずられなくなるからです。こうして未来に向かって新たに発生する売上・変動費・固定費の動きを見ながら、付加価値（未分配付加価値、繰越付加価値）がプラスになるか／マイナスになるかを考えながら行動するなら、経営判断を大きく誤ることはありません。

即時償却のイメージ

通常の減価償却のイメージ

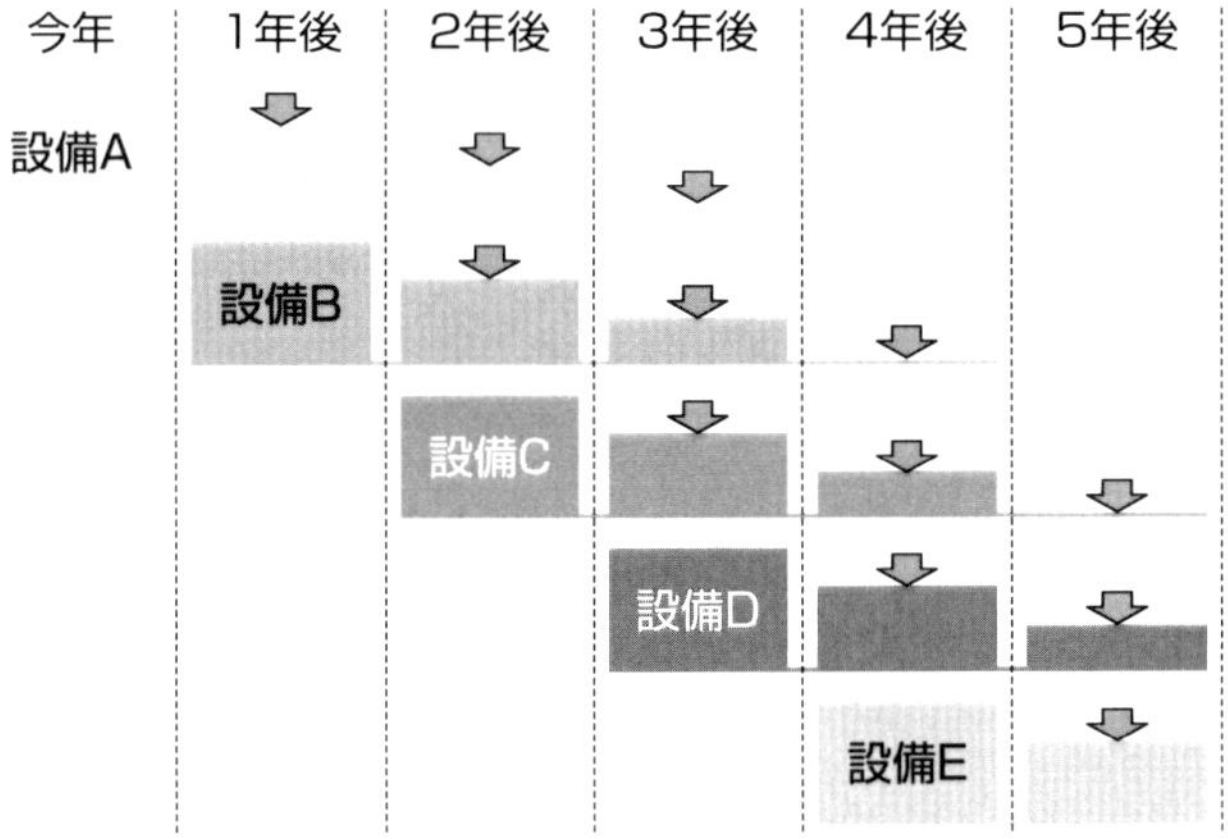

ポイントBOX

①即時償却を励行すれば、埋没原価の発生を回避できる
②変動費と固定費をしっかり区分管理すれば、埋没原価の発生を回避できる

93

付加価値会計はキャッシュフローに似ていますか？

付加価値会計はキャッシュフローに接近しています

〈間接法の問題〉

「黒字倒産」と呼ばれる事象があります。会社が黒字なのに倒産が起こるのは、従来の損益計算が様々な歴史的経緯で歪み、事業の実態を正しく示せていない証拠でしょう。そのため損益計算に代わり「キャッシュフローこそが事業の実態を示す真実だ」と言われることもありました。しかし今日実際に作成されているキャッシュフロー計算書は、**もともと歪んだ損益計算書から出発し、**それを逐次に修正していく構造となっているため（間接法）、さらに使い勝手が悪くなってしまっています。

〈付加価値会計とキャッシュフロー〉

そもそも損益計算の結果がキャッシュフローから大きく乖離してしまう重要な原因は2つありました。

1. 原価計算において固定費を在庫に配賦していること
2. 固定資産投資に関わる支出を、減価償却という形で先送りしていること

この2点に手当てした会計が必要です。付加価値会計の原価計算では固定費の配賦を止め、即時償却を励行しているので、計算結果がフリーキャッシュフローに接近しています。

それでもまだ付加価値会計とキャッシュフローが乖離する場面はあります。それは

1. 売上債権や買入債務、棚卸資産（在庫）の水準に大きな変化があった場合
2. 非償却性の固定資産（土地など）を取得した場合

などですが、固定費の配賦を止めれば在庫操作による利益操作の余地はなくなり在庫水準は健全化に向かいます。非償却性の土地などを購入した際には、その資産の価値は失われず換金も可能なはずですから、実用上は問題ありません。付加価値会計はキャッシュフロー計算書の使い勝手を補強する強力な経営資料になるでしょう。

間接法によるキャッシュフロー計算書

1. 営業キャッシュフロー　（百万円）

当期利益	＊＊	
法人税の支払	＊＊	
役員賞与の支払	＊＊	
減価償却費	＊＊	
売上債権の増減	＊＊	間接法
棚卸資産の増減	＊＊	
その他資産の増減	＊＊	
買入債務の増減	＊＊	
割引手形の増減	＊＊	
その他債務の増減	＊＊	
営業キャッシュフロー	＊＊	

2. 投資キャッシュフロー

固定資産の増減	＊＊
投資キャッシュフロー	＊＊
フリーキャッシュフロー（1＋2）	＊＊

3. 財務キャッシュフロー

借入金の増減	＊＊
配当金支払	＊＊
財務キャッシュフロー	＊＊
キャッシュ増減（1＋2＋3）	＊＊
キャッシュ期首残	＊＊
キャッシュ期末残	＊＊

ポイント BOX

①付加価値会計は、固定費配賦を停止し、即時償却を励行する
②配賦停止と即時償却により、付加価値会計はキャッシュフローに接近する

94 管理不能費は存在しないって、本当ですか？

固定費と変動費を混ぜなければ、管理不能費は発生しません

〈管理不能費とは何か？〉

全部原価計算では、管理不能費／管理可能費という概念が出てくることがあります。

ある原価の発生が一定の担当者や管理者によって管理し得るものであるかどうかの分類ですが、これは全く異常なことで、本質的には管理責任の異なる変動費と固定費をしっかり区分していないために発生してしまう問題だと言えるでしょう。

変動費は、**担当者が取得の判断をし**、その判断に責任を負う
変動費は、あらかじめ定められた標準値によって管理される
変動費の管理目標は、なるべく使わないこと

固定費は、**経営者が取得の判断をし**、その判断に責任を負う
固定費の金額は、あらかじめ定められている
固定費の管理目標は、しっかり使い切ること

〈管理不能なものがあってはならない〉

管理責任の所在も、管理方法も、管理目標も異なる変動費と固定費を混ぜるからこそ正しい管理ができず、管理不能費という異常なものが発生するのです。管理不能費は存在してはいけません。それは管理責任の不合理な転嫁が作り出すものであり、**原価計算の仕組みが間違っていることの証拠**なのです。変動費と固定費をしっかり区分管理すれば、きっと全てが管理可能費となるのです。

変動費は、担当者が管理する費用

コスト

調達者	担当者
調達のタイミング	必要な都度
管理の方法	毎日の差異管理（標準vs実際）
管理の目標	基準値の遵守 コストダウン（なるべく使わないこと）
管理責任者	担当者

まぜるな
危険

固定費は、経営者が管理する費用

資源

調達者	経営トップ
調達のタイミング	期初
管理の方法	毎月の予算管理（予算vs実際）
管理の目標	生産性の向上（しっかり使い切ること）
管理責任者	経営トップ

ポイントBOX

①管理不能費が生じるのは、変動費と固定費が混ざっているから
②変動費と固定費をしっかり区分すれば、全てが管理可能費になる

95 コストダウンって、どうやってやればよいのですか？

コストの内訳を調べ、目標を決め、実績との差を管理しましょう

〈コストハーフは気合いで達成できるのか？〉

従来の原価計算が役に立たなくなり、気合いの経営を強いられるようになりました。関係者は途方に暮れ、合理的思考を失った企業風土の中で達成不可能な目標を課せられれば、利益操作やカイゼン不正に走らざるを得ません。良い数字を作り出せれば全員が大満足です。めでたしめでたし… って、本当でしょうか？

「やればできる！」「日本のモノづくりに不可能はない！」

気合いは大切なものですが、それだけに頼ってきた日本の製造業は急速に光を失い、世界における存在感も失ってしまったのです。

〈本当に本気なら、コストの内訳と原価差異を明らかにする〉

コストダウンとは、新しい標準値を定め、実績と比較し、差異を分析し、対策を採るという活動ですから、そこには必ず原価差異が表れてくるはずです。原価差異の発生状況を見れば、全体としてコストダウンがうまくいっているのか？ 問題があるならそれはどこなのか？を見渡して手当てできます。原価差異が表れないP／Lは、その会社が**本気でコストダウンに取り組んでいない証拠**です。改めて言う必要もないことですが、本気でコストダウンをするなら、以下の手順で実施しましょう。

①コストダウンしようと思う製品やサービスのコストの内訳を明らかにする
②明らかになった内訳ごとにコストダウンの目標（新しい標準値）を定める
③定めた標準値と実績値の差異（原価差異）を明かにする
④重要な差異があるなら対策する（第34話）

コストダウン＝カイゼンによる工数削減と認識されているケースが多いですが、原価全体を見渡せば、それが今後とも最優先すべき目標なのか否かもわかります。

コストハーフは気合いだ！

売上高	1500	気合いでコストハーフ達成	1500
－売上原価	1700		850
＝粗利	▲200		650
－販管費	500		1350
＝営業利益	▲700		▲700

実は変っていなかった…

コストハーフは緻密な戦略だ！

売上高	1500	1500	1500
－材料費A	600	300	300
－材料費A価格差異		210	0
－材料費A数量差異		90	0
－材料費B	400	200	200
－材料費B価格差異		130	0
－材料費B数量差異		70	0
－変動労務費	200	100	100
－労務費賃率差異		80	0
－労務費時間差異	従来のカイゼンがカバーする範囲	20	0
－外注加工費	300	150	150
－外注加工費差異		150	0
－外注物流費	100	50	50
－外注物流費差異		50	0
－在庫金利	100	50	50
－在庫金利差異		50	0
＝未分配付加価値	▲200	▲200	650

ポイントBOX

①コストダウンをするためにはコストの内訳を明らかにする
②コストダウンをするためには原価差異を明らかにする

96 原価差異って、出した方がよいですか？

出さなければ次の行動に移れません。なければゼロと書きます

〈目標に向かって差異管理のＰＤＣＡを回す〉

何かの目標を達成しようとすれば、目標と現実の間に必ず差異を生じます。目標が高ければ差異も大きくなりますが、それ自体は特に恥ずべきことではありません。大切なのは目標と現実の間の差異をしっかり把握した上で、日々の活動の中で差異を小さくしていくことです。即ち、差異を把握しなければ目標は達成できません。

コストダウンもまた目標と現実の差を縮めていくための活動です。おそらく日本の製造業でコストダウンに取り組んでいない会社はないでしょう。適切に活動が行われていれば当然に差異が表れてくるはずですが、実際に原価差異がしっかり示された損益計算書を開示している会社は極めて稀なのが実状です（０・１％未満）。

〈人に見せる会計と自分で使う会計の違い〉

財務会計（および全部原価計算）にも原価差異という概念はあります。どう考えても各社で原価差異が発生していないはずはないのですが（本当に発生していないのなら**成長が止まっているということです！**）、人に見せるための会計である財務会計で「目標未達」と宣言するにも等しい原価差異を公表することには心理的な抵抗があるのかもしれません。内部できちんと把握されているなら大丈夫でしょう。ところが現実には内部的にも原価差異を把握して、きちんとＰＤＣＡを回している現場は稀なのです。これではいかなるコストダウンも（その他の様々な経営上の目標も）達成されません。本当に本気で達成しようとしている目標があるなら、少なくとも内部的には必ず差異を明らかにしなければならないのです。

〈差異がゼロなら「差異＝０」と書く〉

差異がゼロの項目があったときは「差異＝０」と書きましょう。もし何も書かなければ、差異がゼロだったのか／何も管理していなかったのかがわからなくなってしまうからです。

原価差異を明示する

売上高	2500	
－材料費A	600	
±材料費A価格差異	0	★
±材料費A数量差異	0	★
－材料費B	400	
±材料費B価格差異	0	★
±材料費B数量差異	0	★
－変動労務費	200	
±労務費賃率差異	0	★
±労務費時間差異	0	★
－外注加工費	300	
±外注加工費差異	0	★
－外注物流費	100	
±外注物流費差異	0	★
－在庫金利	100	
±在庫金利差異	0	★
＝未分配付加価値	800	

成長するということ

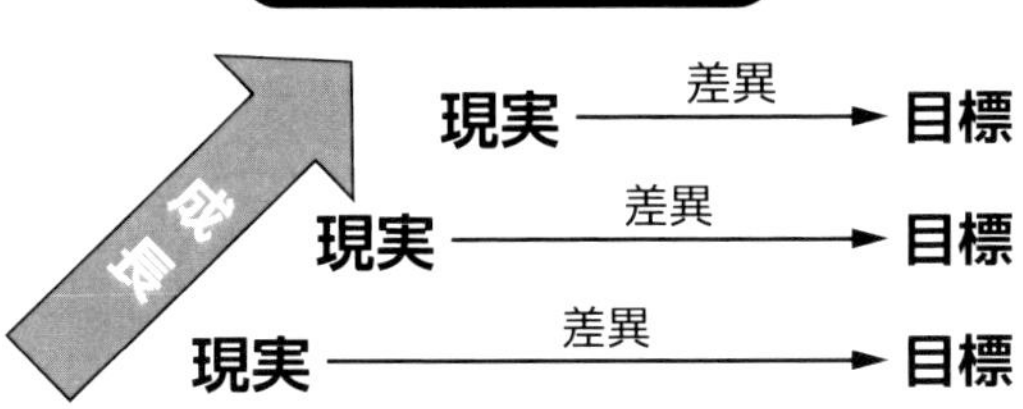

ポイントBOX

①目標を達成するには、目標と現状との差異を明らかにしなければならない
②差異がゼロなら、「差異＝0」と書く

97

PDCAって、やっぱり回さなければいけないですか？

Pとは目指す姿のことです。何かを目指すこと＝PDCAです

〈目指すこと＝PDCAを回すこと〉

　PDCAって何でしょう？　PDCA（Plan-Do-Check-Action）と言うと硬く聞こえますが、Planとは目指す姿であり、Doはそれを実現するための行動、Checkは結果の振り返り、Actionは目指すものを達成するための進化と成長です。即ち、何かを目指すこと＝PDCAを回すことだと言えます（事業を存続させる、更なる成長を目指す、○○％のコストダウンをする！）。即ち、PDCAを回していない経営は何も目指していない経営なのです。

　ただし、会社ではこのPDCAを数字で回さなければなりません。数字は凶器にも利器にもなりますが、とにかく数字で測定しなければ何も始まらないのです。株主さんへの約束は数字で行われます（皆さんの年金資産の運用もまた然り）。マネージメントが会社に約束する業績も数字、作業者の生産性も数字、会社から貰う給与や賞与も数字です。生きていく以上は数字から逃れることはできません。**どうせ逃れられない数字なら…**　自分で回しやすい方法でPDCAを回そう！　それが付加価値会計の発想です。

〈達成できなくなってしまった原価計算の目的〉

　本来の原価計算もまたPDCAを回すためのものでした。即ち、原価計算には5つの目的があるとされています（①財務諸表作成、②価格計算、③原価管理、④予算管理、⑤基本計画設定）。このうち、①財務諸表作成（決まったものを決まった通りに作成する）を除く②～⑤は経営目的の達成のために絶対必要不可欠なものですが、従来の全部原価計算では（直接原価計算でさえ！）達成困難になっていました。なぜなら、管理目標が全く異なる変動費と固定費がきちんと分離できていないからです。改めて、②価格計算、③原価管理、④予算管理、⑤基本計画設定のためには、変動費と固定費をしっかり分離した新しい原価計算が絶対に必要なのです。

日本の多くの製造業で PDCA が回っていない

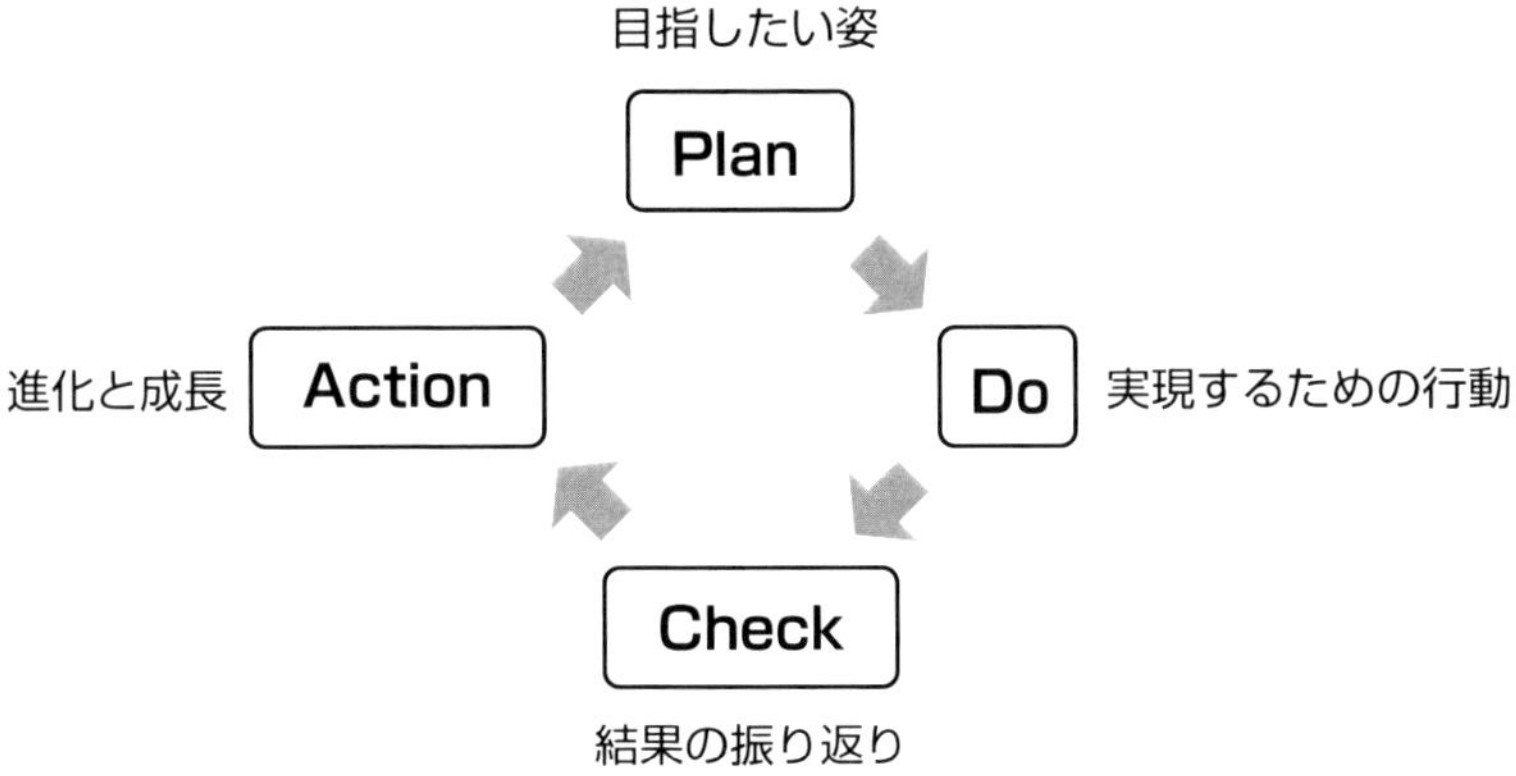

原価計算の目的とは？

	従来の原価計算	付加価値会計
1．財務諸表作成目的	OK	（不可）
2．価格計算目的	不可	OK
3．原価管理目的	不可	OK
4．予算管理目的	不可	OK
5．基本計画設定目的	不可	OK

ポイントBOX

①何かを目指す以上は、PDCA を回さないということはあり得ない
②原価計算目的達成のためには、変動費と固定費を分離した新しい原価計算が必要

98

2つの原価計算で二重帳簿になってもよいのですか？

作成目的が違う以上、それは二重帳簿ではありません

〈100年前の全部原価計算／70年前の直接原価計算〉

財務会計（および全部原価計算）はたくさんの問題を抱えています。財務会計の骨格がデザインされたのは今から100年も前のことですが、当時は①大量生産の時代、②右肩上がりの成長の時代、③激しい労使対立の時代でした。そうした時代の空気が全部原価計算には色濃く反映されています。それでも全部原価計算や財務会計が法定された会計である以上、それを勝手に変えるわけにはいきません。公平性を優先しなければならない財務会計の身上は「変わらないこと」だからです。

時代が進み多品種少量生産の時代に移行すると、全部原価計算では経営管理上の不都合が生じるようになりました。とりわけ在庫への固定費の配賦による利益操作が重大な問題になったのです。そこで原価計算から固定費を切り離すことの必要性が論じられ直接原価計算が生み出されました。そんな直接原価計算は当然に変動費による原価計算を指向したものでしたが、日本では雇用慣行の差や変動費と直接費の混同もあり変動費と固定費の分離が不徹底になりました。また、あくまでも70年前の会計であることからサプライチェーンという視点を持っていません。

〈そして付加価値会計〉

結局のところ、全部原価計算も直接原価計算も今日の厳しい時代を生き抜くためのツールではありません。新しい原価計算の展開には困難もあるかもしれませんが、IT技術を駆使すれば克服できます。**事業が生きるか死ぬかの瀬戸際**にあるなら導入を躊躇すべきではないでしょう。でも実際にどうするかは、会社が自らの意思で決めるべきことです。何度も繰り返された会計不祥事によっても明らかなように、古い会計で業績を良く見せることとは、会社を真に良くすることにつながりません。しかし新しい原価計算で会社を真に良くすることができるなら、良く見せることにも必ずつながるのです。

財務会計と従来の原価計算（変わらないことが身上）

- ✔ **外部**に綺麗に見せるための会計
- ✔ **公的**な会計
- ✔ **法定**された会計
- ✔ **過去**に向き合うための会計
- ✔ **税務計算**のための会計
- ✔ 公平な**比較**のための会計

付加価値会計と新しい原価計算（変わることが身上）

- ✔ **内部**で問題を把握するための会計
- ✔ **私的**な会計
- ✔ **自由**な会計
- ✔ **未来**に向き合うための会計
- ✔ **業績向上**のための会計
- ✔ ヒトを**育てる**ための会計

ポイント BOX

①目的が違えば、会計とそれを支える原価計算も変わるべき
②2つの原価計算を運用する手間は、IT の力で克服できる

99 技術者が原価計算を学ぶべき理由は何ですか？

計算なしでは、カイゼンもコストダウンも技術開発も成功しません

〈30年前のカイゼンから卒業できない日本〉

多くの現場でコストダウンへの懸命な取り組みが行われています。しかし担当者自身が自社製品コストの内訳を把握していないケースが多いことには本当に驚かされます。その結果、労務費の重要性が下がり、材料費や物流費、在庫金利などが新たな勝負所になってきている場面が増えているにも拘らず、伝統的なカイゼン（労務費対策）ばかりに関係者が没頭し、購買戦略、物流戦略、在庫戦略は手つかずだったりするのです。きちんとした原価計算を使わなければ、今やっている活動の方向が正しいか／間違っているかが判断できません。

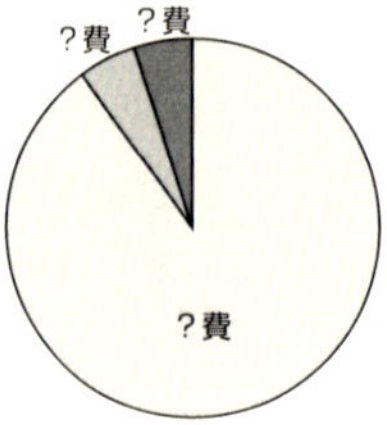

ある会社の製造原価の実際

材料費	90%
労務費	5%
経費	5%

〈原価計算を諦めない〉

その一方で、従来の原価計算（１００年前の全部原価計算／70年前の直接原価計算）は今日の事業環境に適合していません。原価計算の進化が止まっているのは、日々の事業活動の中で会計が活かされておらず、**使う立場に立った発想がされてこなかったから**でしょう。原価計算が苦手な日本のモノづくりは時代遅れの活動から卒業できず、じわじわと沈み続けています。今改めて原価計算を進化させることこそが日本復活の出発点です。そして真に原価計算を進化させることができるのは、数値を集計する経理部門の方々ではなく、事業活動の最前線で会計数値を活かして使うべき立場にある経営者や管理者、そして技術者の皆さんなのです。

コストとバランスが取れなければ「技術力」ではない

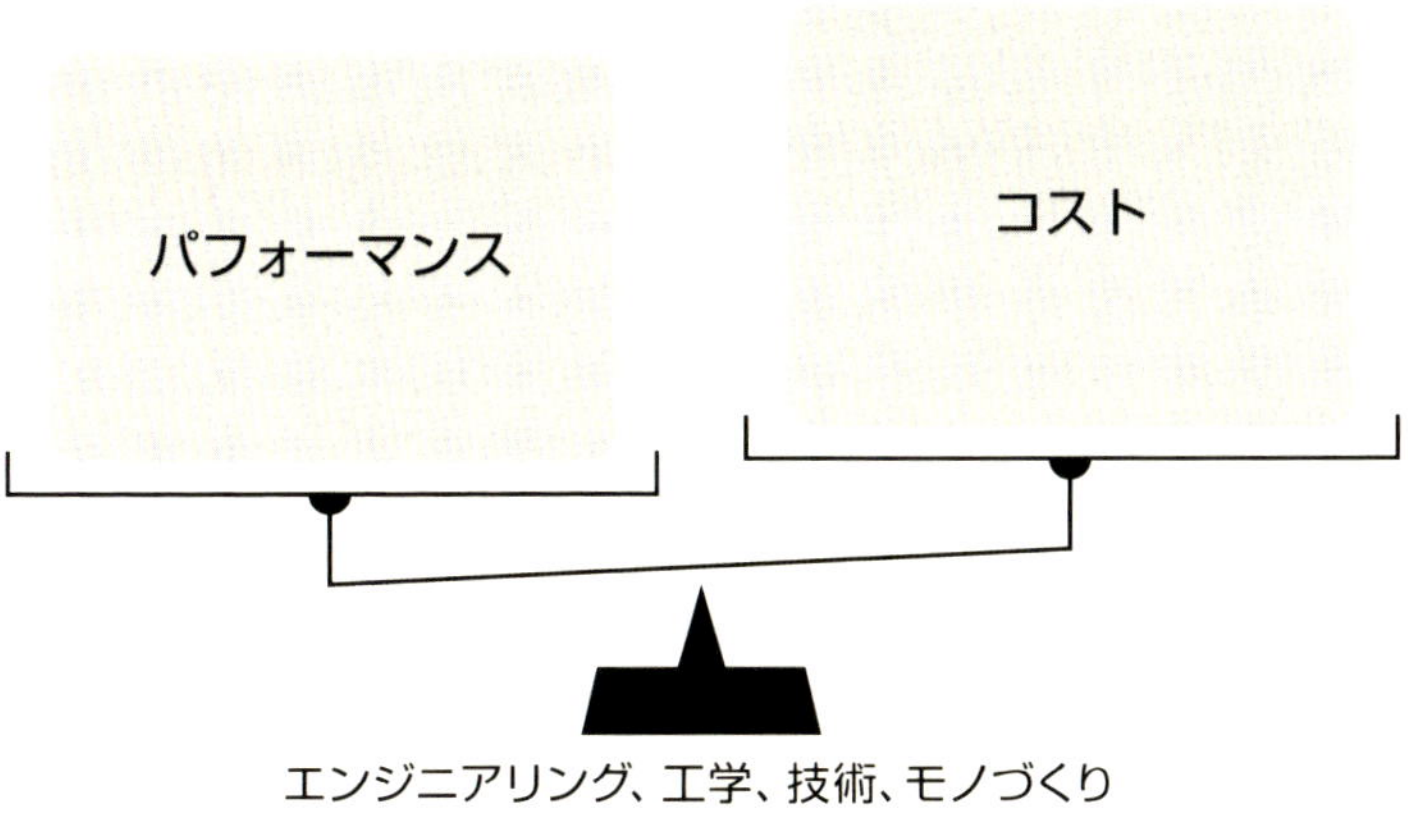

正しい原価計算がなければ、どちらに進むべきかわからない

ポイントBOX

①コストダウンの担当者が原価計算を使わないことで悲劇が起きている

②今日の原価計算が使い難いのは、使う立場で発想されてこなかったから

損益分岐点も、コスト内訳も、付加価値も、生産性もわかる！

売上高		2500	
−材料費A		600	
±材料費A価格差異		0	★
±材料費A数量差異		0	★
−材料費B		400	
±材料費B価格差異		0	★
±材料費B数量差異		0	★
−間接材料費配賦		0	
±配賦差異		0	★
−変動労務費		200	
±労務費賃率差異		0	★
±労務費時間差異		0	★
−外注加工費		300	
±外注加工費差異		0	★
−外注物流費		100	
±外注物流費差異		0	★
−在庫金利		100	
±在庫金利差異		0	★
＝未分配付加価値		800	
○○費	5		
○○費	3		
○○費	2		
少額固定費合計	10	790	
−A部門固定労務費		180	
±予算差異		0	★
−B部門固定労務費		70	
±予算差異		0	★
−C部門固定労務費		50	
±予算差異		0	★
−減価償却費		200	
−資本コスト		100	
＝繰越付加価値		190	

610
固定費

損益分岐点 vs 前月　…OK

$2500 \times \frac{610}{800} = 1906.3$

安全余裕率　23.7% ↗

コストの内訳 …材料費に注意

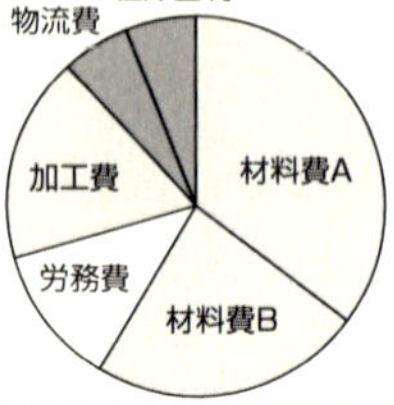

付加価値 vs 前月　…OK

付加価値額　＝ 800 ↗

付加価値率 $= \frac{800}{2500} = 32\%$ ↗

生産性 vs 前月　…B部門注意

A部門 $= \frac{790}{180} = 4.4$倍 ↗

B部門 $= \frac{790}{70} = 11.3$倍 ↘

C部門 $= \frac{790}{50} = 15.8$倍 ↗

原価差異　…OK

異常なし

キャッシュフロー　…OK

繰越付加価値＝190>0

こういうことができない原価計算って、
原価計算なのだろうか？

〈目をつぶって運転する車〉

従来の財務会計だけでは、会社の業績回復に必要な情報は読み取れません。それ故に今日の日本の会社経営は、「目をつぶって運転する車」と言うべき状況に置かれています。近年、元気のない日本のモノづくりの再生には、必要な情報が読み取れる新しい会計と、それを支える正しい原価計算がどうしても必要なのです。

売上高	388,463
売上原価	229.256
売上総利益	159,206
販売費および一般管理費	133,313
営業利益	25,893
営業外収益	
受取利息	443
受取配当金	1,631
為替差益	999
持ち分法による投資利益	73
受取賠償金	45
雑収入	963
営業外収益合計	4,157
営業外費用	
支払利息	2,101
雑損失	2,269
営業外費用合計	4,371
経常利益	25,679
特別利益	
固定資産売却益	108
投資有価証券売却益	16
特別利益合計	125
特別損失	
固定資産売却損	77
固定資産除却損	284
減損損失	283
投資有価証券評価損	7
事業構造改善費用	3,401
特別損失合計	4,053
税金等調整前当期純利益	21,750

情報不足

過剰な情報

損益分岐点も、コスト内訳も、付加価値も、生産性もわからない！

厳しい時代を生き抜こう！

ある日、お腹をすかせてヨーロッパの片田舎の小さな居酒屋に飛込みました。若い店員さんに座席が空いているかを尋ねると

「携帯にアプリをダウンロードし、予約をしてからきてください」

ようやく席にありついて酒とつまみをオーダーしようとすると、

「アプリからオーダーするシステムです」

なんとテーブルにはメニューすらありません。私達がいつまでもオーダーできずに悪戦苦闘している様子を見るに見かねた店員さんは

「これを使ってくださいな」

と自分の個人携帯から入力をしてくれました。食事中も何度も様子を見にきてくれました。思い返せば、鉄道の切符の予約と購入もアプリでした。街中で現金を使える場面がありません。

「なんでもとっても便利になったんです」

サービスは良い、味も良い、デリバリーは速い、価格は合理的、国全体の付加価値生産性は日本の1・4倍、そこにはどんどん進化していく社会の姿がありました。

顧みて、今日の日本の付加価値生産性は先進国で最下位です。もはや「先進国」という言葉すら当てはまらないというべきかもしれません。隣国である中国はあっという間に巨大なハイテク国家に成長しています。ヨーロッパの片田舎でも、モンゴルの大草原でも、アフリカのサバンナでも、アマゾンのジャングルでも、携帯やインターネットは常識となり、様々な知識や技術があまねく世界に広がりました。モノづくりの知識もまた然り。かつての先進国と発展途上国を隔てるものはもうありません。そんな世界の中ですっかり存在感を失った日本は、いつまでも進化に背を向けたままです。

日本語という閉ざされた環境に閉じこもった島国・日本は、技術の国、品質の国、モノづくりの国だった頃の輝きを失いました。国全体の付加価値であるＧＤＰでさえ、10年前に中国に抜かれ、その後も差は開く一方です。そんな日本の低成長を嘆く声がある一方で、実のところ、不思議と私達は今まで正面から付加価値を問われたことがありませんでした。

「利益を出せ！　付加価値を高めろ！」
「生産性を向上しろ！」

しかしながら、会社の財務諸表において付加価値は何処にも表現されません。今までの掛け声には裏づけがなかったのです。付加価値が見えなければ生産性は見えません。計算されず表現もされない生産性が向上する道理はありません。あるのは精神論と罵声、そして苦肉の利益操作のみ…これでは日本は沈没するばかりです。

長年、日本の経済は製造業によって牽引されてきました。しかし今、製造業の現場で感じる矛盾は少なくありません。いつまでも30年前のカイゼン一点張りのセオリーから前に進めず、創造する力を失った日本のモノづくりは人材を失ってすっかり魅力のない仕事になりました。実はその最も根本的な原因は、既存の原価計算が今日のビジネスの現実に合っていなかったからだと感じます。なぜなら、原価計算が不適切なら、会計は進むべき方向を正しく示せないからです。その結果、人も会社も誤った方向に突き進んでしまいます。人は日々会計によって目標を設定され、会計によってその成果を評価されていますから、時代遅れの原価計算が、知らず知らずのうちに私達の発想や行動を時代遅れなものにしていたのです。

「とにかく頑張ります！」

と言っても、正しい原価計算がなければ何をどう頑張ったらよいのかわかりません。正しく計算された付加価値は会社や事業の存在価値を示しています。付加価値が生み出せなくなった事業は、勇気を持って根本からビジネスモデルを問い直し、新しい可能性に挑戦しなければなりません。会社に体力が残っているうちに！　1日でも早く！

残念ながらこの30年間、私たちは現実から目を反らして逃げ続けてきました。私たちはすっかり自信を失い世界の負け犬になりました。しかし考えてみれば、私たちはまだ真剣に付加価値に向き合ったことがありません。私たちはまだ本気で戦ったことがないのです。ですから新しい原価計算を導入し、付加価値性生産性の改善に本当に本気で取り組むなら、私たちはきっと世界に勝てます。勝負は今、始まったばかりです。

吉川武文

令和元年5月1日

〈著者紹介〉

☆吉川武文　公認会計士・生産技術者

東京工業大学・工学部修士卒。複数の大手メーカーでカイゼンやコストダウン、生産革新による子会社再建、国内外での工場の立地計画、品質の安定化、自動化、製品開発、研究開発などに従事し、30年におよぶ技術系のバックグラウンドを有する異色の公認会計士。出願特許多数。製造業の最前線で、従来のモノづくりや設備投資の在り方に強く疑問を感じたため、40歳で会計士を志す。生産技術者としての業務の傍ら原価計算を深く研究し、独学で会計士試験に合格。その後は監査法人トーマツのマネージャーなどを経て財務監査やIT監査にも従事。現在は外資系の大手グローバル企業の日本工場長として実地に経営に携わり、付加価値会計の考えに基づく経営革新を実践中。王子経営研究会の会計士や他の様々な専門家と共に本気の製造業の復活を目指して活動している。モノづくりと会計を愛し、日本中の現場で「技術者だったのになぜ会計士？」と問われるたびに、「コストの知識無くしてコストダウンはできません。製品開発も設備投資も生産革新もできないのです」と繰り返し説明しなければならない日本のモノづくりの現状を変えたいと強く願う。信条は「ヒトはコストではなく資源」　著書に「モノづくりを支える管理会計の強化書」「生産技術革新によるコストダウンの強化書」「図解！製造業の管理会計入門」など7冊。

☆王子経営研究会

「ヒトが生き生きと働くための仕組みを提供する」

なかなか利益が出ない！　会社全体に活力が感じられない！　といった悩みが広がっています。経営層の方は、株主や銀行など外部からのプレッシャーに耐えながら、精緻な予算制度や人事評価制度を導入して成果を出そうとします。従業員の方は、困難とも思える予算やKPIを突き付けられ時に上司に机を叩かれながら、あらゆるテクニックを駆使して与えられた目標を達成しようと頑張ります。そしてふと「会社はこれで良くなるんだろうか」という想いに囚われたりするかもしれません。20世紀のヒトは作業者でした。作業を合理的に管理するための仕組みが幾つもデザインされました。実は、日頃当たり前の経営管理ツールとして使われている予算管理制度や人事評価制度もまた作業を管理するためのものだったのです。しかし経済社会の環境が大きく変わってしまった今日、単なる作業者を超える創造力を従業員から引き出そうと模索している経営者の方々が多いのではないでしょうか？　王子経営研究会は、公認会計士、弁護士、社会保険労務士、IT専門家のパワーを結集し、既存の思考に囚われず「ヒトが生き生きと働くための仕組み」で、日本の会社を元気にする専門家集団です。

ヒトこそ最強の経営資源！

図解！　本気の製造業「原価計算」実務入門
付加価値と生産性を見える化してますか？　NDC 336.85

2019年7月19日　初版1刷発行
2024年9月30日　初版5刷発行
（定価はカバーに表示してあります）

©
著　者　吉川　武文
編　者　王子経営研究会
発行者　井水　治博
発行所　日刊工業新聞社
〒103-8548
東京都中央区日本橋小網町14-1
電　話　書籍編集部　03（5644）7490
販売・管理部　03（5644）7403
FAX　03（5644）7400
振替口座　00190-2-186076
URL　https://pub.nikkan.co.jp/
e-mail　info_shuppan@nikkan.tech
印刷・製本　美研プリンティング㈱（3）

落丁・乱丁本はお取り替えいたします。　2019 Printed in Japan

ISBN 978-4-526-07990-0　C3034

本書の無断複写は、著作権法上での例外を除き、禁じられています。